数字艺术
20世纪60年代至今

本书为中国艺术研究院基本科研业务费资助项目
（项目编号：2025-3-6）

艺术与科技实验室译丛

数字艺术
20世纪60年代至今

[墨西哥]安碧雅　[英]葛立桦　[英]蓝美泠　编著
（Pita Arreola）（Corinna Gardner）（Melanie Lenz）

李　镇　王　悦　译

机械工业出版社
CHINA MACHINE PRESS

目录

引言
数字艺术：20世纪60年代至今
安碧雅、葛立桦和蓝美泠
6

20世纪 60年代—70年代
从模拟的到数字的：20世纪60年代和70年代的计算机艺术
道格拉斯·多兹
16

20世纪 70年代—80年代
偏离、仿真与卫星：20世纪70年代和80年代的数字艺术
蒂娜·里弗斯·瑞恩
48

20世纪90年代— 21世纪00年代
构建你自己的艺术界！20世纪90年代的网络艺术
露丝·卡特洛和马克·加勒特
72

访谈

弗里德·纳克
蓝美泠采访
35

陆明龙和大卫·埃姆
蓝美泠主持
63

奥利亚·利亚利娜
安碧雅采访
83

维拉·莫尔纳
蓝美泠采访
39

第2页 弗里德·纳克，《走查光栅温哥华版本》（Walk-Through-Raster Vancouver Version，细节），1972年，来自绘图仪绘画的丝网印刷，50.6厘米×38.1厘米（20英寸×15英寸）。V&A（英国国立维多利亚与艾尔伯特博物馆）：E.972-2008。经帕特里克·D.普林斯（Patric D. Prince），由V&A美国之友（American Friends）慷慨捐赠

21世纪
00年代至今

数据是新黄金:21世纪00年代的数字艺术

安碧雅
90

特雷弗·帕格伦

蔡凯羚采访
110

丹妮尔·布拉思韦特-雪莉

甘纳怡采访
113

哈姆·范登多佩尔与莎拉·福莱

蓝美泠主持
118

对话

技术、访问与创造性工具

伊比耶·坎普、威廉·莱瑟姆和曼弗雷德·莫尔
与蓝美泠
128

自组织数字艺术社区

保罗·布朗、多琳·里奥斯和明迪·苏
与安碧雅
142

展示、收藏和保存数字艺术

莉萨·朗、凯拉尼·尼科尔和尼姆罗德·瓦迪
与葛立桦
154

时间线　　168

术语表　　187

延伸阅读　　193

致谢　　195

作者简介　　196

图片版权　　198

引言

Digital Art: 1960s–Now
数字艺术：20世纪60年代至今

安碧雅、葛立桦和蓝美冷

1 欧内斯特·埃德蒙兹（Ernest Edmonds），《塑形：14/5/2007》（*Shaping Form:14/5/2007*），2007年，抽象交互艺术作品，41.6厘米×41厘米×7.5厘米（16½英寸×16¼英寸×3英寸）。V&A：E.294:2-2011

"数字艺术"被描述为在创意思维和艺术创作中使用技术的艺术。该术语包罗万象,涵盖了以计算思维与过程为核心的艺术实践的悠久历史。它包括多种媒介,从计算机艺术、生成艺术、机器人艺术和网络艺术到电子游戏艺术、交互装置艺术、虚拟现实艺术、增强现实艺术和利用区块链的艺术。在该领域工作的艺术家不仅将技术工具视为一种媒介,而且将技术工具视为一种社交环境,其中的实体物和数字物不断变化。

数字艺术的起源在概念上可以追溯至20世纪上半叶的先锋艺术中呈现的观念。构成主义、达达主义和抽象表现主义等运动强调材料、技术和过程的相关性,这一点在弗朗西斯·毕卡比亚(Francis Picabia)的"机械图"肖像中得到了体现。这些艺术实践是对交通和通信系统的快速发展以及战后产生的新科学发现的回应。到20世纪50年代,许多艺术家和创意思考者将他们的关注点从物品转向了面向系统的实践。他们这样做是为了应对和凸显因大规模生产、移民和全球联结带来的社会观念的变化。

战时技术的应用为艺术家和思考者的实践提供了新的概念和物质的框架。例如,在《控制论:或关于在动物和机器中控制和通信的科学》(Cybernetics: Or Control and Communication in the Animal and the Machine, 1948)一书中,美国数学家兼科学家诺伯特·维纳(Norbert Wiener)考察了驾驶舱控制与飞行员行为之间的关系,其中的统计信息和人类反馈被用于预测未来的战场状况。维纳的出版物极具影响力,使控制论作为一个研究领域被建立起来,该领域聚焦探索有机通信系统与电子通信系统之间的关系。此后,控制论和相关自动化领域在很大程度上影响了社会对技术未来的想象方式。然而,在塑造社会和创造力方面发挥了最重要作用的还是英国数学家兼计算机科学家艾伦·图灵(Alan Turing)发明的自动计算机(Automatic Computing Engine),它为现代计算机奠定了基础。第二次世界大战期间,图灵在布莱切利园(Bletchley Park)工作,自此开始,他继续撰写计划之中的论文《计算机器与智能》(Computing Machinery and Intelligence, 1950),该论文提出了"机器能思考吗?"这一问题并概述了一个"模仿游戏",即所谓的图灵测试,以确定机器是否具有智能。

《计算机与自动化》(Computers and Automation)与图灵的文章同一年出版,是首批致力于报道计算机、机器人、自动控制器、控制论和自动化领域最新发展的杂志之一。该杂志由美国计算机科学家埃德蒙·C.伯克利(Edmund C. Berkeley)领导,内容包括文章、论文和虚构写作。1963年1月,该杂志出版并普及了"计算机艺术"一词,且该期以以色列技术专家艾伯拉姆·阿拉兹(Ebram Arazi)的《作为年轻艺术家的计算

2 以弗朗西斯·毕卡比亚画的阿尔弗雷德·施蒂格利茨(Alfred Stieglitz)的"机械图"肖像为封面的《291》杂志,291画廊出版的达达主义杂志的第一期(1915年7月—8月),纽约,V&A:L.3501-1978

机画的肖像》(*A Portrait by a Computer as a Young Artist*)为封面图像。《读者与编者论坛》(*Reader's and Editor's Forum*)将该作品介绍为:"画笔是电子束;画布是示波器;画家是电子计算机。其结果是:一种耐人寻味的电子超现实主义形式。"当时是麻省理工学院(MIT)大三学生的阿拉兹正在协助工程师艺术(Art for Engineers)项目,他希望计算机成为艺术创作的技术伙伴。那年晚些时候,该出版物举办了首届"计算机艺术大赛"(Computer Art Contest),这是一场非正式的竞赛,旨在呈现计算机在视觉创造力中发挥主导作用的例子。这场竞赛在更广泛的对计算机的艺术潜力感兴趣的科学家和创意工作者群体中引起了共鸣,其中包括德国数学家兼计算机科学家弗里德·纳克(Frieder Nake)、美国工程师A. 迈克尔·诺尔(A. Michael Noll)以及英国策展人兼评论家贾希雅·莱切哈特(Jasia Reichardt)。

1968年8月,贾希雅·莱切哈特在伦敦当代艺术中心(Institute of Contemporary Arts)策划了展览"控制论奇缘"(*Cybernetic Serendipity*)。她受到的影响来自《计算机与自动化》、维纳的写作以及她与德国哲学家马克斯·本斯(Max Bense)的交流。在计算机还很少见的年代,莱切哈特的展览探索并展示了技术与创造力之间的关系。它呈现了艺术与科学相互交流的实例,展示了艺术家、作曲家、诗人使用的随机系统与生产和使用控制装置的人之间的链接。超过6万人观看了展览"控制论奇缘",该展览今天被认为是计算机——和现在的数字——艺术作为一种艺术运动得以确立的关键时刻,也是提升公众对技术得以用于艺术的认识的关键时刻。

"控制论奇缘"对英国艺术现场影响的直接结果是计算机艺术学会(Computer Arts Society, CAS)于1968年10月在伦敦成立,其创始人包括作曲家艾伦·萨克利夫(Alan Sutcliffe)、控制论专家兼工程师乔治·马伦(George Mallen)和建筑师约翰·兰斯当(John Lansdown)。萨克利夫和马伦通过与作曲家彼得·齐诺维夫(Peter Zinovieff)和控制论专家戈登·帕斯克(Gordon Pask)合作,参与到了这个展览中。从一开始,CAS就通过代码编写工作坊、会议、演讲、展览、艺术节和他们的《PAGE》简报,将

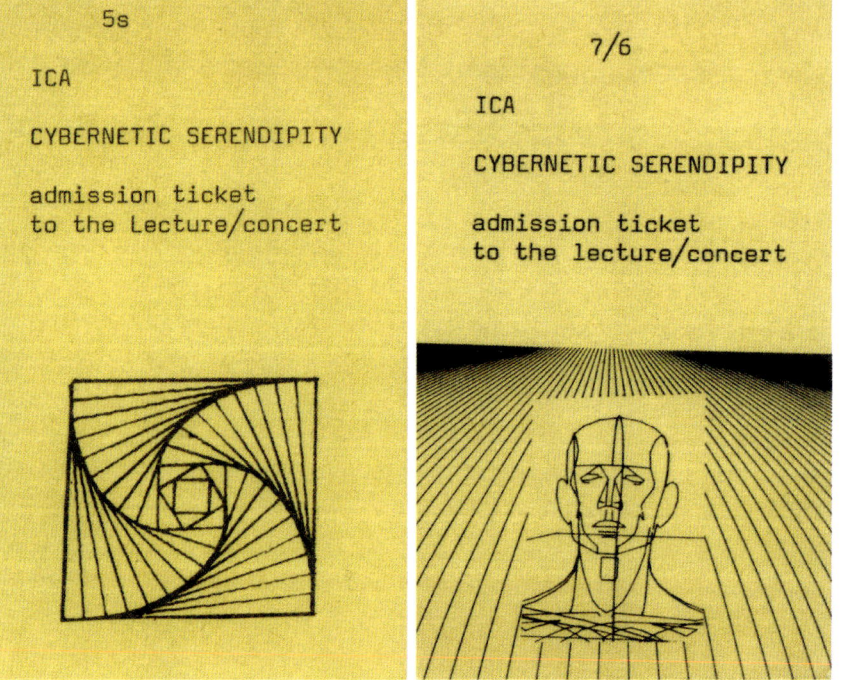

3(上)艾伯拉姆·阿拉兹,《计算机与自动化》杂志封面上的《作为年轻艺术家的计算机画的肖像》,1963年1月

4(右)入场券,"控制论奇缘"展览(1968年8月2日—10月20日),伦敦当代艺术中心(ICA)

引言

来自不同实践领域的国际创意人员聚集在一起,以促进全球艺术交流。

展览"控制论奇缘"的成功也促使V&A在1969年11月首次购入了计算机生成图像。自1970年起,该博物馆的收藏类别逐渐增加,从生成艺术到算法编排和3D仿真模型,这些变化记录了艺术家的创作方式从与实验室合作到使用个人计算机的转变。2008年,通过购入CAS和美国艺术史学家、收藏家帕特里克·D.普林斯(Patric D. Prince)的收藏和档案,V&A的早期计算机艺术收藏数量大幅增加。今天,V&A的收藏包括各种各样的当代艺术作品,比如欧内斯特·埃德蒙兹的生成式和交互式艺术作品《塑形:14/5/2007》,以及奈·汤普森(Nye Thompson)反思AI(人工智能)发展概念景观的艺术作品《重塑世界的话语》(Words That Remake the World)。

CAS的收藏和档案提供了对早期计算机艺术实验的丰富理解,特别是那些受到几何具体艺术、系统艺术和算法思维影响的计算机艺术实验。作为补充的是,帕特里克·D.普林斯的收藏和档案展示了计算机图形和数字意象的演化。普林斯在她的职业生涯中致力于记录和推广数字艺术,她广泛地出版书籍并组织重要展览,包括1986年由计算机图形学与交互技术特别兴趣小组(Special Interest Group on Computer Graphics and Interactive Techniques, SIGGRAPH)举办的会议上的计算机艺术回顾展。她的影响也体现在她丈夫罗伯特·霍尔茨曼(Robert Holzman)于1977年在帕萨迪纳的美国国家航空航天局(NASA)喷气推进实验室(Jet Propulsion Lab)发起的艺术家驻留计划中。当时,制作计算机动画的目的是服务于科学研究,包括大卫·埃姆和保罗·艾伦·纽厄尔(Paul Allen Newell)在内的艺术家被邀请加入,以催化创新。

在致力于建立人们可以团结协作的空间的过程中,普林斯和CAS都建立了在关键时刻能够支持计算机艺术的创作、讨论和展示的社区。对CAS而言,它建立的社区包括在新艺术实验室(New Arts Lab)展开的活动,新艺术实验室于1969年10月在伦敦卡姆登的罗伯特街开放,他们在那里为有兴趣学习如何编程的个人提供计算机终端。1992年,普林斯与迈克尔·J.马苏奇(Michael J. Masucci)合作,在洛杉矶的西好莱坞创办了赛博空间画廊(CyberSpace Gallery),作为展示新兴实践者工作的地方。CAS和普林斯的工作,以及他们的同行包括萨格勒布的新趋势(New Tendencies)和阿根廷的艺术与控制论小组(Grupo de Arte y Cibernética)的工作,都极大地塑造了数字艺术领域。

《数字艺术:20世纪60年代至今》探索了数字艺术作为一种艺术运动在日渐成熟中相互关联的历史。本书的目的并非呈现一段独特的历史,而是试图汇集跨越世代和地域的实践者,以提供一个该领域的广泛读本,这个读本包含了许多不同艺术家和社区的贡献,并在不断变化的社会、文化和技术语境中思考了他们的工作。这样一来,它就提供了一个对数字艺术丰富多彩世界的广泛洞察,其中艺术家、科学家、策展人和具有好奇心的个人通过他们对实验的开放态度,促进了新技术和创造性

5 (上)戈登·帕斯克,《运动的对话》(Colloquy of Mobiles),1968。装置现场:"控制论奇缘",ICA,伦敦,1968年

6 (下)展览邀请函,"沉默的伙伴"(Silent Partners),赛博空间画廊,洛杉矶(1992年9月18日—11月27日)。

实践的发展。与此同时，他们的工作也有助于我们深入理解快速的技术变革如何影响了并继续塑造着日益网络化的社会中的日常生活。

本书汇集了自20世纪60年代起的策展文章、艺术家访谈和讨论，以及一系列圆桌对话，旨在探索数字艺术的早期历史及其进入全球实践多元领域的发展。第一篇文章《从模拟的到数字的：20世纪60年代和70年代的计算机艺术》反思了科学和军事技术在塑造早期计算机艺术家的作品中所起的作用，其中包括玛丽·艾伦·布特（Mary Ellen Bute）和本·拉波斯基（Ben Laposky）的作品。道格拉斯·多兹（Douglas Dodds）通过来自世界各地的学校和科学实验室的创意社区工作，追溯了数字艺术的起源，其中包括新泽西州的艺术与技术实验（Experiments in Art and Technology, E.A.T.）、布宜诺斯艾利斯的生成艺术（Generative Art）小组和伦敦的系统小组（Systems Group）。这些创意社区受到了控制论、信息与通信原理以及20世纪50年代首次出现的马克斯·本斯和亚伯拉罕·摩尔（Abraham Moles）的信息美学（Information Aesthetics）理论的强烈影响。艺术家弗里德·纳克和维拉·莫尔纳（Vera Molnar）在他们的访谈中讨论了这些理论的遗产和他们作品中对算法的使用。

随着20世纪70年代个人计算机和更多便携式技术的到来，数字艺术扩展到了科学实验室之外。在文章《偏离、仿真与卫星：20世纪70年代和80年代的数字艺术》中，蒂娜·里弗斯·瑞恩（Tina Rivers Ryan）探索了二十年间这些技术的变革和更易访问性对艺术生产带来的影响。此外，瑞恩还考察了数字通信网络，比如卫星通信，对提升数字作品的交互性和连接性的影响，以及计算机图形学和3D建模的引入如何改变了娱乐行业的创意实践。其结果是，当时的艺术家开始使用虚拟现实和数字仿真技术作为世界建构的手段——艺术家大卫·埃姆（David Em）和陆明龙（Lawrence Lek）在他们的对话中讨论了这个话题。

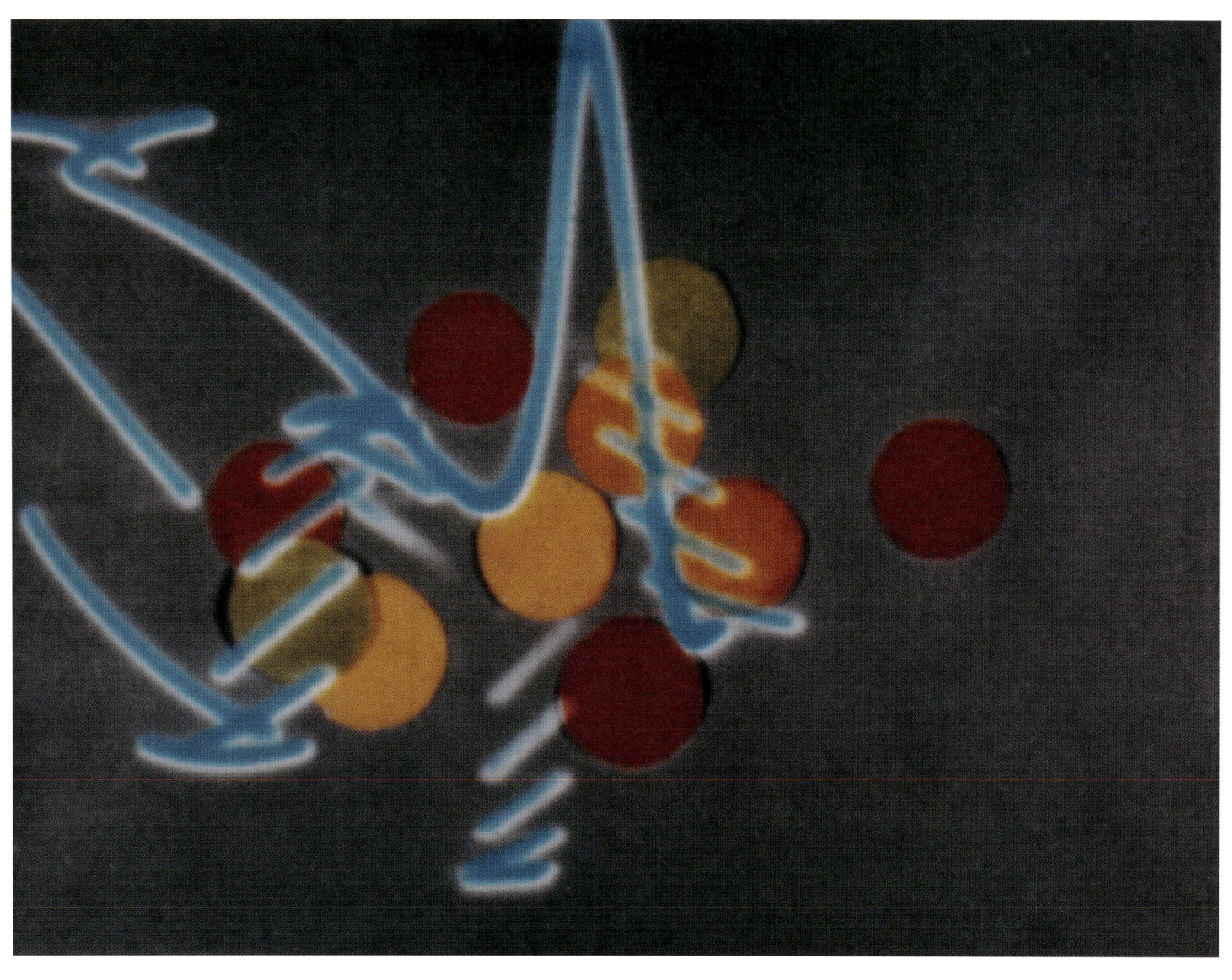

20世纪90年代,随着艺术作品的自由流通以及通过网站和邮件列表快速交流想法,一个在社会和政治上活跃的网络艺术现场发展起来。露丝·卡特洛(Ruth Catlow)和马克·加勒特(Marc Garrett)在他们的文章《构建你自己的艺术界!20世纪90年代的网络艺术》中思考了早期对等网络实验和在线反文化的环境。他们通过图绘黑客行动主义和草根社区的历史,记录了这些历史的状况,这些状况也在某种程度上促使他们于1996年在伦敦创办了更远领域画廊(Furtherfield Gallery)。在这十年中,越来越多的艺术家开始实验将互联网作为一种空间和媒介。艺术家奥利亚·利亚利娜(Olia Lialina)在她的访谈中分享了建立网络空间一角的经验。

新千年给艺术家带来了不同的挑战,包括在线空间的企业化和气候危机的出现。作为回应,数字艺术家已经开始重新利用网络技术,将其作为一种从全球科技企业手中夺回在线空间的方式,寻找让他们的实践更符合伦理要求的途径。安碧雅在文章《数据是新黄金:21世纪00年代的数字艺术》中考察了数据作为一种材料和环境的作用。艺术家特雷弗·帕格伦(Trevor Paglen)在访谈中讨论了计算机视觉系统在塑造社会基础设施中所扮演的角色和所起到的伦理作用,而艺术家丹妮尔·布拉思韦特-雪莉(Danielle Brathwaite-Shirley)则谈到了自己从小玩到大的电子游戏,她通过创造性实验来解构电子游戏,将其作为一种存档黑人跨性别者经历的方式。哈姆·范登多佩尔(Harm van den Dorpel)和莎拉·福莱(Sarah Friend)的讨论反思了他们对区块链技术和算法系统的使用,他们使用这些技术和系统对关于生命的观念进行编程。

放眼更广阔的领域,本书最后的对话为我们提供了一个契机,共同讨论数字艺术的发展和获得认可的过去、现在以及未来挑战。在《技术、访问与创造性工具》一文中,艺术家伊比耶·坎普(Ibiye Camp)、威廉·莱瑟姆(William Latham)和曼弗雷德·莫尔(Manfred Mohr)在与蓝美泠的对话中考察了技术变革对他们实践的影响。安碧雅邀请艺术家保罗·布朗(Paul Brown)、策展人多琳·里奥斯(Doreen Ríos)和技术专家明迪·苏(Mindy Seu)追问了技术在"自组织数字艺术社区"(Self-Organized Digital Art Communities)中促进与他人合作的线上和线下数字社区的作用。最后,在《展示、收藏和保存数字艺术》中,葛立桦邀请艺术家兼创意总监莉萨·朗(Lisa Long)、凯拉尼·尼科尔(Kelani Nichole)和尼姆罗德·瓦迪(Nimrod Vardi)回顾他们在尤莉娅·斯托舍克基金会(Julia Stoschek Foundation)、TRANSFER(转移)画廊和arebyte(是字节)画廊领导创新项目的经验。本书以时间线推出结论,跨越时间和地理建立联系,以锚定从20世纪中期到今天计算机艺术和数字艺术实践的网络化特性。术语表为书中使用的专业术语提供了解释,这对了解数字艺术的历史和实践而言十分关键,而延伸阅读列表则呈现了基础文本和最新学术研究成果的精选。

《数字艺术:20世纪60年代至今》旨在引发关于不断变化和扩展的数字艺术世界的历史和未来可能性的对话。这是一个由多种声音培育和塑造的复杂实践领域,其中一些声音是本书在访谈和对话中一手获得的。该领域生于草根,为在更广泛的艺术界中获得认可而奋斗,而且事实证明,因为用于创作、收藏和向观众展示艺术作品的硬件和软件往往很快就会过时,所以对其进行记录和保存是非常复杂的。此外,数字艺术的研究还会经常发生焦点转移和分类重置,以应对快速变化的社会、政治和技术的语境。然而,尽管面临这些挑战,个人、集体和社区、画廊和越来越多的博物馆都在努力研究、展示、保存和推广这些从20世纪60年代的最早实验到今天丰富多彩的数字艺术。

7(对页)玛丽·艾伦·布特,《速成》(Abstronic),1952年,音乐由亚伦·科普兰(Aaron Copland)和唐·吉利斯(Don Gillis)创作,7分钟,35毫米胶片 **8**(上)玛丽·艾伦·布特与示波器,20世纪50年代初

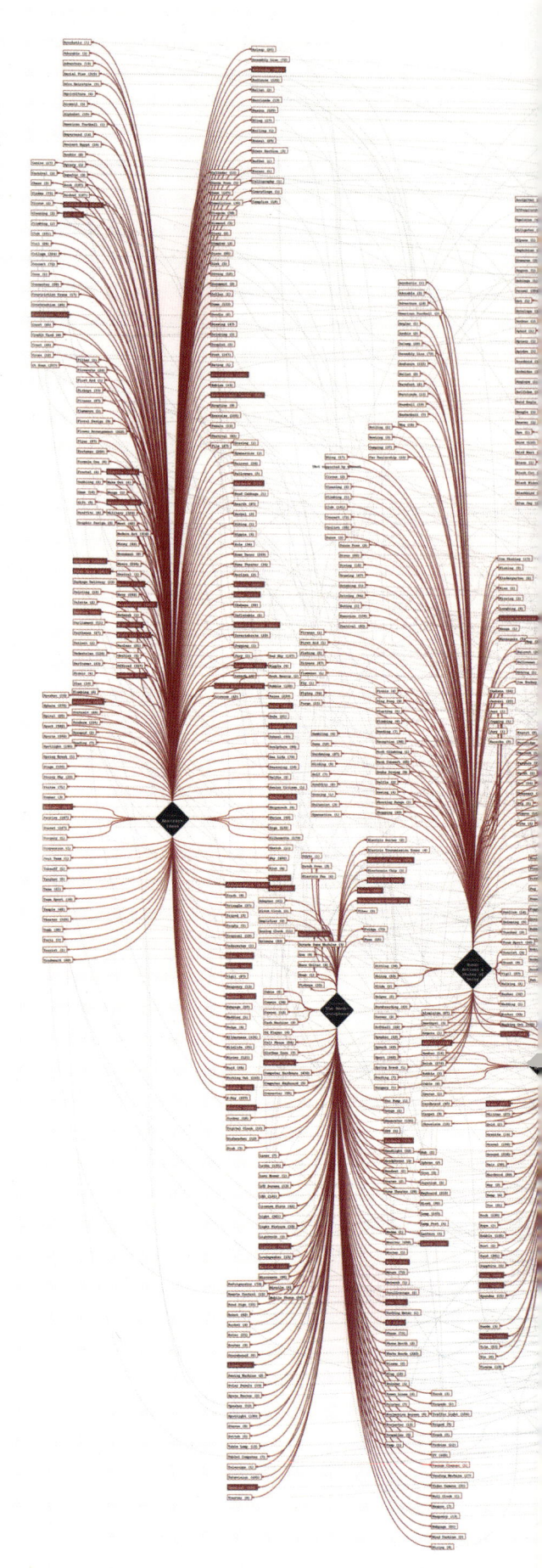

9 奈·汤普森,《重塑世界的话语。版本1.01（寻觅者版本2016—2018）》[*Words That Remake The World. Version 1.01 (Vision of the Seeker 2016–2018)*],2019年打印,数字印刷,150.1厘米×186.2厘米（59 1/8 英寸×73 3/8 英寸）。
V&A：E.44-2020

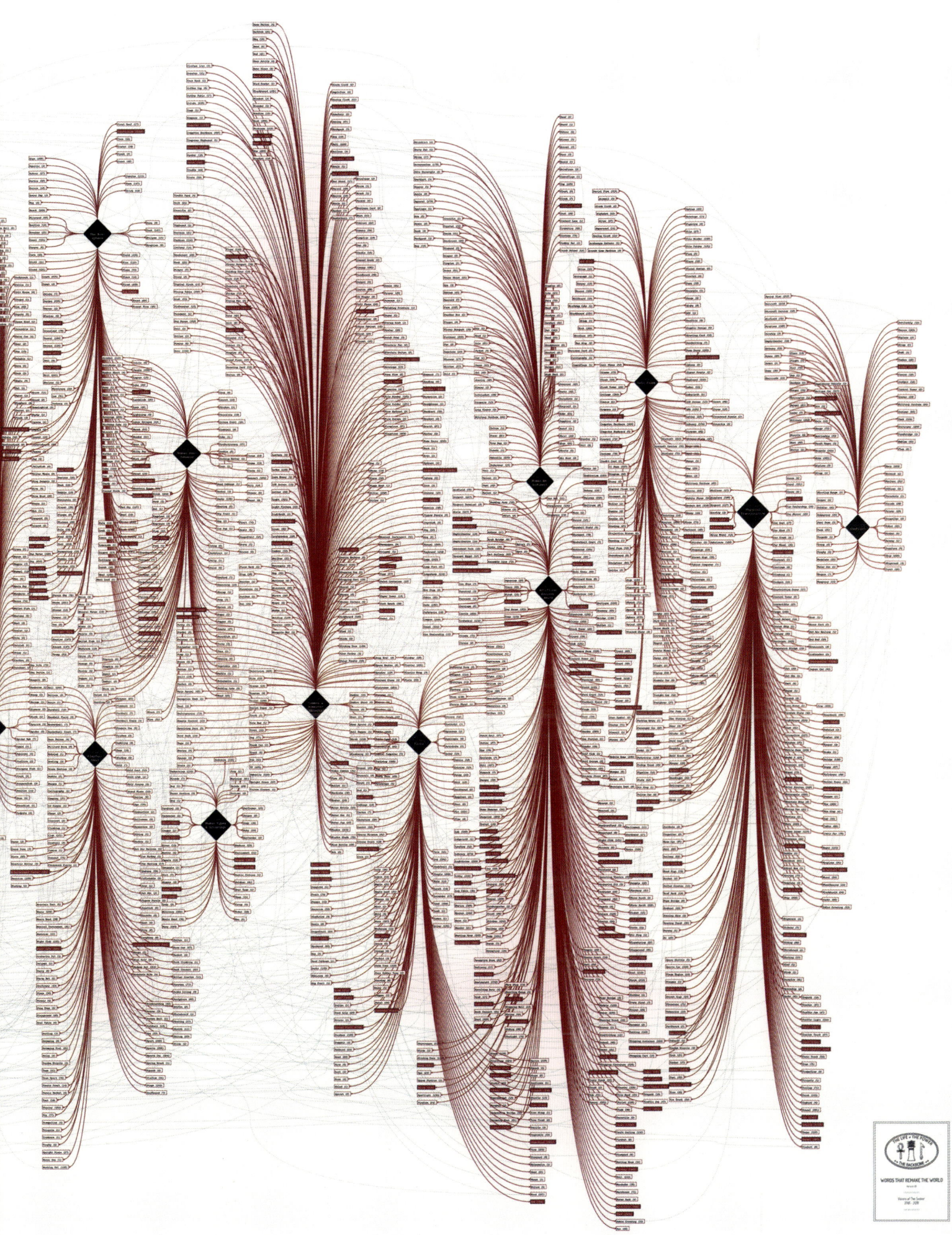

20世纪60年代—70年代

从模拟的到数字的：
20世纪60年代和70年代的计算机艺术
道格拉斯·多兹　　16

弗里德·纳克
蓝美泠采访　　35

维拉·莫尔纳
蓝美泠采访　　39

From Analogue to Digital: Computer Art in the 1960s and 1970s

从模拟的到数字的：
20世纪60年代和70年代的
计算机艺术

道格拉斯·多兹

1 戴斯蒙德·保罗·亨利,《蛇》(Serpent),1962年,机械钢笔和墨水绘画,31.5厘米×26.1厘米(12½英寸×10⅜英寸)。V&A:E.377-2009。由伊莱恩·奥汉拉汉(Elaine O'Hanrahan)捐赠

计算机艺术的历史——实际上是更广泛的数字艺术的历史——与20世纪中期以来科学、技术、政治和消费文化的重要发展紧密地交织在一起。第二次世界大战后，新兴的核军备竞赛、太空竞赛和越南战争都推动了技术发展，这些技术发展似乎既有益于又威胁着一些或全部人类。在这种背景下，许多最早的计算机生成艺术作品是20世纪60年代由数学家、科学家、工程师和计算机程序员完成的，他们通常与新兴的军工复合体联系在一起。这些创作者通常来自能够负担得起昂贵的硬件和设备的研究机构、大学或大企业。他们不出所料地没有艺术背景，通常缺乏成熟的美学意识。实际上，他们中的大多数是在探索新技术的潜力，而非试图创作复杂且文化丰富的艺术作品。一些极具天赋的先驱，比如弗里德·纳克和A. 迈克尔·诺尔，确实能够将编程技能与现代艺术的视觉意识和知识结合起来，但是其他人未能做到。因此，即使评论家真的注意到了早期计算机艺术，他们也会将其摒弃为"冷漠无情"，或者只是"垃圾"。后来，维拉·莫尔纳和曼弗雷德·莫尔等专业艺术家引入了一种急需的概念框架，最终使数字艺术实践在随后的几十年中得到了批判性接受和广泛化采用。

虽然数字计算机在第二次世界大战末期就已经存在了，但是直到20世纪60年代或者更晚才有少数人能够接触它们。在那之前，个体实践者尝试了其他使用电子或科技元素创作艺术作品的方法。20世纪50年代初，美国数学家本·拉波斯基开始使用示波器创作基于屏幕的图像，这些图像是通过高速摄影捕捉到的。拉波斯基的《示波图》（Oscillons）与约翰·惠特尼（John Whitney）、玛丽·艾伦·布特等人的作品一起，可以被看作艺术创作的现代数字方法的模拟先驱。1961年，英国艺术家戴斯蒙德·保罗·亨利（Desmond Paul Henry）对一台模拟瞄准计算机进行了改造，创建了三台绘图机中的第一台，这台绘图机能够制作令人惊讶的优雅而复杂的曲线。曼彻斯特大学哲学讲师亨利曾在英国陆军服役，对该机器的性能非常熟悉。生于奥地利的艺术家和科幻作家赫伯特·W. 弗兰克（Herbert W. Franke）在自20世纪60年代起创作大量数字艺术作品之前还制作了许多模拟计算机图像。

毫无疑问，"计算机艺术"这一术语在1963年已经流行起来了。《计算机与自动化》杂志每年举办一次的计算机艺术大赛是在这一年年初发起的，旨在寻找"计算机在其中扮演主导角色的视觉创意实例"。似乎为了强调计算机与军事之间的联系，首个获奖作品是由美国陆军弹道研究实验室（US Army Ballistic Research Laboratories）制作的，其标题《飞溅图案》（Splatter Pattern）有一定的画面感。据当地报纸报道，1963年5月，圣何塞州立学院举办了一场即兴展"化学家的计算机艺术"（Chemists' Computer Art）。这个想法是由琼·肖格伦（Joan Shogren）提出的，她说服一位同事编写了一个以"艺术模式"生成数值的程序。然后该数值被化学家手工着色，这种方法预示了哈罗德·科恩（Harold Cohen）和川野洋（Hiroshi Kawano）等艺术家先驱的早期计算机辅助作品。

位于新泽西州默里山的贝尔电话实验室（Bell Telephone Laboratories）是20世纪60年代初最著名的研究中心之一，诺尔、贝拉·朱尔兹（Béla Julesz）、肯尼斯·诺尔顿（Kenneth Knowlton）、利昂·哈蒙（Leon Harmon）和其他科学家在那里用计算机生成图像来进行实验。在某些情况下，他们还试图找到专业艺术家创作作品使用的规则或程序。例如，诺尔的《九十个平行正弦波》（Ninety Parallel Sinusoids, 1964）就受到了布里奇特·赖利（Bridget Riley）的欧普艺术绘画《电流》（Current, 1964）的启发。诺尔试图制作与赖利平行曲线相似的效果，于是编写了一个程序，以生成一根可以重复多次的单一线条。输出结果被发送到斯特朗伯格·卡尔森（Stromberg Carlson）微缩胶片绘图仪上，所得胶片被用于制作摄影印刷品。诺尔还试图在《计算机线条构图》（Computer Composition with Lines, 1964）中模仿皮特·蒙德里安（Piet Mondrian）的作品。作品完成后，他请贝尔实验室的同事识别计算机创作的图像并选择他们更喜欢的一幅。据诺尔所说，大多数人更喜欢计算机生成的图像并认为它是蒙德里安的作品。[1]

在贝尔实验室的要求下，诺尔试图为另一幅图像申请版权，即《高斯二次型》（Gaussian Quadratic, 1962-1963）。但由于该作品是计算机生成的，美国版权局起初拒绝了这一请求，但是诺尔最终说服他们接受了这一请求。[2] 诺尔和他的同事朱尔兹于

2 本·拉波斯基，《示波图520》，1960年，C-type影印，28厘米×21.8厘米（11 1/8英寸×8 5/8英寸）。V&A：E.1096-2008。经帕特里克·D. 普林斯，由V&A美国之友慷慨捐赠

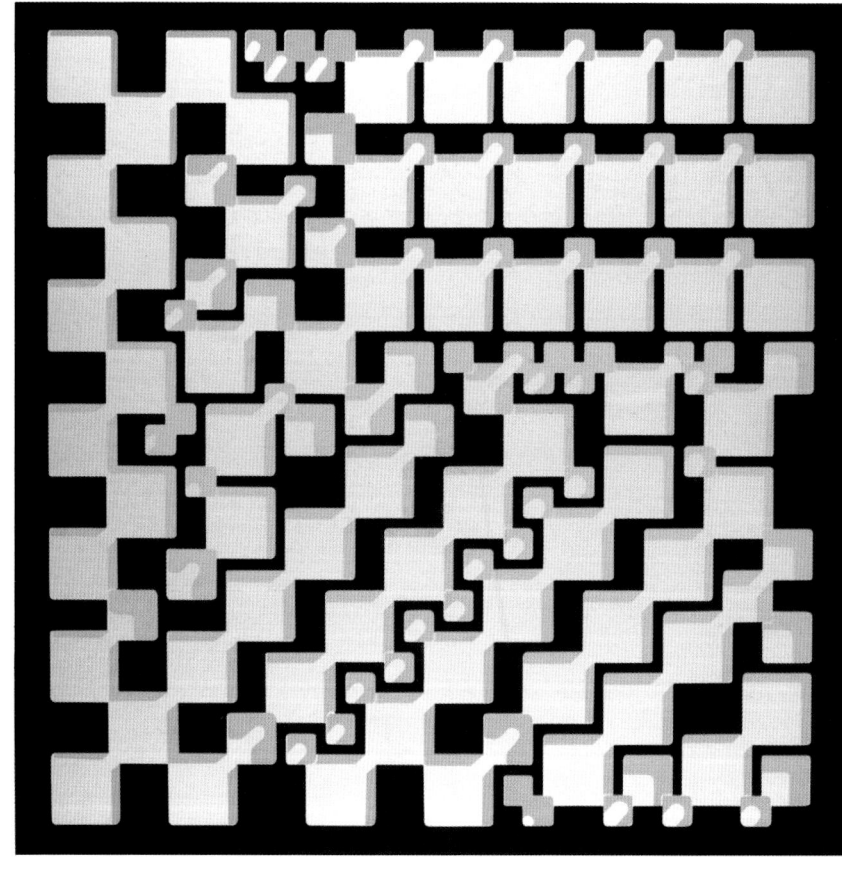

3（上）A. 迈克尔·诺尔，《计算机线条构图》，1964年制作，20世纪70年代印刷，计算机生成图像的影印，28厘米×21.5厘米（11¹⁄₈英寸×8¹⁄₂英寸）。V&A：E.35-2011。A. 迈克尔·诺尔赠

4（下）乔治·尼斯，《雕塑1（造型1）》[Sculpture 1(Plastik 1)]，1965年—1968年，丝网印刷，75.5厘米×68.7厘米（29³⁄₄英寸×27¹⁄₈英寸）。V&A：E.61-2008。由计算机艺术学会捐赠，系统仿真有限公司（System Simulation Ltd）资助，伦敦

1965年4月在纽约的霍华德·怀斯画廊（Howard Wise Gallery）展出了这些作品，他们是第一批在商业艺术画廊中展示数字图像的艺术家。该展览选择了一个多少有些平淡无奇的标题"计算机生成图画"（Computer-Generated Pictures）是因为朱尔兹觉得他对视觉感知的探索不能被视为"艺术"。尽管他们花了很多时间盘算如何分配利润，但是实际上一件作品都没卖出。诺尔和朱尔兹后来发现，同年2月，一位德国数学家兼程序员乔治·尼斯（Georg Nees）已经在斯图加特大学展示了"计算机图形"（Computergrafik）图像。尼斯的灵感来自他的导师，哲学家马克斯·本斯，本斯与亚伯拉罕·摩尔一起提出了一个名为"信息美学"的概念——简而言之，是一个艺术创作的理性公式。本斯在该展览开幕时讲了话，并发表了一篇名为《生成美学项目》（Projekte generativer Ästhetik）的短文。[3]

1965年11月，尼斯与另一位德国数学家纳克在斯图加特的温德林·尼德利奇画廊（Galerie Wendelin Niedlich）举办了联展。当纳克还是一位斯图加特技术大学的学生时，他就被要求编写一个程序来控制刚刚发明的Zuse Graphomat Z64绘图机。像尼斯一样，纳克也深受本斯的影响，从20世纪60年代中期到70年代初制作了许多绘图仪绘画和相关印刷品，这些作品都具有强烈的计算美学风格。

诺尔的贝尔实验室同事诺尔顿和哈蒙也在视觉研究中投入了大量精力。1966年，他们扫描了一幅舞蹈家兼编舞家黛博拉·海（Deborah Hay）的照片，然后创建了一个技术符号网格，代表图像的灰度值。其结果被发送到一台微缩胶片记录仪上，由这台记录仪制作出一组八幅小微缩胶片图像。哈蒙和诺尔顿将这些图像拼接在一起，制作出一幅可以被重新拍摄并以更高分辨率打印的单一合成图像。然后作为一个恶作剧，他们在老板办公室的墙上展示了一幅12英尺（约3.66米）长的影印图像。不出所料，高级管理者不以为然，坚持认为该图像与贝尔实验室无关。然而，1967年，当这幅计算机裸体画以一个较小版本在艺术家罗伯特·劳森伯格（Robert Rauschenberg）工作室的一次新闻发布会上被展示时，一举成名，而这次发布会则标志着"艺术与技术实验"或E.A.T.的启动。这幅图像被刊登在《纽约时报》（New York Times）上，从那时起，高级管理者请求《知觉研究I》（Studies in Perception I，后来的名称）永远与贝尔实验室有关。这件艺术作品的标题试图阐明诺尔顿和哈蒙的深层意图，即他们想确定需要具备多少信息才能"解读"一幅数字图像。V&A目前收藏了几幅印刷品，其中包括一幅罕见的嫩绿色版本。

到20世纪60年代末，新计算机技术的可用性开始对主流艺术界或至少是其中的一部分产生影响。劳森伯格与贝尔实验室的比利·克鲁弗（Billy Klüver）一起成了E.A.T.的领导者。该组织旨在促进艺术家与工程师之间的合作，其契机来自1966年10月在纽约举办的一系列先锋活动"9夜：剧场与工程"（9 Evenings: Theatre and Engineering）。1968年开幕的几场重要展览，包括伦敦当代艺术中心（ICA）的"控制论奇缘"、纽约现代艺术博物馆（MoMA）的"机械时代末期的机器"（The Machine as Seen at the End of the Mechanical Age）以及布鲁克林博物馆（Brooklyn Museum）由E.A.T.组织的"更多的开始"（Some More Beginnings）。虽然MoMA的展览中计算机艺术作品相对较少，但是其中包括了诺尔顿和哈蒙的《知觉研究I》和莉莉安·施瓦茨（Lillian Schwartz）的交互雕塑《比邻星》（Proxima Centauri, 1968）。哈蒙邀请施瓦茨前往贝尔实验室，后者自1969年起成了那里的驻留艺术家。她随后与诺尔顿合作，制作了计算机生成图像和先锋电影，比如《怪异动画》（Pixillation, 1970）。

贾希雅·莱切哈特策划的"控制论奇缘"是首个致力于探索计算机与艺术之间关系的大型国际展览。艺术家、数学家、工程师、作曲家和诗人都在这场现在被认为是数字艺术史里程碑事件的展览中展出了作品。参加ICA展览的大部分是男性，比如拉波斯基、亨利、纳克、尼斯和诺尔，以及诺尔顿、哈蒙。图录中出现的极少数女性包括美国激浪派艺术家艾莉森·诺尔斯（Alison Knowles）和瑞典画家乌拉·魏根（Ulla Wiggen），以及贾希雅·莱切哈特本人。除计算机艺术和图形之外，展览还包括计算机诗歌、计算机音乐，以及罗伯特·马拉里（Robert Mallary）、白南准（Nam June Paik）、戈登·帕斯克和爱德华·伊纳托维奇（Edward Ihnatowicz）等艺术家和控制论专家创作的许多雕塑或动力作品。例如，马拉里是首批受过训练使用计算机程序制作雕塑的艺术家。他手绘了一系列曲线，然后将坐标输入到他儿子编写的FORTRAN程序中。最后生成的绘图仪绘画被用作模板，切割所选材料，比如胶合板或塑料。第一个原型《四胞胎1》（Quad 1）由层压塑料制成并在ICA的展览上展出。

展览期间还出版了一组七幅平版印刷——查尔斯·苏黎（Charles Csuri）、威廉·费特（William Fetter）、莫恩·S.梅森

从模拟的到数字的：20世纪60年代和70年代的计算机艺术

（Maughan S. Mason）、唐纳德·K.罗宾斯（Donald K. Robbins）和克里·斯特兰德（Kerry Strand）每人一幅，加上计算机技术小组（Computer Technique Group, CTG）提供的两幅。CTG于1966年在日本成立，其成员包括幸村真佐男（Masao Kohmura）和槌屋治纪（Haruki Tsuchiya）。他们在东京的IBM科学数据中心（Scientific Data Center）工作时，创作了被多次复制的图像，比如《奔跑的可乐是非洲》（Running Cola is Africa, 1967-1968），这幅图像可以被解读为对美国帝国主义的间接批评。当然，在这一时期几位艺术家的作品中，政治从未缺席。例如，苏黎的《随机战争》（Random War, 1967-1968）展示了两支交战的玩具士兵的军队。这幅平版印刷是展览中展出的一幅更大艺术作品的细节，创作于越南战争期间。这件完整的作品还包括一份计算机生成的伪随机名单，列出了在战斗中阵亡、受伤、失踪或受到表彰的士兵。

受到展览成功的启发，约翰·兰斯当、艾伦·萨克利夫和乔治·马伦于1968年年底创立了计算机艺术学会（CAS）。CAS的活动——包括其1969年的首个展览"事件一"（Event One）——为在传统艺术界之外工作的计算机艺术家、音乐家、诗人、程序员和工程师提供了一个有益的焦点。该学会的杂志《PAGE》由艺术家古斯塔夫·梅茨格（Gustav Metzger）主编，是电子邮件或互联网出现之前关于艺术计算的重要信息来源。在欧洲其他地方，一系列具体艺术、欧普艺术和构成主义艺术的"新趋势"展览导致了"趋势4"（Tendencies 4）的出现，其中包括一个1968年至1969年在萨格勒布举办的国际展览，专门讨论"计算机与视觉研究"（Computers and Visual Research）。"趋势4"和新趋势运动期刊《比特国际》（bit international）的早期议题都旨在突显计算机艺术、信息美学、构成主义和具体艺术之间的联系。

到这个十年的最后，越来越多的专业艺术家开始使用计算机程序，尽管他们有时难以获得必要的设备。例如，曼弗雷德·莫尔从抽象表现主义中脱离出来，发展出一种对算法几何的兴趣。1969年年底，他尝试使用一台温森斯大学的计算机，但是最初缺少输出设备。像尼斯和纳克一样，莫尔也受到了哲学家马克斯·本斯的信息美学概念或"理性艺术"的影响。来自莫尔的P-18程序的几件早期作品于1970年首次在布鲁内尔大学展出，目前是V&A的收藏。"曼弗雷德·莫尔：计算机图形学，一种编程美学"（Manfred Mohr: Computer Graphics, Une Esthétique Programmée），是第一个专门为一位数字艺术家举办的大型展览，于1971年在巴黎现代艺术博物馆（Musée d'Art Moderne de la Ville de Paris）举办。在随后的几年里，莫尔一直将立方体作为艺术灵感的来源，在多个维度中生成越来越复杂的形式。

维拉·莫尔纳生于20世纪20年代的匈牙利，后来搬到了巴黎，开始与弗朗索瓦·莫尔莱（François Morellet）等抽象几何艺术家一起工作。早在接触计算机之前，莫尔纳就已经在她的艺术实践中采用了系统的方法，利用了《想象机器》（machine imaginaire）或"虚拟计算机"的概念。她早期的许多计算机生成作品，比如"干扰"（Interruptions）系列，探索了秩序与无序之间的关系。1976年，莫尔纳的首个个展"转换"（Transformations）在中央伦敦理工学院（Polytechnic of Central London）举办。

作为一位著名的生于英国的画家，哈罗德·科恩于1968年成了加州大学圣地亚哥分校的客座讲师，并在那里接触到了FORTRAN计算机编程。他这一时期最早的艺术作品都是简单的计算机打印输出，有根据程序规则排列的数值或字母。有时科恩会在人物周围画画，画出彩色的等高线图或几何形状。1973年，他成为斯坦福大学人工智能实验室的访问学者，开始开发AARON，一种用于自主进行艺术创作的程序。起初，AARON只能制作单色抽象机器绘画，其中一些由科恩手工着色。到20世纪80年代，该程序已经能够创建可识别的人物形象，这些人物形象通常被五颜六色的热带矮树丛环绕着。因此，科恩可以说是第一位将人工智能作为一种生成艺术作品的可行方法进行探索的专业艺术家。

莫尔、莫尔纳和科恩等艺术家努力为新兴的数字艺术实践领域带来了批判性严谨，加深了对数字艺术与其他艺术运动之间关系的理解。与此同时，知名设计师也越来越多地参与到新

从模拟的到数字的：20世纪60年代和70年代的计算机艺术

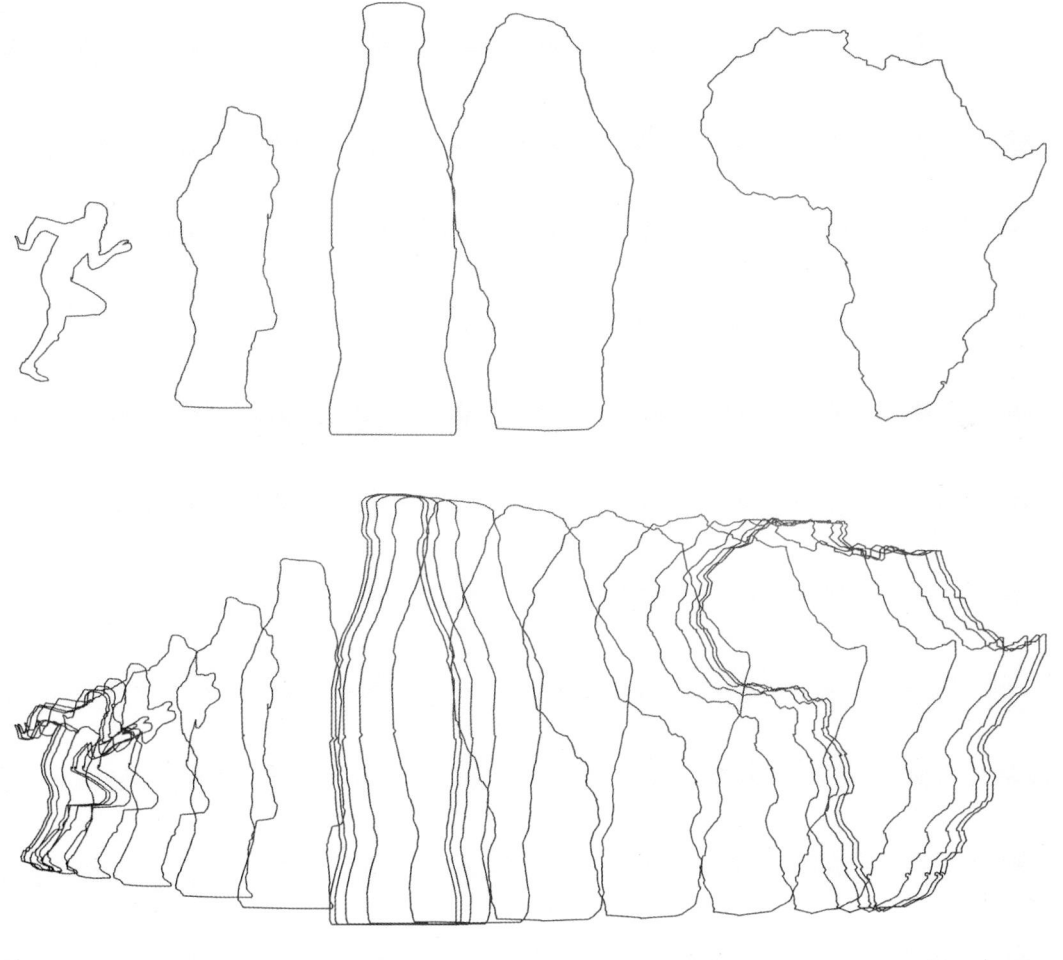

6 计算机技术小组，《奔跑的可乐是非洲》，1967年—1968年，平版印刷，50.6厘米×75厘米（20英寸×29⅝英寸）。V&A：CIRC.770-1969

DEAD

ID	Name	Rank
RA14326856	LONG RUSSELL B	PVT
RA19955679	ZWEINER PAUL	PVT
RA18915815	SCOTT HUGH	PVT
RA19591285	RICHMAN DAVID	PFC
RA14048283	GRAHAM LARRY	PVT
RA17083653	MURDOCK NORMAN	PVT
RA10777487	HOFFA JAMES R	PFC
RA13936732	DEAL THOMAS D	PVT
RA19274763	KAZUTAKA KIKAWADA	PVT
RA11115441	COOK DONALD D	PVT
RA10535961	THARP MELVIN E	PFC
RA18729136	MENDELSON DENNY D	PVT
RA15931262	TURNER ROBIN	PVT
RA13815506	BARNARD CHRISTIAN	PVT
RA10150807	MILLER MILLARD J	PVT
RA14363968	NICHOL DAVID M	PVT
RA10788375	RUGGLES CHARLES	SGT
RA15385581	SHARTZER DONALD	PVT
RA14761275	ROWAN CARL T	PVT
RA12032679	KEEL JOHN	PVT

WOUNDED

ID	Name	Rank
RA18473853	RUSK DEAN	PFC
RA19785150	ROCKEFELLER N A	PVT
RA17528694	FIORITTO THOMAS	PFC
RA18787358	REAGAN RONALD	PVT
RA19064141	LAIRD MELVIN	PVT
RA17962795	ROCKEFELLER W A	PVT
RA11141842	NATALE MICHAEL R	PVT
RA14745691	CHESBROW NORMAN	PVT
RA13243241	MALLET GEOFFREY	PVT
RA13489883	COLE DAVID W	PVT
RA15742152	FISHER RALPH	PVT
RA13846568	KURFESS CHARLES F	PVT
RA18111924	MEILING RICHARD L	PFC
RA12524728	CONNICK WILLIAM W	PVT
RA19674051	REYNOLDS ALFRED G	PVT
RA11520929	ALBL MICHAEL D	PVT
RA19333806	SHEARER WILLIAM K	PVT
RA18518324	ALLEN GLEN	PVT
RA16001735	MOORE EARL	PVT
RA15942314	HEGMAN MICHAEL L	PVT
RA12658876	HICKS JACK	PVT
RA17266211	IRVINE JOHN	PVT
RA17052824	YARRINGTON PAUL	PFC
RA13971338	STERNBERGER JOSEPH	PVT
RA12145872	STOCKDALE ROBERT E	PVT
RA11600079	HYLER JOSEPH	PVT
RA12577168	MCLAUGHLIN THOMAS	PVT
RA19250405	SPRADFORE JAMES	PVT
RA16840729	TINGER GERALD	PVT
RA14163370	TUTTLE LLOYD W	PVT
RA10523143	WILLIAMS ANDREW	PVT
RA11440641	GAVIN JOHN	PFC
RA18307096	MACMURRAY FRED	PVT
RA12213530	COLLINS OAKLEY	LT
RA18186236	HARVEL JAMES M	PVT
RA18643251	FRIDLEY DALE	PVT
RA10318312	ROMMNEY GEORGE	PFC
RA18265007	WHITCOMB GARDNER L	PVT
RA11868804	BRADBURY RAYMOND	LT
RA10007137	PALMER ARNOLD	PFC

MISSING

ID	Name	Rank
RA14036826	MILLS WILBUR D	PVT
RA17668682	HATFIELD MARK	PVT
RA13981075	STANLEY RICHARD F	PFC
RA16762418	CHESTER JOHN J	PFC
RA16838149	AUSTIN RICHARD B	PVT
RA19903741	BOND JAMES	LT
RA17455605	STROUD JAMES	PVT
RA19422493	BAER ROBERT	PVT
RA12948963	BEMIOJI BEN B	PVT
RA19761996	THOMSON ALEX	PVT
RA14081591	LUTZ CLAYTON F	PVT
RA18065704	ROBERTSON CLIFF	PVT
RA15097059	NOGAWICK CLOVIS	SGT
RA15899759	OGILBY ANGUS	PFC

SURVIVING

ID	Name	Rank
RA10137030	JOHNSON LYNDON B	PVT
RA11690263	KOSYGIN ALEXEI N	PVT
RA15785322	DODD THOMAS D	PVT
RA16952862	NUGENT PATRICK L	PVT
RA19333980	NUGENT PATRICK J	PVT
RA18328721	RHODES JAMES	LT
RA19428833	GOLDWATER BARRY M	SGT
RA19383207	PERCY CHARLES	PVT
RA19830218	FORD GERALD	PVT
RA15926406	VAN SICKLE THOMAS	PVT
RA12942472	MCDONALD JACK	PVT
RA12932700	SAVARESE JAMES	PVT
RA14880161	BROWN J T S	PVT
RA18430042	KRIMMEL GARY W	PVT
RA12589114	COLEMAN RONALD	PVT
RA12779517	BRUSSER WILLIAM	PVT
RA13914000	CARNEY CHARLES J	PVT
RA15034584	SHAW ROBERT A	PVT
RA19154852	SWEENEY PATRICK A	PVT
RA15895789	REICHEL RICHARD G	PVT
RA16841582	HUNTZINGER HOWARD	PVT
RA17282705	SEALY JR ALBERT H	PVT
RA11809736	THOMPSON HOWARD	PFC
RA19573682	CONLEY THOMAS C	PVT
RA18863159	JONES PAUL E	PVT
RA11090186	WINTERS HARRY F	PVT
RA16666236	CARTER JOSEPH	PVT
RA10437062	YOUNG JOHN D	PVT
RA14288688	WALLACE GEORGE	CAPT
RA17254668	MIZUKAMA TATSUZO	PVT
RA16886196	KONO FUMIHIKO	PVT
RA18613675	BRINKMAN WILLIAM	PVT
RA10525982	BAUS ROBERT	PVT
RA12193625	SHOEMAKER FRED	PFC
RA11672528	REESE EDWARD E	PVT
RA17948830	FERRELL JOHN D	LT
RA16906421	WAGNER JAY E	SGT
RA12800016	HIGGINS ROGER	PVT
RA14202790	DENSMORE BERNARD	PFC
RA17237826	MARTIN DAVID B	PVT

ID	Name	Rank
RA11959983	BAKER JERRY C	PVT
RA18517284	DRACKETT PAUL A	PVT
RA18400133	ARONOFF STANLEY	PVT
RA12246404	SIMMONS EDWARD	PVT
RA18012100	AMMEIN MICHAEL	PFC
RA18728925	CANZONERI ROBERT W	PVT
RA11866888	WILLSON ROBERT D	LT
RA14228847	SOLOWAY ELLIOT	PVT
RA17410673	BURDETTE JAMES	PVT
RA16351998	PATZER ANTON C	PVT
RA18161522	LEACH CLARENCE O	PVT
RA10443026	MANN RAY M	PVT
RA15657604	KENNEDY ROBERT F	PVT
RA17906185	MAHARIS GEORGE	PVT
RA17453388	BOLT ROBERT	PVT
RA15191282	GLANCY DONALD	PVT
RA10324056	HARRISON REX	PVT
RA11553301	DYLAND ROBERT	COL
RA16985170	ULLERY JOHN	PVT
RA13261328	BAAS CARL	PVT
RA15497705	BARNETT WILLIAM	PVT
RA12846165	RUPER RODNEY	PVT
RA18670696	REYNOLDS HOWARD	PVT
RA11193051	SHANNON PATRICK Z	PVT
RA16469447	JONES JOHN	PVT
RA10090186	GUSTAF CARL	PVT
RA13113409	MARTINEZ VICTOR M	PVT
RA11952450	MORGENTHAU ROBERT	PVT
RA13093439	NICKLAUS JACK	PFC
RA19257537	SHIRTCH HENRY A.	PVT

MEDALS AWARDED

HERO

ID	Name	Rank	
RA18670698	REYNOLDS HOWARD	PVT	SURVIVING

MEDAL FOR VALOR

ID	Name	Rank	
RA11440641	GAVIN JOHN	PFC	WOUNDED
RA10090186	WINTERS HARRY F	PVT	SURVIVING
RA18111924	MEILING RICHARD L	PVT	WOUNDED
RA10525982	BAUS ROBERT	PVT	SURVIVING

GOOD CONDUCT AWARD

ID	Name	Rank	
RA18430042	KRIMMEL GARY W	PVT	SURVIVING
RA15899759	OGILBY ANGUS	PFC	MISSING
RA17906185	MAHARIS GEORGE	PVT	SURVIVING
RA17455605	STROUD JAMES	PVT	MISSING
RA19761996	THOMSON ALEX	PVT	MISSING
RA17282705	SEALY JR ALBERT H	PVT	SURVIVING
RA13971338	STERNBERGER JOSEPH	PVT	WOUNDED
RA17266211	IRVINE JOHN	PVT	WOUNDED
RA11141642	NATALE MICHAEL R	PVT	WOUNDED
RA18161522	LEACH CLARENCE O	PVT	SURVIVING
RA15497705	BARNETT WILLIAM	PVT	SURVIVING
RA19422493	BAER ROBERT	PVT	MISSING
RA12932700	SAVARESE JAMES	PVT	SURVIVING
RA16351998	PATZER ANTON C	PVT	SURVIVING

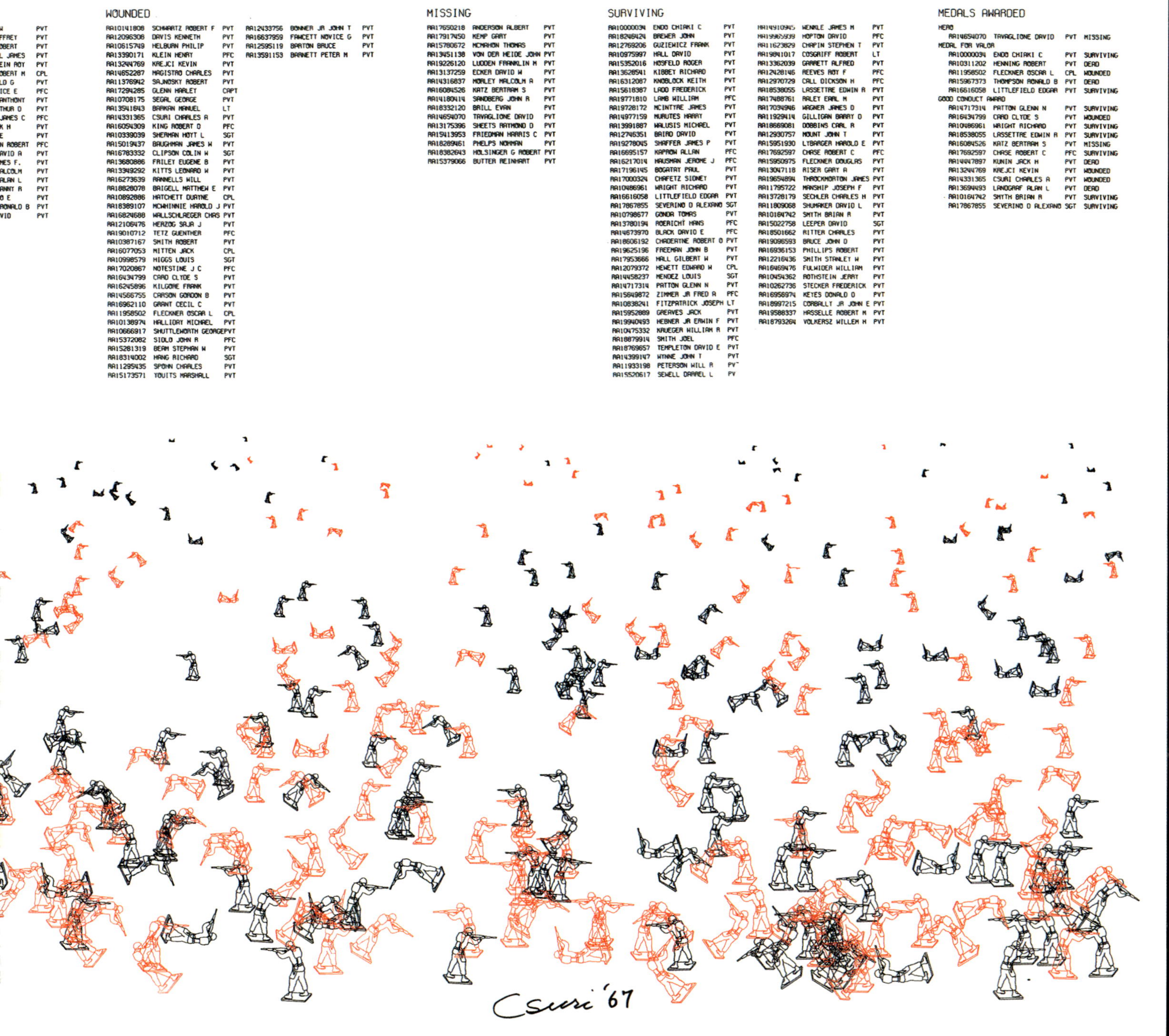

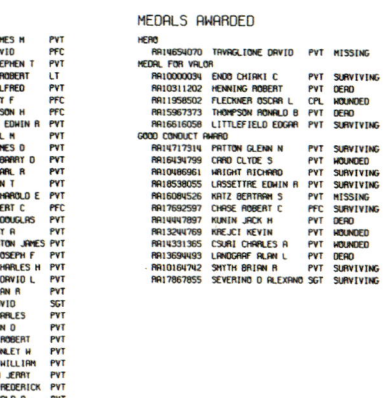

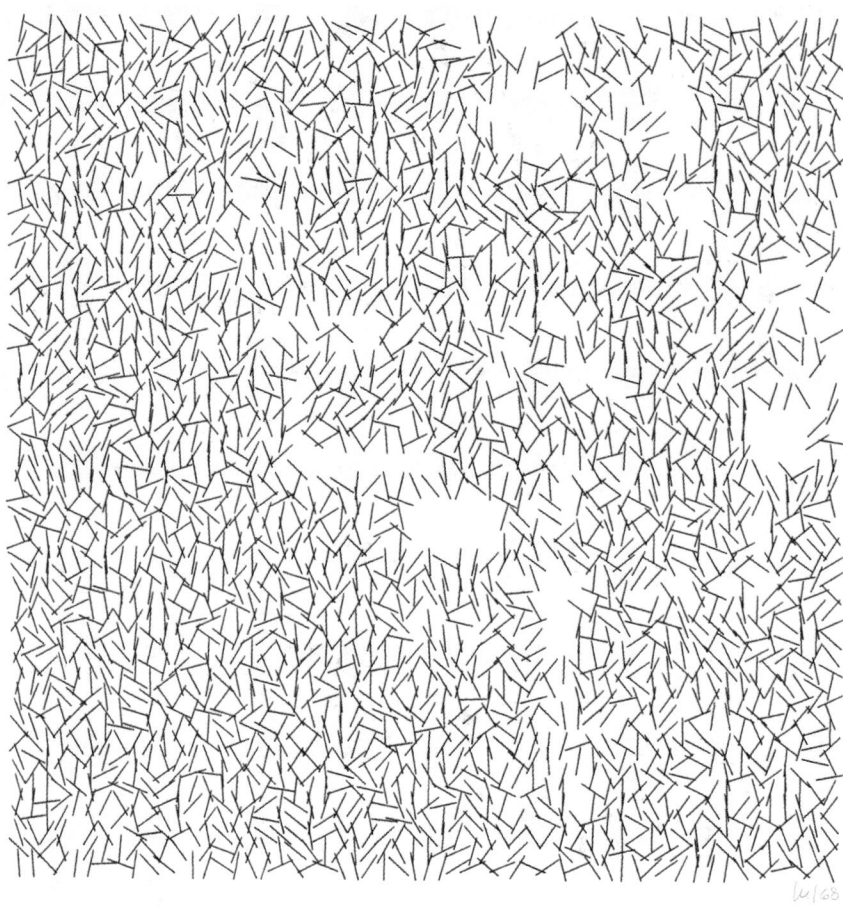

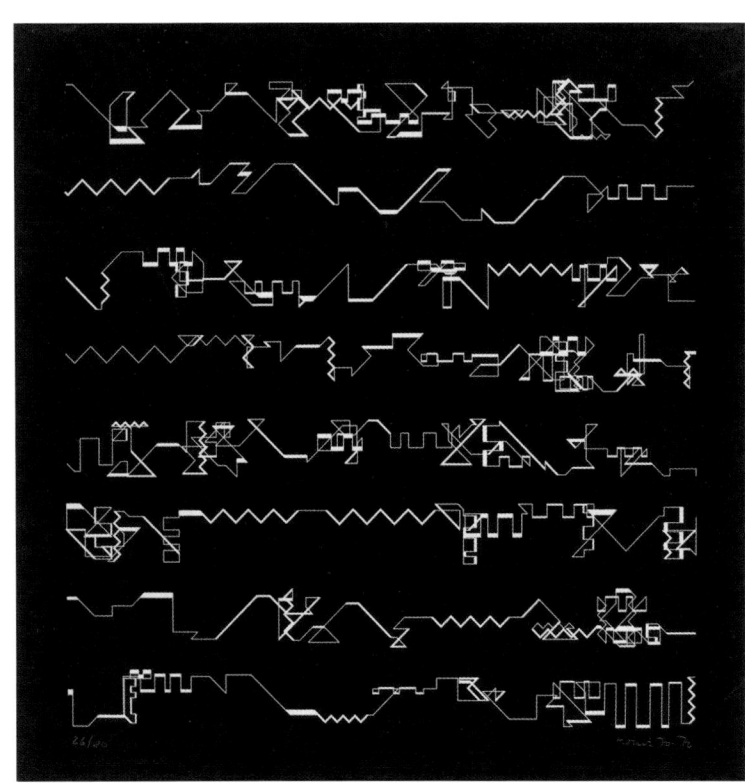

8（下）曼弗雷德·莫尔，《P-021》，1970年—1976年，绘图仪绘画后的丝网印刷，39.5厘米×39.8厘米（15⁵/₈英寸×15³/₄英寸）。V&A：E.144-1978

9（上）维拉·莫尔纳，《干扰》，1968年，绘图仪绘画，28厘米×21.8厘米（11¹/₈英寸×8⁵/₈英寸）。V&A：E.269-2011

兴的计算机行业中来。例如，查尔斯·伊姆斯（Charles Eames）和雷·伊姆斯（Ray Eames）受雇于IBM，创作了一系列教育电影和展览装置，其中包括该公司1964年纽约世界博览会的展馆。到20世纪60年代中期，IBM的System 360大型计算机已经以65%的市场份额主导了企业界。其计算机纸牌屋（Computer House of Cards）就是为1970年日本大阪世界博览会的参观者设计的。

当然，计算机在艺术与设计中的应用并不局限于欧洲、北美或日本。在南美洲，阿根廷艺术家艾德瓦尔多·麦·安泰尔（Eduardo Mac Entyre）和米格尔·安赫尔·维达尔（Miguel Ángel Vidal）早在1960年就成立了一个"生成艺术"（Arte Generativo）小组，当这种新媒介在这个十年晚期变得触手可及时，他们接受了这种新媒介。艺术与传播中心（Centro de Arte y Comunicación, CAyC）于1968年在布宜诺斯艾利斯成立，主要关注系统艺术。麦·安泰尔、维达尔和其他几位阿根廷艺术家出现在了1969年布宜诺斯艾利斯开幕的展览"艺术与控制论"（*Arte y Cibernética*）中，该展览随后在乌拉圭、哥伦比亚、委内瑞拉和英国巡展。瓦尔德玛·科尔德罗（Waldemar Cordeiro）是一位生于意大利的画家、记者和艺术评论家，他积极参加了巴西先锋运动，创作了一些该国最早的计算机艺术作品。他女儿安娜莉维亚·科尔德罗（Analívia Cordeiro）继续创作了巴西第一件计算机编排的舞蹈作品《M 3×3》，该作品的电影于1973年在爱丁堡的CAS展览上得到了展示。《M 3×3》现在因其在编舞和电影摄影中开创性地使用了创新的计算机编程而得到了认可。[4]

在新墨西哥大学，雕塑家查尔斯·马托克斯（Charles Mattox）鼓励理查德·威廉姆斯（Richard Williams）创建了ART1，这是最早被设计出来供艺术家直接使用的计算机程序之一。威廉姆斯曾参与美国核武器研究项目，但是他渴望参与更具创造性的工作。ART1软件在该大学的IBM 360大型计算机上运行，输出结果被发送到一台有有限字符集的字母数字行式打印机上。ART1被硬边抽象画家弗雷德里克·哈默斯利（Frederick Hammersley）选中，他在1968年和1969年期间创作了许多极具冲击力的印刷品。另一位雕塑家凯瑟琳（"凯蒂"）·纳什[Katherine ('Katy') Nash]在北美和欧洲的其他大学和学院里推广了这一程序的使用。[5] 在明尼苏达大学，她与罗纳德·雷钦伯格

10 哈罗德·科恩，《无题》（*Untitled*），1974年，有手工着色的绘图仪绘画，21.8厘米×28厘米（8⅝英寸×11⅛英寸）。V&A: E.326-2009。由哈罗德·科恩捐赠

COMPUTER GUESS/   Catherine Nash

10/20/71

从模拟的到数字的：20世纪60年代和70年代的计算机艺术

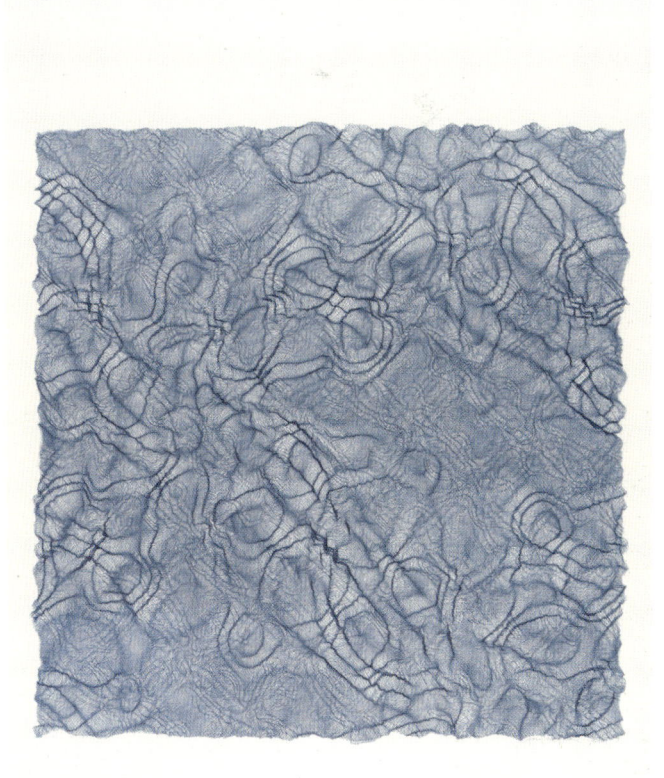

15（上）罗曼·维罗斯科，《路径系列》（*Pathway Series*），1987年，绘图仪绘画，57.3厘米×61.2厘米（22⁵⁄₈英寸×24¹⁄₈英寸）。V&A：E.956-2008。经帕特里克·D.普林斯，由V&A美国之友慷慨捐赠

16（下）让-皮埃尔·赫伯特，《如此可爱的龙》（*Such a Sweet Dragon*），1990年，绘图仪绘画，77厘米×57厘米（30³⁄₈英寸×22¹⁄₂英寸）。V&A：E.628-2019

（Ronald Reichenberger）合作，创建了一个他们称之为ART2的新版本。马托克斯还委托大卫·考金斯（David Caulkins）创建了DART1，DART1使用的是CalComp（卡尔康普）滚筒绘图仪，而非行式打印机。尽管它们功能有限，但ART1、DART1以及类似的程序都是为非程序员设计的，可以被视为现代"绘画"程序的先驱。

到20世纪70年代初，许多艺术家受到启发，开始探索使用计算机和数字文化的创新方法。在德国，西尔维娅·鲁博（Sylvia Roubaud）与数学家杰罗德·韦斯（Gerold Weiss）、梅塞施密特-伯尔科-布洛姆（Messerschmitt-Bölkow-Blohm, MBB）航空航天公司的同事合作，制作了一系列色彩鲜艳的计算机生成的丝网印刷品，并于1972年发布。美国艺术家琼·特鲁肯布罗德（Joan Truckenbrod）于1975年在纸上创作了一组绘图仪绘画，之后继续开发将她的数字图像转移到纺织品上的创新方法。

在英国，系统艺术小组的主要成员马尔科姆·休斯（Malcolm Hughes）于1973年在斯莱德美术学院（Slade School of Fine Art）创立了实验系。斯蒂芬·斯克里夫纳（Stephen Scrivener）、多米尼克·博勒姆（Dominic Boreham）、达雷尔·维纳（Darrell Viner）和保罗·布朗等学生被鼓励使用伦敦大学的计算设施，在数年内制作了大量绘图仪绘画。许多艺术学院与技术学院合并成为理工学院，因此为合作提供了新的机会。

在考文垂，当艺术学院成为兰彻斯特理工学院的一部分时，克莱夫·理查兹（Clive Richards）创作了英国艺术学院里最早的计算机动画之一。作为一位技术插画师，理查兹还创作了一组展示旋转立方体的绘图仪绘画（1973—1974）。

20世纪60年代，数学家、科学家和程序员已经在探索使用新的数字技术创作图像的创新方法了。到20世纪70年代中期，通常在学术或研究环境中，越来越多受过训练的艺术家开始在他们的艺术实践中使用计算机。Apple II（苹果II）计算机在70年代后期推出，接着IBM PC机在1981年推出。到20世纪80年代初，个人计算机的日益普及使艺术家可以在自己的工作室中利用这项新技术，但前提是他们能够负担得起。有些人乐于采用市面上已有的软件；而另一些人则更倾向于使用自己定制的系统。尽管"计算机艺术"一词在当时肯定已经过时了，但是让-皮埃尔·赫伯特（Jean-Pierre Hébert）、罗曼·维罗斯科（Roman Verostko）和马克·威尔逊（Mark Wilson）等算法艺术家继续开发自己的程序，制作精美的绘图仪绘画或复杂的数字印刷品。[6] 尽管这些开创性的计算机艺术家在当时并未得到广泛认可，但是他们在20世纪60年代和70年代建立的许多计算方法和美学原则，至今仍然是生成艺术的核心。

1. A.迈克尔·诺尔，《人或机器：皮特·蒙德里安〈线条构图〉（1917）和计算机生成图画的主观比较》[Human or Machine: A Subjective Comparison of Piet Mondrian's Composition with Lines (1917) and a Computer-Generated Picture]，《心理记录》（Psychological Record），第16卷（1966年1月），第1-10页

2. A.迈克尔·诺尔，《计算机艺术的起源：回忆录》（The Beginnings of Computer Art: A Memoir），《莱昂纳多》（Leonardo），第27卷，第1期（1994年），第41页

3. 马克斯·本斯，《生成美学项目》，《红色》（rot）19（斯图加特，1965年）。有关更新英文版本，参见贾希雅·莱切哈特（编），《控制论，艺术与观念》（Cybernetics, Art and Ideas）（伦敦：Studio Vista，1971年），第57-60页

4. 爱德华·尚肯（Edward Shanken），《编码舞蹈与舞蹈编码：安娜莉维亚·科尔德罗的〈M 3×3〉》（Coding Dance and Dancing Code: Analívia Cordeiro's M 3×3），收录于莱斯莉·琼斯（Lesley Jones）（编），《编码：艺术进入计算机时代，1952—1982》（Coded: Art Enters the Computer Age, 1952–1982）（展览图录，洛杉矶：LACMA，2023年）

5. 纳什于1969年访问了德国、法国和英国，于6月在伦敦出席了CAS会议。随后，布莱顿技术学院（后并入布莱顿理工学院）的学生罗杰·桑德斯（Roger Saunders）获得了一份ART1的副本。桑德斯继续开发了一种艺术与设计编程语言（PLAD1）。有关详细信息，参见帕特里克·弗兰克（Patrick Frank），《共享编码：ART1，弗雷德里克·哈默斯利与计算机艺术的黎明》（Sharing Code: Art1, Frederick Hammersley, and the Dawn of Computer Art）（圣达菲：新墨西哥艺术博物馆，2020年）

6. 1995年，赫伯特和维罗斯科采用了"算法艺术家"（algorist）一词描述那些使用自己的算法创作艺术作品的艺术家。赫伯特甚至设计了一个半开玩笑的算法来作为该词的定义，其内容如下：
if (creation && object of art && algorithm && one's own algorithm) { include * an algorist * } elseif (!creation || !objectof art || !algorithm || !one's own algorithm} exclude * not an algorist *}

弗里德 · 纳克

蓝美泠采访

弗里德·纳克是一位数学家、计算机科学家和计算机艺术领域的创新者。他是最早在数字艺术创作中使用算法的人之一。他最早的作品创作于1963年,使用了他自己开发的软件。他将斯图加特技术大学的SEL-ER65计算机与Graphomat绘图机结合起来使用。纳克因在他的算法中引入随机变量并让计算机自己做出某些选择而闻名。

美:今天,生成和算法艺术是当代文化的一部分。这与20世纪60年代初你开始进行这类艺术创作时的情况大不相同。你能给我们讲讲那个时候的情况吗?

弗:1963年,我在斯图加特大学计算中心担任学生助手。很棒的是那年他们购置了Zuse Graphomat Z64。他们要求我为这台最新创建的自动平板绘图机开发一个软件程序。我之所以强调"绘图机"这个词,是因为它与之前使用圆珠笔(或墨水)的CalComp绘图仪完全不同。从那开始,我就可以用专业艺术家的设备来探索我的创意想法。我立刻进入了一个完全不同的世界,图形艺术的世界。

1963年,我已经举办了我的首个展览,到1964年,我遇到了第一批成为我朋友的艺术家。他们感到好奇并问我:"弗里德,你在做什么?用机器画画?"这两种要素——接触技术和与艺术同行——意味着我的视野与当时其他实践者的完全不同。

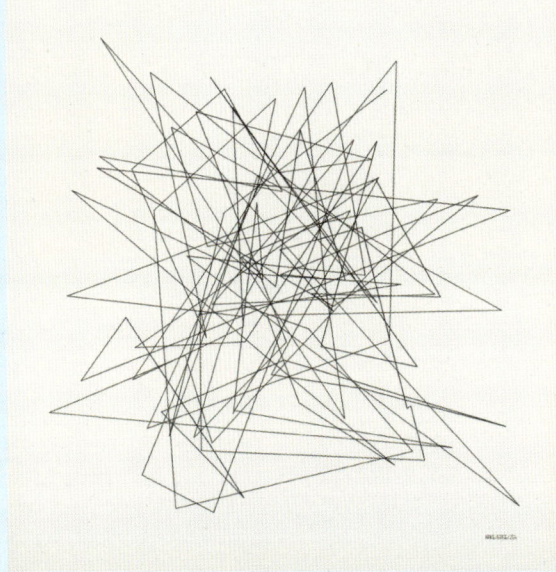

17(左上)弗里德·纳克,《矩形阴影线30/3/65编号1-4》(*Rechteck schraffuren 30/3/65 Nr. 1-4*),1965年,绘图仪绘画,80厘米×64.4厘米(31½英寸×25⅜英寸)。V&A: E.258-2014。由艺术基金(Art Fund)资助购买

18(右上)弗里德·纳克在使用斯图加特大学的Graphomat平板绘图仪工作,1996年

19(左下)弗里德·纳克和他的艺术作品,斯图加特,1966年

20(右下)弗里德·纳克,《多边形路径6/7/64第2号》(*Polygonzug 6/7/64 No. 2*),1964年,绘图仪绘画,51厘米×65.7厘米(20⅛英寸×19⅝英寸)。V&A: E.257-2014。由艺术基金资助购买

美：算法思维不仅塑造了计算机艺术，而且对诗歌和音乐作曲产生了重大影响。在你的职业生涯中，哪些时刻让你感受到了这种协同作用？

弗：是的！1966年，德国语言学家格哈德·斯蒂克尔（Gerhard Stickel）使用一台IBM 7090生成了"自动诗歌"。它们在达姆施塔特的德国计算中心（Deutsches Rechenzentrum）被展出。格哈德知道处理文本意味着什么——不仅作为诗歌，而且作为材料。他编写了一个程序，可以以一种复杂的方式处理语法。他开发并在达姆施塔特首次公开展示的这个程序远远超前于那个时代。除我的作品之外，1966年达姆施塔特的展览中还有马克斯·马修斯（Max Mathews）的作品。他来自贝尔实验室，是一位计算机音乐作曲家的先驱。该展览汇集了这样三种表现形式：声音、文本、图形或图像。我相信这是有史以来的第一次。

美：你是德国哲学家和作家马克斯·本斯的学生，他发展出了信息美学理论。这是一种尝试，旨在创建一种不受主观猜测影响的像数学一样严谨的美学理论。换句话说，就是量化美学体验和艺术的创作与评估。你能给我们讲讲他如何启发了你的创作吗？

弗：在所有教授中，马克斯·本斯对我的生活影响最大。在斯图加特大学的第一个学期，我每周一下午五点都会去听他的讲座。本斯的头脑非常理性，他的思维与具体艺术运动有着强烈的共鸣，与该运动有着一种密切的联系。该运动的艺术家包括瓦尔德玛·科尔德罗和阿洛多·德坎波斯（Haroldo de Campos）、奥古斯托·德坎波斯（Augusto de Campos）两兄弟，他们是诺伊甘德雷斯（Noigandres）具体诗歌小组的成员。本斯还在斯图加特大学哲学研究所的房间里举办过艺术展。世界上第一个计算机生成图形展——1965年2月乔治·尼斯的展览——是在他那个房间里发生的。

本斯当时说的对我影响最大的一句话是："我们不允许情绪的存在。我们所做的都是理性的。"虽然目前我不再认同这种观点，但是当时它确实

21 乔治·尼斯，《无题》（Untitled），由克罗尔版本工作室（Werkstatt Edition Kroll）（德国）出版，1970年，来自计算机生成绘画的丝网印刷，69.9厘米×49.8厘米（27⅝英寸×19⅝英寸）。V&A：E.2777-2016

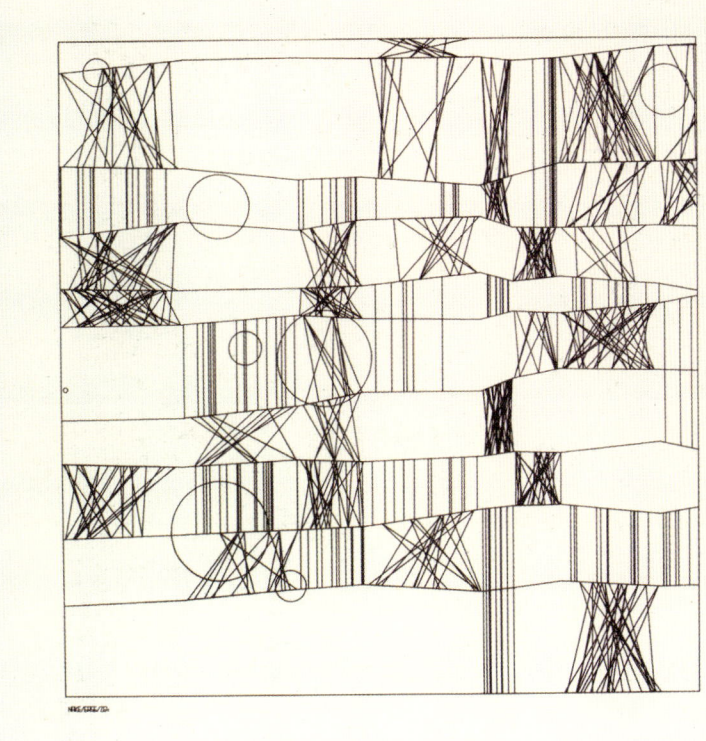

很棒，因为它提出了一种完全不同的对艺术的理解。

我还要说的是，生成美学的政治动力在当时也极其重要。同时，我也是学生运动的一员，要求政治和社会的改革，研究一种理性的艺术方法，目的是寻找一种更透明、更具参与性的集体交流过程。

美：然而在1971年，你却宣称"不应再有计算机艺术了"。你能详细说明一下你的政治思维如何影响了你的艺术实践吗？

弗：嗯，1968年，国内骚乱和学生运动达到了高潮，与此同时，计算机在艺术中的应用也得到了激增。我都参与其中。我之前离开德国，去了加拿大，而且不打算回来。但是1971年，我回到德国，加入了新的不来梅大学。我们这群教师是如此的政治化，以至于当局在最初的几年里不承认不来梅大学。我甚至因政治活动而被判入狱半年——幸运的是缓刑。我们与学生并肩作战，并感到大学的职责是处理真正的问题和紧迫的社会关切。这与当时被视为压迫和剥削人民的压迫性机器计算机相悖。因此我发表了一个"不应再有"的声明。当时的政治信仰使我无法继续用它们来创作艺术作品。

22（上）乔治·尼斯，《无题》（*Untitled*），由克罗尔版本工作室（德国）出版，1970年，来自计算机生成绘画的丝网印刷，28厘米×21.8厘米（11⅛英寸×8⅝英寸）。V&A：E.2776-2016

23（下）弗里德·纳克，《向保罗·克利致敬，13/9/65第2号》，1965年，来自绘图仪绘画的丝网印刷，21厘米×15.5厘米（8⅜英寸×6⅛英寸）。V&A：E.951-2008。经帕特里克·D.普林斯，由V&A美国之友慷慨捐赠

美：V&A非常幸运地收藏了很多作品，其中包括你的《向保罗·克利致敬》（Hommage à Paul Klee）和《走查光栅》（Walk-Through-Raster）。当你创作它们时，你对算法艺术的未来有何期待？

弗：回首过去，我没有彻底了解先进创意技术的深度，也没有彻底了解它们将引领我们走向何方。然而，我确实有一种感觉，就是当时我手头的那些现在已经老旧的设备正在接管或即将接管一切。即便如此，我依然相信总有一天图像将基本上由运行的算法生成，艺术家、美术学院等将不得不引入新的课程。20世纪60年代，我的思维还局限于纸上的墨水。当然，这意味着它仍然是物质的，而我们今天对图像的思考则完全是非物质的。我相信，如今算法艺术一定是运动的；一定是动态的。

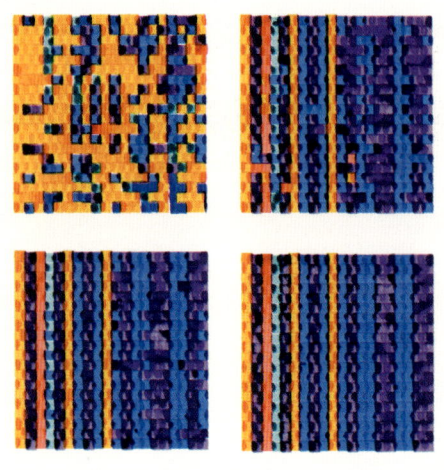

24（左）弗里德·纳克，《矩阵乘法》（Matrix Multiplication），1968年，绘图仪绘画，50厘米×50厘米（19³⁄₄英寸×19³⁄₄英寸）。V&A：E.119-2013

25（右上）弗里德·纳克，《走查光栅温哥华版本》，1972年，来自绘图仪绘画的丝网印刷，50.6厘米×38.1厘米（20英寸×15英寸）。V&A：E.972-2008。经帕特里克·D.普林斯，由V&A美国之友慷慨捐赠

26（右下）弗里德·纳克，《走查光栅》，1967年，绘图仪绘画，28厘米×21.8厘米（11¹⁄₈英寸×8⁵⁄₈英寸）。V&A：E.120-2013。

维拉·莫尔纳

蓝美泠采访

维拉·莫尔纳（于2023年去世）是一位生成艺术家，她使用基于系统的方法进行创作早于使用计算机进行创作。她是最早使用计算机算法创作艺术作品的美术家之一。

美：你能给我讲讲你首次使用和发明系统方法创作艺术作品的经历吗？

维：我记得那时我还是个孩子，大概在十岁或十二岁。那是我上中学的第一年。我取得了不错的成绩，我叔叔送给我一套木盒包装的色粉，他是一位业余画家。我带着这盒色粉去匈牙利巴拉顿湖（Lake Balaton）度假。那个花园的尽头有一片草地，然后是湖泊，群山，天空。我决定每晚都画日落。我星期一画了第一幅，星期二画了第二幅，如此推进。我很快发现自己会遇到大麻烦，因为我只使用了48种颜色中的4种，到这个夏天结束的时候，我发现一盒色粉中的4种颜色不见了。因此，年幼的我发明了这种"移动"的方法——我将四种颜色右边的相邻色作为第五种颜色，将左边的相邻色作为第六种颜色。这意味着：一，我的色粉被均匀地用完了；二，这几乎就是一种波浪算法。我整个夏天都这样做，并对此感到非常满意。然后，我遇到了第一个公众问题，就是我母亲的问题，但不是因为系统方面；她还没有看到其中的危险，但是她确实发现了我的画是非常极简主义的。她建议我在画中添加额外的细节，比如一丛灌木或一棵树。她说我可以使用我的"艺术执照"，这是我从未听说过的一个词！第二天晚上，我加了一棵树，但是我觉得太满了。从那时起，我再也没有添加任何东西。这种想法在我小时候就扎根在我头脑中了，今天也没什么不同。

这是我第一次接触系统。后来，很久以后，我接触到了数学家约翰·冯·诺伊曼（John von Neumann）的观念。是冯·诺伊曼给了我《想象机器》的观念，帮助我超越了自己没有真正的计算机这一事实去想象；我可以想出一个程序并手工执行它。这想法不错，但在技术上是不可能的。

27 维拉·莫尔纳，《正方形的结构》（*Structure of Squares*），1974年，绘图仪绘画，28厘米×21.8厘米（11 1/8英寸×8 5/8英寸）。V&A：E.270-2011

我还在斯图加特认识了马克斯·本斯。他是一位德国哲学家，对我影响很大。同样，我遇到了亚伯拉罕·摩尔和皮埃尔·巴尔博（Pierre Barbaud）。摩尔是信息科学和传播学的先驱，他关于信息美学的观念对我而言非常重要。我从这些人身上学到了很多。其中最重要的是皮埃尔·巴尔博。

美：皮埃尔·巴尔博——算法音乐的创始人之一？

维：是的！他完全是激进的。我们唯一的分歧在于，巴尔博坚持认为如果一个程序构思精巧，同时你找到了执行它的地方或工具，而且很多事情都是偶然发生的，那么之后你就不要去干涉它了；他坚持认为机器生产的一切东西都具有同等的价值。他认为一个人不应该扮演艺术家的神圣角色，说"我喜欢这个"或"我不喜欢那个"，而应该说"这是我的程序，我的想法，而且无论结果如何，都是好的"。我自己不相信这一点，但我承认这个观念是他思想中最吸引人的地方。对我来说，显而易见，我会做出选择。

美：你能给我讲讲你于1968年在法国科技公司布尔（Bull）第一次接触大型计算机的经历，以及你在巴黎大学计算中心做的第一次实验吗？

维：这是两次完全相反的经历。在布尔的经历是彻底失败的——我根本不知道该怎么做。我非常紧张，总是把事情搞砸。所以得出的结果与我想要的完全不同。更重要的是，这是基本的东西；我必须手工着色，才能输出一串数字，每个数值对应一种颜色。我差点就要放弃了。然后有人告诉我奥赛有一个与巴黎大学有关的计算机中心。我去敲了负责人的门——那是1968年，我非常大胆！他让我进去并问我有什么需要帮忙的，我解释说我想用计算机来创作视觉艺术。我无法描述他当时说"我应该马上叫护士过来吗？"时的表情。无论如何，他最终还是同意了。我被允许使用那些庞然大物，那些计算机！它们都是巨大的。

1968年至1971年是一段政治事件频发的时期。学生和研究人员在圣米歇尔大道上抗议、在索邦大学举办会议。这对我来说是幸运的，因为这意味着计算机中心的人很少。那里的一位技术人员对我帮助很大。多亏了他，我学会了FORTRAN和BASIC。以这种方式学习并避免犯错是一件很棒的事情。这位技术人员能看出我在哪里出了问题，我想了解更多。这激励我去研究保罗·克利，以及他如何使用小方块。

有一天，我去那里，看到了一件有趣的事情：一个安装在计算机上的显示屏。我问那位技术人员那是什么，他的原话是："这是IBM的新玩意儿，用于视觉显示，但是不会持久。"尽管如此，我还是问了两三个问题并意识到CRT（阴极射线管）显示屏将对我产生深远的影响……因为它使对话成为可能。在此之前，你必须向处理器提供穿孔卡片，然后第二天，或者两到五天后，你会得到结果——几乎总是与你想象的不符，或者说只有一半符合，因为不仅会有失败，而且会有一些非常平均的结果。所以显示屏仍然有存在的必要，而且这是一件奇怪的事情——我很快意识到它是为我而做的，因为通过它，我可以进入一个对话，就像人工智能迫使你问正确的问题一样。

28 皮埃尔·巴尔博与莫尔纳一幅来自"追寻保罗·克利"（À la Recherche de Paul Klee）系列的绘图仪绘画，1970年—1971年，在卡丹空间（L'Espace Cardin）举办的"计算机与艺术创作"（Ordinateur et création artistique）中展出，巴黎，1973年10月

29（左）保罗·克利，《有朱红色重音的方格中的抽象色彩和声》（*Abstract Colour Harmony in Squares with Vermilion Accents*），1924年，硬纸板上油彩，30.5厘米×24.5厘米（12 1/8英寸×9 3/4英寸）

30（右）维拉·莫尔纳，《新年快乐》（*Bonne Année*），1987年，绘图仪绘画，20.5厘米×9厘米（8 1/8英寸×3 5/8英寸）。V&A：E.1038-2008

在奥赛，显示屏出现之前，工作是非常困难的。有时候我会做一些作品，然后第二天我会打电话问是否可以取回。"不，不。"他们会说，"机器坏了。它快疯了！它正在做疯狂的事情。不要来。明天再打电话吧。"然后就没有下文了。三天后，我又问计算机怎么样了？"哦，你不会相信的，除了你的那些整齐的方块，还有扭曲的形状。"因为机器出了故障，他们停止了在法国的科学研究，但这些错误正是我想要的！我受够了那些方块，心想，现在我可以从一个方块的顶端跳到另一个方块的顶端，不是用直线段，而是用抛物线。显示屏彻底改变了我的生活。我很快意识到这是我的一生所爱。第二个重大改变是计算机终于走进了我们的家庭。

我一生中有件事很后悔：我把错误连同机器制造的垃圾一起扔掉了。这真是太愚蠢了，因为错误是**你的**错误，它们反映的是**你的**想法，而非别人的。太糟糕了……我扔掉了它们！

31 维拉·莫尔纳，《(诸)命令》，[(Des) Ordres]，1974年，绘图仪绘画，28厘米×21.8厘米（11 1/8 英寸×8 5/8 英寸）。
V&A：E.271-2011

美：你能再给我讲讲在以男性为主的计算机科学研究机构中以艺术家身份工作的体验吗？

维：哈！研究人员以为我疯了，但是他们还算友好。我是一位女性的事实也有影响。这些家伙对我的态度通常呈现两种极端。要么他们认为我只是一位甜美、有雀斑、红发的女性。要么，那些给我带来麻烦的人，通常是艺术家，他们无法忍受我在艺术中引入计算的想法。像谢尔盖·波利雅科夫（Serge Poliakoff）、安托南·阿尔托（Antonin Artaud）和皮埃尔·苏拉热（Pierre Soulages）这样的艺术家讨厌我"亵渎"艺术，因为对他们来说艺术是一种来自深处和不容置疑的神圣事物。西蒙·汉泰（Simon Hantaï）因此而看不起我。许多人拒绝接受我的艺术，因为他们认为人生只有两种选择：要么想要了解，要么只是相信。对我而言，这与相信无关，而与了解有关。这种观点并不讨喜。尽管如此，我还是幸存了下来。

美：1965年，SIGMA（西格玛）文化节在波尔多举办。该展览展出了皮埃尔·巴尔博、卡尔海因茨·斯托克豪森（Karlheinz Stockhausen）和伊阿尼斯·泽纳基斯（Iannis Xenakis）等作曲家的作品。你在展览中参与了哪部分？

维：嗯，海报是我做的。那是非常典型的《想象机器》的年代，是《机器》的初始阶段。其中一张海报是希腊字母西格玛"Σ"的色彩模拟，另一幅是灰色的，目前收藏在德国的一家博物馆中。另一个是一份清单。无论如何，海报对我来说是核心元素。

我之所以参与SIGMA是因为巴尔博。当巴尔博向泽纳基斯解释随机性及其在音乐中的作用时，

32 维拉·莫尔纳，《西格玛（想象机器）-B》[Sigma (A la machine imaginaire)-B]，1965年—2013年，画布上丙烯，60厘米×60厘米（23⅝英寸×23⅝英寸）

我就在那里。这些观念很有启发性,但是我没有在那个文化节上展出我的作品,因为我当时刚刚开始使用计算机和绘图仪进行创作。

美:你创作了一些向视觉艺术家致敬的作品,包括阿尔布雷希特·丢勒(Albrecht Dürer)、克劳德·莫奈(Claude Monet)和皮特·蒙德里安,他们都以系统的方式创作作品。你还创作了一件向皮埃尔·巴尔博致敬的作品,你的作品被收录在向匈牙利作曲家贝拉·巴托克(Béla Bartók)致敬的作品集中。那么音乐对你的实践有影响吗?

维:我对捷尔吉·山多尔·利盖蒂(György Sándor Ligeti)很感兴趣。他的作品中使用了一些与节拍器有关的系统元素。例如,在100台节拍器的协奏曲[《交响诗篇》(Poème symphonique)]中,它既非常幽默又非常系统,你需要停下来等待变奏。

我的作品《微观宇宙》[Microcosmos,发表在《向巴托克致敬》(Hommage à Bartók)的作品集中]实际上是出于更多的政治原因创作的。这是冷战开始解冻之际来自匈牙利研究所(Hungarian Institute)的一项委托任务。铁幕开始倒塌,出现了一些小裂缝,他们正在向巴托克致敬。当时我忙着思考那些停顿然后继续的颠簸线条。我认为《微观宇宙》很适合挂在匈牙利研究所的墙上。这是一次探索,我画了平行线并将混乱感引入其中。这有一种中断的感觉,我问道:"当你不再看到平行线网络时,中断的次数是多少?""你能让这个网络延展到多大,同时仍然保持它是一个网络?"这是一个我仍然念念不忘的观念。我喜欢那种介于两种状态之间的不确定性。

访谈由文森特·巴比(Vincent Baby)主持,就在维拉·莫尔纳(1924—2023)去世前不久。

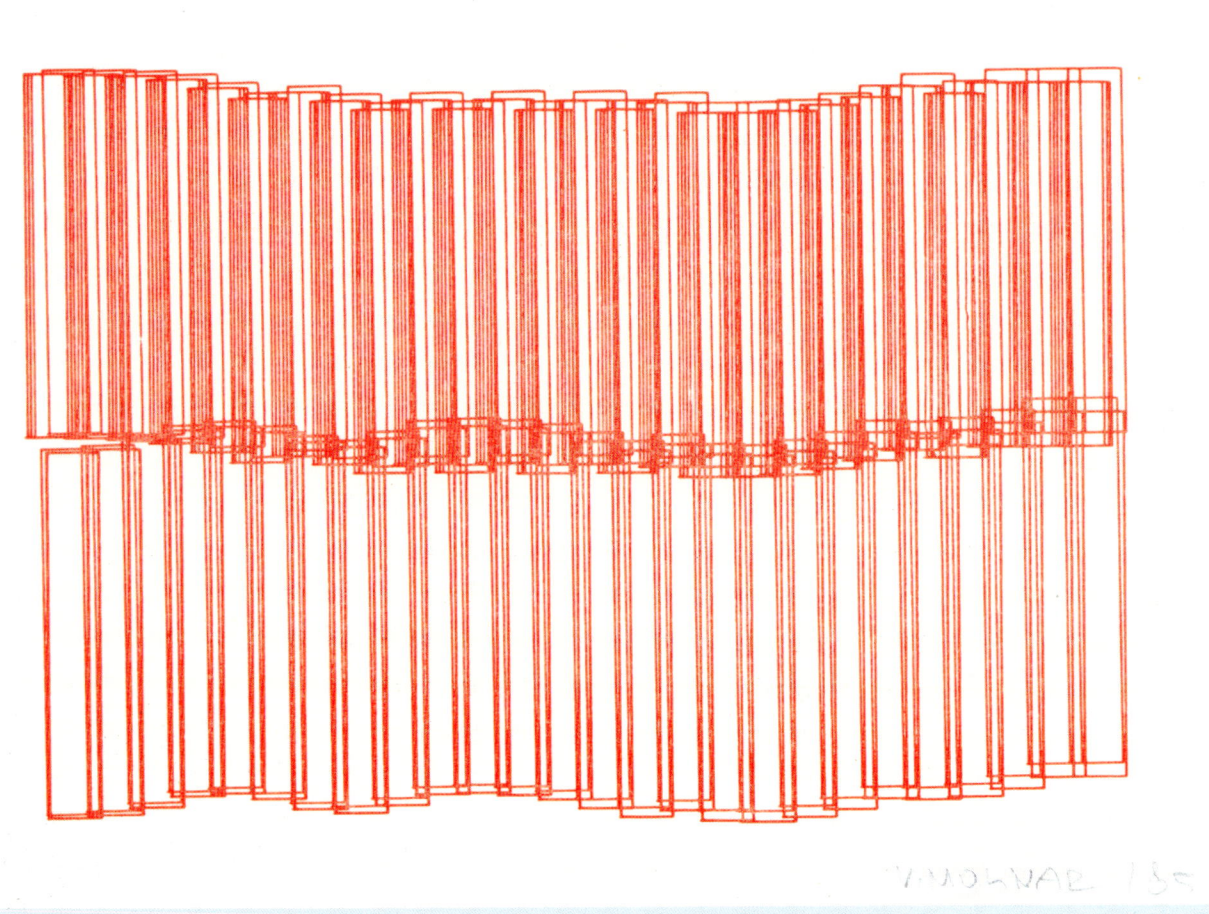

33 维拉·莫尔纳,《无题(想象,构建)》[Untitled (Imaginer, Construire)],1985年,来自一幅计算机生成绘画的彩色平版印刷,15.5厘米×10.5厘米(6¹/₈英寸×4¹/₄英寸)。V&A: E.999-2008。经帕特里克·D. 普林斯,由V&A美国之友慷慨捐赠

维拉·莫尔纳

34（上）维拉·莫尔纳，《微观宇宙（向巴托克致敬）》，1978年，来自绘图仪绘画的丝网印刷，32.8厘米×50.6厘米（13英寸×20英寸）。V&A：E.528-1981

35（下）维拉·莫尔纳，《我母亲的来信》(Letters from my Mother)，1988年，绘图仪绘画后的丝网印刷，23.8厘米×63.8厘米（9³⁄₈英寸×25¹⁄₈英寸）。V&A：E.1079-2008。经帕特里克·D.普林斯，由V&A美国之友慷慨捐赠

20世纪70年代—80年代

偏离、仿真与卫星：
20世纪70年代和80年代的数字艺术
蒂娜·里弗斯·瑞恩　　48

陆明龙和大卫·埃姆
蓝美泠主持　　63

Skews, Simulations and Satellites: Digital Art in the 1970s and 1980s

偏离、仿真与卫星：
20世纪70年代和80年代的
数字艺术

蒂娜·里弗斯·瑞恩

1 "SIGGRAPH 1986：回顾展"（*SIGGRAPH 1986: A Retrospective*），
达拉斯会议中心（Dallas Convention Center）展览的图录封面，
得克萨斯州，1986年8月18日—22日

数字艺术的大多数叙事倾向于两个年代中的一个：要么是20世纪60年代，当时所谓的"计算机艺术"开始作为一个运动聚集起来；要么是20世纪90年代，当时万维网（World Wide Web）的引入导致了基于互联网的艺术或"网络"艺术的兴起。虽然相关研究较少，但是20世纪70年代和80年代的这二十年对数字艺术史同样具有重要意义。尽管艺术界几乎没有提供支持，但是对用于商业和娱乐的计算机图形学的兴趣激增有助于推动新工具的创造，从易于使用的绘画应用程序到早期的虚拟现实（VR）界面。此外，这一时期数字艺术作为当代实践的一个离散领域逐渐成熟，为其在20世纪90年代及以后的发展奠定了基础。

虽然参与有限，但是一些艺术博物馆举办了一些开创性的展览，比如1971年巴黎现代艺术博物馆的"曼弗雷德·莫尔：计算机图形学，一种编程美学"（第一个数字艺术的博物馆个展）和1987年纽约锡拉丘兹的艾佛森博物馆（Everson Museum）组织的巡回调查"数字视野：计算机与艺术"（Digital Visions: Computers and Art）。另外还有一些帮助艺术家分享艺术作品和观念的重要活动，其中包括从1973年到1975年在纽约的电子艺术混合（Electronic Arts Intermix, EAI）支持下呈现的计算机艺术节（Computer Art Festivals）。更多服务于数字和其他媒体技术艺术家的组织开始出现，比如电子艺术节（Ars Electronica festival，1979年成立于奥地利林茨）和ZKM[艺术与媒体中心（Center for Art and Media），1989年成立于德国卡尔斯鲁厄]。这些组织不仅支持了一批特立独行的艺术家，而且支持了一批日益专业的策展人。例如，艺术史学家帕特里克·D.普林斯帮助计算机协会（Association for Computing Machinery, ACM）的计算机图形学特别兴趣小组SIGGRAPH组织了许多展览，ACM从1981年开始在其年度会议上资助数字艺术的展览。[1]还有一些服务于计算机艺术应用的新出版物出现，在文件可以通过电子邮件或网站轻松共享之前的时代，助力传播计算机生成图像的复制品。至关重要的是，这些出版物还围绕计算机艺术或更广义的"创意计算"的历史、理论和实践发展了一种话语。这些出版物包括赫伯特·W.弗兰克1971年的书《计算机图形学，计算机艺术》[Computer Graphics, Computer Art，由著名的费顿出版社（Phaidon）出版]；从1974年到1985年发行的业余爱好者杂志《创意计算》（Creative Computing）；露丝·莱维特（Ruth Leavitt）1976年的重要艺术家访谈集《艺术家与计算机》（Artist and Computer）；1979年的选集《视觉艺术，数学与计算机：莱昂纳多杂志精选》（Visual Art, Mathematics and Computers: Selections from the Journal Leonardo）；马克·威尔逊1985年的手册《用计算机画画》（Drawing with Computers）；琼·特鲁肯布罗德1988年的教材《创意计算机成像》（Creative Computer Imaging）；以及玛戈特·洛夫乔伊（Margot Lovejoy）1989年的综述《后现代潮流：电子媒体时代的艺术与艺术家》（Postmodern Currents: Art and Artists in the Age of Electronic Media）。

这些艺术家、组织、策展人和出版物共同创造了一个虽然规模不大但是充满活力的艺术界，其中心就是即将被称为"数字艺术"的技术和美学。即使在20世纪60年代末，数字艺术也不仅包含绘图仪打印和计算机动画16毫米电影，而且包含跨媒体偶发艺术、打印雕塑、音乐和诗歌。20世纪70年代和80年代的许多技术创新进一步拓展了数字艺术的可能性，从计算机图形学的进步到个人计算的出现，再到计算机网络的普及和商业卫星的发射。艺术界并非对这些发展完全不感兴趣：许多具象画家在20世纪80年代开始尝试新的"绘画"应用程序，其中包括安迪·沃霍尔（Andy Warhol）、米丽亚姆·夏皮罗（Miriam Schapiro）、菲利普·佩尔斯坦（Philip Pearlstein）、大卫·霍克尼（David Hockney）、拉里·里弗斯（Larry Rivers）、詹妮弗·巴特利特（Jennifer Bartlett）、凯斯·哈林（Keith Haring）和李·穆里坎（Lee Mullican）。[2]然而，对绘画（传统上最崇高的艺术媒介）的拟态强调提出了什么是"数字化"的问题。策展人克里斯蒂安妮·保罗（Christiane Paul）认为，数字艺术并不只是使用计算机制作的任何艺术作品，而是"通过利用其实时、交互、参与、生成和可变等媒介的关键特征，或通过反思数字技术的本性和影响，探索数字技术作为媒介的艺术"。[3]重要的是，这些"关键特征"源于20世纪70和80年代出现的独特技术可供性，这些独特技术可供性今天仍然在定义着数字艺术的策略，

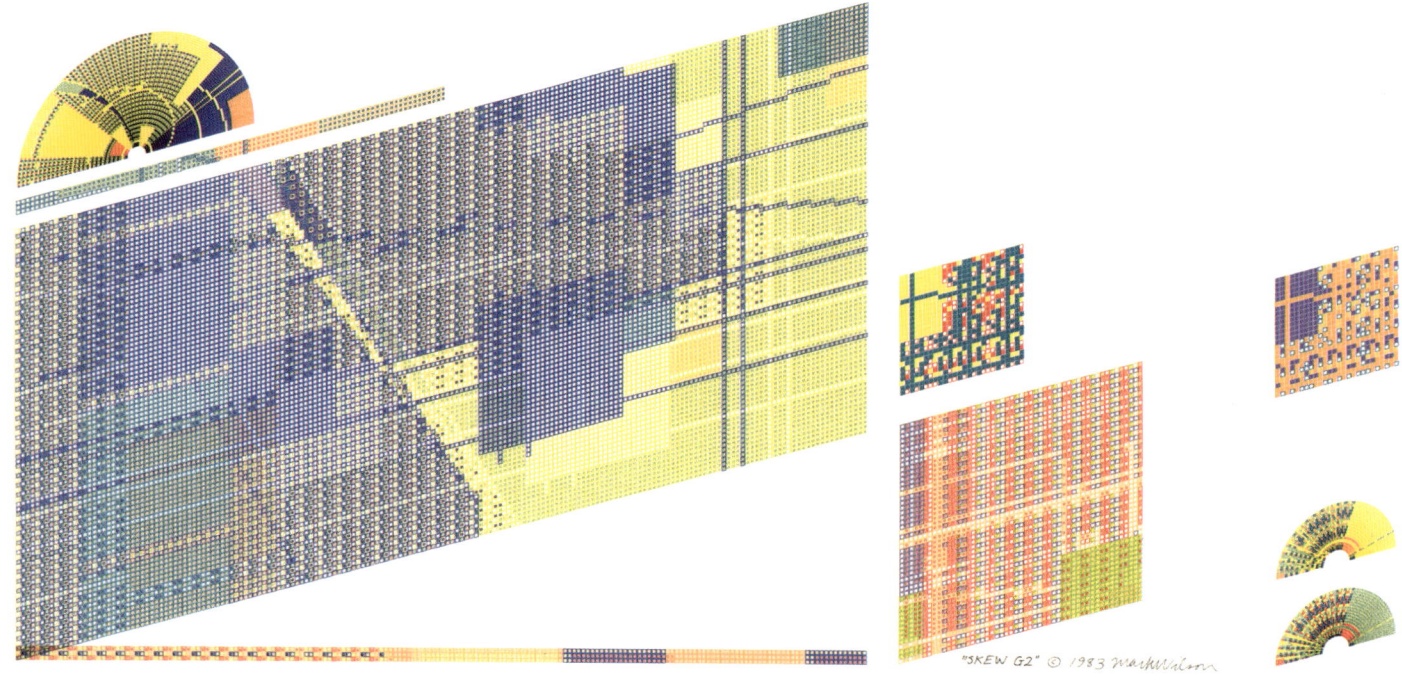

3（上）马克·威尔逊,《偏离G2》,1983年,绘图仪绘画,96.4厘米×50.7厘米（38英寸×20英寸）。V&A：E.413-2010

4（下）哈罗德·科恩,《无题》(Untitled),1987年,手工着色的计算机生成绘画,76.5厘米×56.2厘米（30⅛英寸×22¼英寸）。V&A：E.344-2009

5 瓦尔德玛·科尔德罗,《图像的衍生:零度的转换》,1971年,计算机生成击打印刷后的平版印刷,61厘米×44.5厘米(24 1/16 英寸×17 5/16 英寸)。V&A:E.202-2018

6 南希·波森,《雌雄同体(6男+6女)》,1982年,明胶银盐印刷,21厘米×18.3厘米(8¼英寸×7³⁄₁₆英寸)

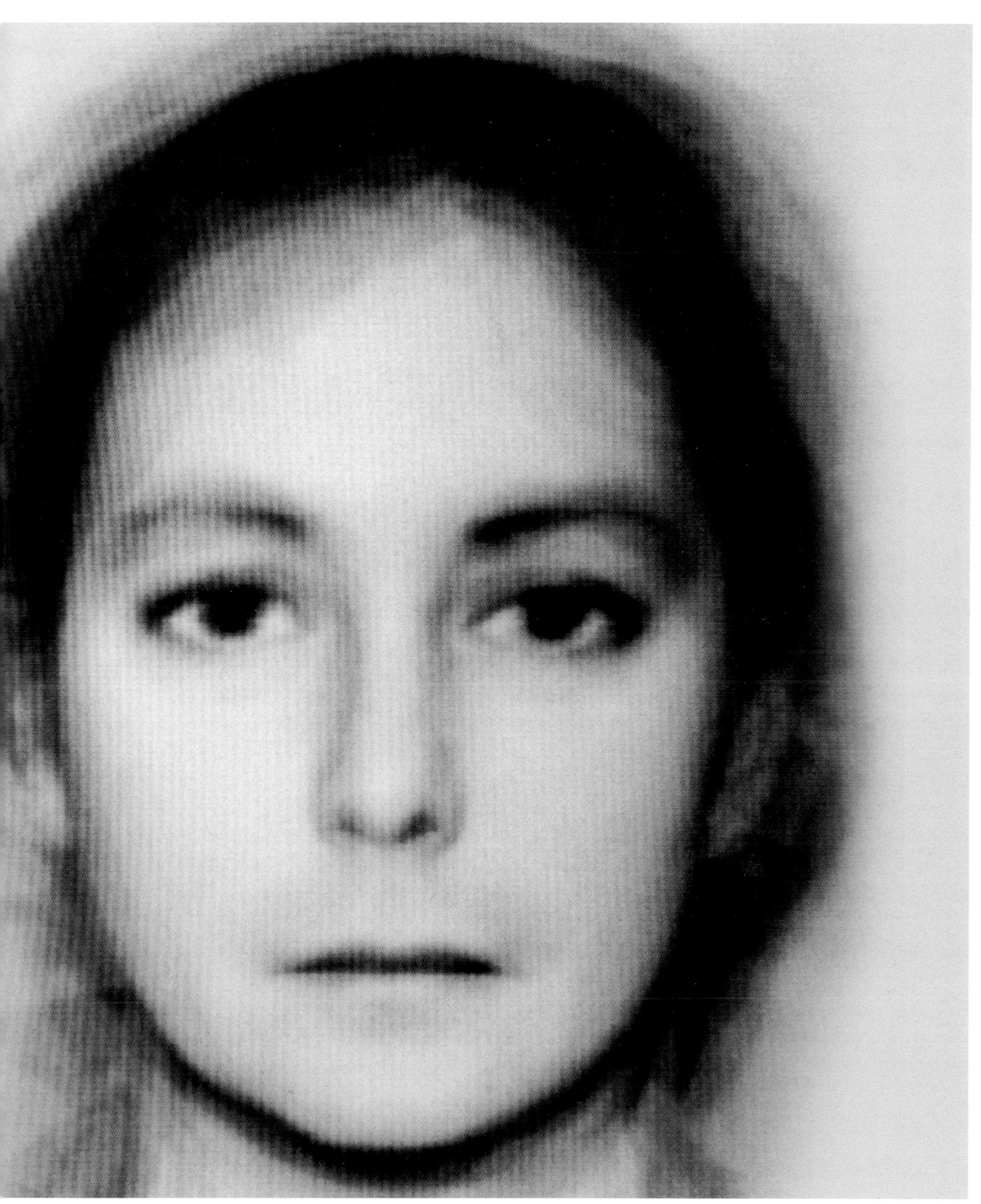

包括生成和人工智能系统、照片操控、交互、虚拟现实和网络。

当然，从某种意义上说，所有数字艺术都可以被认为是"生成的"，因为它是通过创建可执行代码或与之交互来"生成"作品（无论是文本、图像还是声音；无论是静态的、动态的还是交互的；无论是录制的还是实时的）的。然而，自计算机艺术的早期起，就有一些艺术家——比如曼弗雷德·莫尔和维拉·莫尔纳——专门利用计算机软件和硬件来创建系统，使图像合成或制作的某些方面自动化。他们的动机各不相同，从对创作过程中一些有意识的控制的让渡，到更容易地处理单一图像的迭代，或者比传统方法更快地生成大量图像。许多人创作的作品与使用其他媒介创作的其他当代艺术形式有关，同时利用了数字工具的美学。20世纪80年代，马克·威尔逊——他在耶鲁大学与几何画家阿尔·赫尔德（Al Held）和杰克·特沃科夫（Jack Tworkov）一起学习——跟随莫尔和莫纳尔等艺术家的脚步，探索了绘图仪打印的美学可能性。一方面，他的一系列抽象作品，包括编号的《偏离》（Skews），因其强调色彩的排列和层次而有内在的绘画性。但是它们也明显是数字化的；最明显的是，数千个大小相同的方块——小到很难手工渲染——像像素一样以网格的形式聚集在一起。从概念上说，他对重复的使用让人想到了计算机处理的模块化特性，而将孤立形式设置在负空间的空白中则唤起了二进制代码的抽象和极性。

生成系统现在已经变得如此复杂，以至于它们的输出看起来像是自主的"决策"——这一现象被俗称为"人工智能"。英国艺术家哈罗德·科恩通常被认为是创建了第一个AI艺术创作程序的人，他于1973年开始在斯坦福大学的人工智能实验室开发这些程序。这些程序被统称为AARON，它们包含一套复杂的规则，旨在模拟人类在创造性行为中的决策。这些程序最终可以控制一台移动式机器人打印机，在纸上用墨水"绘制"抽象和具象的图像。虽然与DALL·E或Midjourney（近年来出现的程序，可以使用机器学习算法生成高精图像）的照片级真实输出相比，AARON松散、开放的简约构图看起来很原始，但是它们有助于形成那场仍在持续的关于创造力和智能本性的争论。[4]

当威尔逊和科恩等艺术家正在开发生成系统的美学时，其他艺术家开始使用（甚至开发）新的程序对照片进行数字转码和操控。最终，这些实验不仅将摄影转化为数字媒介，而且复杂化了摄影与客观性和记录之间的联系，这种复杂化建立在早期合成和处理摄影底片的模拟传统上。[5]艺术家瓦尔德玛·科尔德罗一直是巴西具体艺术运动的领袖，该运动将几何抽象作为一种通用语言加以推广。在生命的最后阶段，他开始与圣保罗大学物理研究所的乔治·莫斯卡蒂（Giorgio Moscati）合作，他们在那里使用IBM 360/44计算机将一对浪漫情侣的照片重新创建为一系列数字图像，每幅图像都由明暗色调组成，而明暗色调则由离散符号组成。作为ASCII艺术[指被称为美国信息交换标准代码（American Standard Code for Information Interchange）的字符编码系统]的早期例子，《图像的衍生：零度的转换》（Derivadas de uma Imagem: Transformação em Grau Zero, 1971）设想了信息的数字编码本身如何成为一种新图像语言的"零度"。在这件作品中，具体艺术的"通用"形式之梦反而是通过（据推测的）"通用"二进制代码和排版系统实现的。

20世纪80年代，新的数字合成方法允许多幅照片被"混合"在一起，创造了一种不同的方式，将"通用"图像视为数据集的平均值。正如标题所示，南希·波森（Nancy Burson）的《雌雄同体（6男+6女）》[Androgyny (6 Men + 6 Women), 1982]是由相同数量的拾得白人男性和女性面部黑白照片合成的。这种折叠的"群像"展示了数字扫描和形变越来越强大的能力。更深刻地说，它可能会促使我们重新考虑性别差异的观念，以及数字过程从大量数据中揭示（或捏造）新"事实"方面的作用。

随着越来越逼真和可编辑的计算机生成图像（CGI）的出现，数字图像与我们对"现实"的体验之间的关系变得更复杂。在整个20世纪70年代，尤其是20世纪80年代，计算机图形学领域得到了迅猛发展，这在很大程度上要归功于娱乐业对俄亥俄州立大学计算机图形学研究小组（Computer Graphics Research Group）等学术中心以及伦敦黄瓜工作室（Cucumber Studios）等公司所做工作的兴趣和投资。数字艺术家不再需要像20世纪60年代那样，在输入和输出之间等待数小时甚至数天，或者通

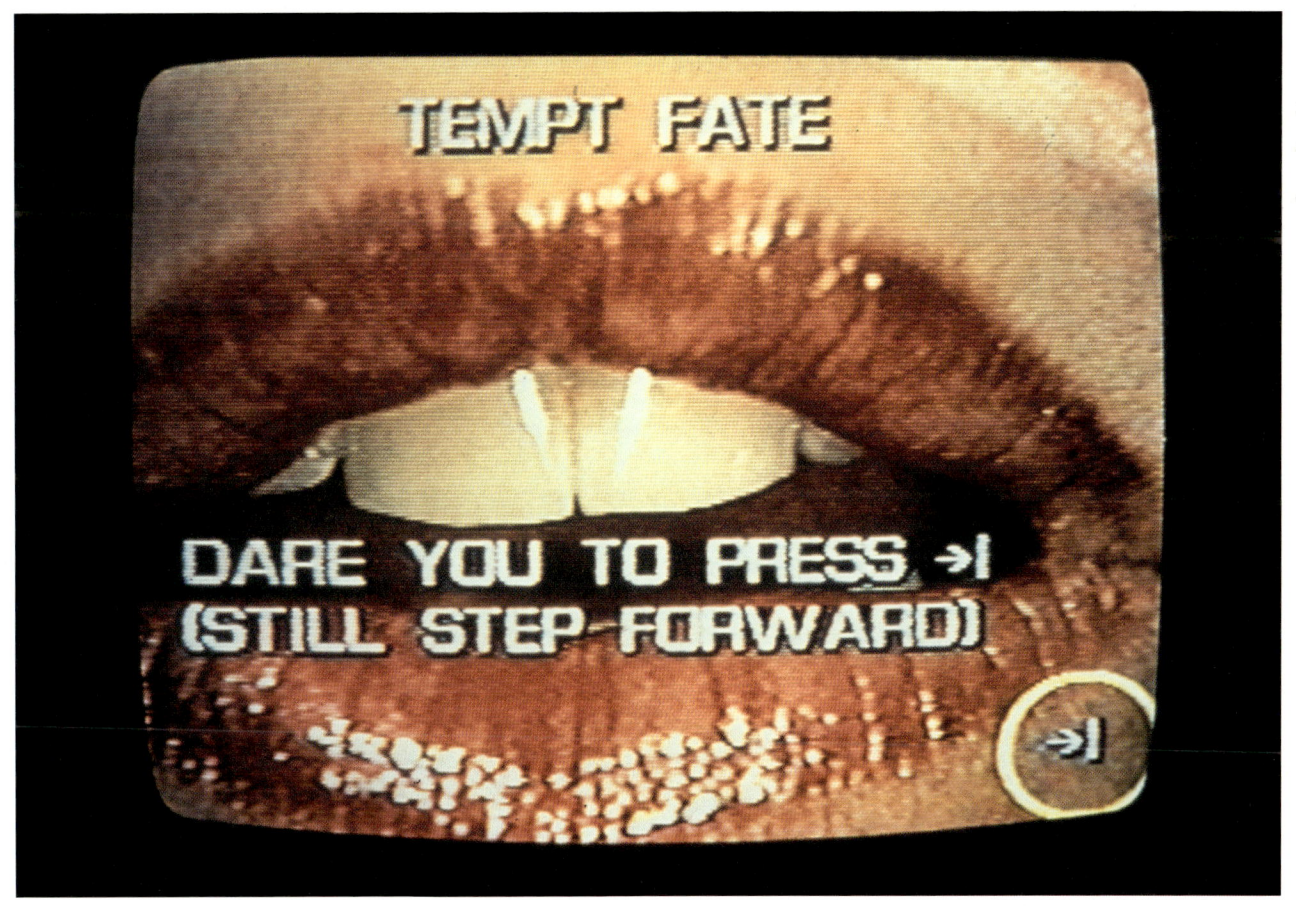

7（上）格雷琴·本德，《转储核心》，1984年，在十三台监视器上播放的四通道录像（彩色、有声），13分钟。装置现场：现代艺术博物馆，纽约，2019年

8（下）林恩·赫什曼·利森，《洛娜》，1979年—1984年，来自基于计算机的交互装置的截屏，ZKM艺术与媒体中心

过穿孔卡片来提交指令。相反，他们可以通过新的图形用户界面（GUI）和计算机鼠标等设备直接与计算机交互。计算机鼠标于1968年首次由道格拉斯·恩格尔巴特（Douglas Engelbart）演示，但是于1973年由施乐阿尔托（Xerox Alto）计算机普及。[6] 至关重要的是，包含帧缓冲区的存储卡也是在20世纪70年代中期变得商业化的，它允许图像被存储为像素值的位图，以便随时显示。多亏这些软件和硬件的创新，艺术家现在可以相对轻松快速地实时操控图像，产生了现在熟悉的数字编辑操作，比如拉伸、贴图和"中间帧生成"（指自动生成两个关键帧之间过渡状态的术语）。[7] 关键的是，任何在计算机上观看这些图像的人都可以进行自己的编辑，这与传统的绘画或雕塑观众不同。[8] 正如约瑟夫·德肯（Joseph Deken）在他1983年关于"最先进的"计算机图形学的书中所写："计算机意象不仅是生成更多图片的问题，而且是一种全新的视觉交流形式，它允许个体观众去适应图像并与之交互。"[9]

20世纪80年代的许多数字艺术作品反映了计算机向实时、交互的视觉媒介的转变。尽管并非完全数字的，但是格雷琴·本德（Gretchen Bender）的多通道录像艺术装置通常包括了计算机生成的图形和动画，以及来自电视广播的记录片段。在为她1984年的作品《转储核心》（Dumping Core）命名时，她甚至提到了"核心转储"（core dump）或诊断文件（diagnostic file），即当程序崩溃时捕捉计算机内存中的一个时刻——这与她所表达的打破我们习惯性、无意识地消费大众媒体的愿望一致。音轨的高音量和视觉意象的快节奏创造了一种沉浸甚至势不可挡的视听体验，捕捉了数字媒体新的时空现实。林恩·赫什曼·利森（Lynn Hershman Leeson）更关注其参与性面向：她的作品《洛娜》（Lorna, 1979–1984）是第一件光盘上的交互录像艺术作品（一种20世纪70年代末推出的格式，将模拟录像存储与直接访问结合在一起）。尽管这些光盘也并非完全数字的，但是利森利用它们的交互功能创建了一种自选冒险叙事，允许观众窥视甚至控制主角洛娜的行为，引发了对交互媒体在我们日常生活中的侵蚀作用的敌托邦评论。

随着20世纪80年代初的"个人计算"革命将更多的计算机带入办公室、学校和家庭，MS Paint（1985年首次发布于微软Windows操作系统中）等基本应用程序让非专业人员可以开始尝试计算机图形。[10] 但是即使在个人计算出现之前，街机和主机游戏已经让公众可以开始与计算机图形交互了。1972年，雅达利（Atari）推出了其热门街机游戏《乓》（Pong）；不久之后，家用主机版本问世，开启了数字游戏产业。鉴于负担得起的处理能力和内存的限制，像《乓》一样的早期游戏只能呈现简单的2D形状和粗略的过渡。然而，早在20世纪80年代初，游戏已经开始以3D、流畅的图形为特色，其中最早的是保罗·艾伦·纽厄尔和邓肯·穆尔海德（Duncan Muirhead）于1983年推出的激光光盘《方块历险》（Cube Quest）。今天，许多使用数字图形进行的创意工作仍然发生在游戏领域，一些艺术家模糊了娱乐与艺术之间的边界。

9 保罗·艾伦·纽厄尔，《方块历险》，约1983年，来自电子游戏的照片静帧，25.7厘米×20.4厘米（10 1/8 英寸×8 1/8 英寸）。V&A：E.985-2008

10 大卫·埃姆,《接近》,1979年,计算机生成图像的宝丽来照片,60.9厘米×50.8厘米（24英寸×20英寸）。V&A: E.952-2008

除了游戏,流行电影和电视内容(包括音乐录像、商业广告和新闻节目)也有助于向一般观众介绍数字图形的可能性。在迪士尼1982年的电影《创》(Tron)中,角色在我们的现实和计算机生成的虚拟现实(VR)之间跳跃,这是首部包含扩展3D CGI镜头的主流电影,它为20世纪90年代的全CGI电影的发展铺平了道路。尽管《创》的虚拟世界是虚构的,但是像雅达利和VPL研究[VPL Research,由虚拟现实先驱杰伦·拉尼尔(Jaron Lanier)于1985年创立]这样的公司当时正在开发数字头戴设备、手套和其他产品,使用户能够以一种沉浸和交互的方式体验CGI。艺术家也开始用CGI来创建仿真的物品和环境。1977年,NASA的喷气推进实验室(JPL)邀请大卫·埃姆成为其新的计算机图形实验室(Computer Graphics Lab)的第一位驻留艺术家。埃姆与JPL的科学家和工程师合作,创作了一段CGI录像,帮助公众了解旅行者1号(Voyager 1)宇宙飞船前往木星及其卫星的任务。他的印刷品《接近》(Approach, 1979)借鉴了这个项目。通过在前景中放置一个明显的数字蓝色网格,在背景中放置一个看似逼真但同样是数字的行星体漂浮在浩瀚太空的图像,埃姆创作了一种新的混合景观,包含了技术与自然、抽象与再现——这是VR新世界的恰当象征。[11]

交互和虚拟的数字"空间"的兴起与数字通信网络的出现密不可分。20世纪70年代和80年代的一系列技术创新使艺术家比以往任何时候都更容易几乎同时与远距离的许多人分享和创作艺术作品。这些成就包括20世纪70年代中期为美国发射了首颗国内通信卫星(能够携带语音、数据和录像);1974年发明了一种标准化协议,被称为传输控制协议/互联网协议(Transfer Control Protocol/Internetwork Protocol, TCP/IP),该协议通过指定和标准化数据交换方式,使计算机能够跨网络通信;以及在1989年推出了万维网。与包括白南准和道格拉斯·戴维斯(Douglas Davis)在内的艺术家一起,基特·加洛韦(Kit Galloway)和谢里·拉比诺维茨(Sherrie Rabinowitz)在他们1977年的《卫星艺术项目》(Satellite Arts Project)等作品中帮助开创了卫星的艺术用途。正如艺术家描述的那样,这个系列将舞蹈家、音乐家和其他表演者聚集在一起,在"一个没有地理边界的表演空间"中进行"远程协作",目的是确定"可以支持哪些流派"和"哪些作为这种新生存方式固有的新流派将会出现"。[12] 虽然卫星是录像传输的默认方式(直到21世纪00年代,通过互联网进行数字化和传输仍然昂贵),但是早期的原始数字远程通信系统(比如加拿大的Telidon和法国的Minitel)和数

11 基特·加洛韦和谢里·拉比诺维茨及其合作者,《卫星艺术项目》,1977年,交互卫星舞蹈表演

12 爱德华多·卡茨,《勃起》,1985年—1986年,Minitel 艺术作品,24.5厘米×25厘米×24.5厘米(9¼英寸×9⅞英寸×9¼英寸),托马基金会(Thoma Foundation)

字网络（比如Artbox/ARTEX）允许艺术家在国际范围内共享文本和图像。1980年2月由旧金山现代艺术博物馆（San Francisco Museum of Modern Art）组织的会议"艺术家对电信的使用"（Artists' Use of Telecommunications）重点关注了这些活动。会议期间，旧金山、纽约、多伦多、温哥华、维也纳和东京的与会者之间进行了在线文本交流，并通过电话线播放了"慢扫描"录像图像。

随着20世纪80年代的发展，越来越多的艺术家开始将互联网视为一种媒介。爱德华多·卡茨（Eduardo Kac）专门为巴西Minitel网络上的一个终端制作了《勃起》（Tesão, 1985–1986）。这件具体诗歌的动画作品以明亮的块状字母拼写出了巴西俚语"欲火中烧"一词。（该作品是艺术家为向当时的女友传递一个消息而创作的。）《勃起》虽然幽默，但是预见到了互联网将如何演化成不仅商业而且个人甚至社交的东西。与今天的图形相比，《勃起》和其他来自20世纪70年代和80年代的数字艺术作品和人工制品可能显得过时，但是它们的复古美学受到了许多人的推崇，包括那些怀念自己第一次将计算机作为创造性媒介的人。

今天，术语"数字艺术"可能不仅意味着简化的、五颜六色的2D图形，而且意味着生成艺术的抽象、AI驱动的逼真图像、增强现实或虚拟现实的体验甚至网络交流。数字艺术的未来发展很难预测，但是许多人聚焦复杂的装置，无论是在所谓的元宇宙中还是在AFK（远离键盘）中，我们都可以将其作为一种公共艺术形式来一起体验。无论是现在还是未来，数字艺术家都无可争辩地——有意或无意——受惠于艺术家在20世纪70年代和80年代探索的观念和技术，当时快速美学和技术创新让人感觉"图像制作者已经带着我们跨过了一个人类的门槛，就像某位不知名的祖先首次通过在黏土上按压图形来创造文字的那个时刻"。[13]

1. 实际上，ACM曾在20世纪60年代末举办过一个"计算机艺术节"（Computer Arts Festival）。此外，普林斯于2008年向V&A捐赠了她的个人收藏和档案；与来自CAS的捐赠一起，这些材料构成了该博物馆国家计算机艺术收藏（National Collection of Computer Art）的基础。参见《帕特里克·D.普林斯：数字艺术梦想家》（Patric D. Prince: Digital Art Visionary），https://www.vam.ac.uk/articles/patric-d-prince-digital-art-visionary

2. 关于这些各种各样的项目，参见辛西娅·古德曼（Cynthia Goodman），《数字视野：计算机与艺术》（纽约，1987年）。有关更多沃霍尔与Amiga的合作，参见2017年展览"沃霍尔与Amiga"的在线资源：https://www.warhol.org/exhibition/warhol-and-the-amiga/

3. 克里斯蒂安妮·保罗，《数字时代的历史》（Histories of the Digital Now），惠特尼美国艺术博物馆，https://whitney.org/essays/histories-of-the-digital-now

4. 关于AARON与今天AI艺术之间的关系，参见乔·劳森-坦克雷德（Jo Lawson-Tancred），《AARON的预言》（The Prophecies of AARON），《异域》（Outland），2022年11月4日，https://outland.art/harold-cohen-aaron/

5. 米娅·法恩曼（Mia Fineman）在《造假：Photoshop之前被操控的摄影》（Faking It: Manipulated Photography before Photoshop）（纽约：大都会艺术博物馆，2012年）一书中对照片的原始数字操控进行了综述

6. 关于计算机图形学的历史，参见雅各布·加布里（Jacob Gaboury），《图像物：计算机图形学的考古学》（Image Objects: An Archaeology of Computer Graphics）（马萨诸塞州剑桥：MIT出版社，2021年）

7. 有关20世纪80年代计算机图形学的实用概况，参见琼·特鲁布罗德，《创意计算机成像》（新泽西州恩格尔伍德克利夫斯：Prentice出版社，1988年）

8. 实际上，数字图像的可塑性让人想起艺术家在整个20世纪，尤其在20世纪60年代，多次拥抱创作开放性或交互性作品。关于翁贝托·埃科（Umberto Eco）的"开放作品"理论——该理论本身与早期计算机艺术密切相关——参见林赛·卡普兰（Lindsay Caplan），《程序艺术：20世纪60年代意大利的自由、控制与计算机》（Arte Programmata: Freedom, Control, and the Computer in 1960s Italy）（明尼阿波利斯：明尼苏达大学出版社，2022年）

9. 约瑟夫·德肯，《计算机图像：最新技术》（Computer Images: State of the Art）（伦敦：泰晤士与哈德逊出版社，1983年），第9页

10. 关于MS Paint的美学，参见帕特里克·戴维森（Patrick Davison），《因为像素：论MS Paint的历史、形式及影响》（Because of the Pixels: On the History, Form, and Influence of MS Paint），《视觉文化杂志》（Journal of Visual Culture），第13卷，第3期（2014年），第275-297页

11. 马特·穆利肯（Matt Mullican）是另一个值得注意的艺术家例子，他转向CGI探索虚拟现实。他的"计算机项目"（Computer Project）于1989年在纽约现代艺术博物馆展出，使其成为首批在一家大型艺术博物馆展出的VR项目之一。参见蒂娜·里弗斯·瑞恩，《进入画面：马特·穆里肯的虚拟摄影》（Entering the Picture: Matt Mullican's Virtual Photography），收录于《马特·穆里肯：摄影图录1967—2018》（Matt Mullican: Photographs Catalogue 1967–2018）（展览图录，米兰：Skira出版社，2019年），第33-44页

12. "卫星艺术项目，1977"，电子咖啡馆（Electronic Café），http://www.ecafe.com/getty/SA/index.html

13. 德肯，《计算机图像》，第11页

陆明龙和大卫·埃姆

蓝美泠主持

陆明龙是一位艺术家、电影制作人和音乐家,从事虚拟现实和仿真领域的工作。他将构建世界作为一种多维拼贴的形式进行探索,并发展了反映替代历史和推测未来的叙事。

大卫·埃姆是一位艺术家,其数字图像创作早于个人计算机创作。他的作品包括仿真环境和虚拟世界。他于1975年创作了自己的第一批数字图像,后来于1977年加入了NASA的喷气推进实验室,成为该实验室第一位驻留艺术家。

陆:我生于1982年,大约在1991年有了第一台PC机,那是一个过渡时期,家庭互联网尚未普及,电子游戏也正处于2.5D到3D计算机图形的黎明初期。目前我的工作涉及3D环境和建筑,而且非常注重叙事。我很高兴能与你聊天,你能给我讲讲你进入计算机艺术领域的经历吗?

大:那么,我来谈谈那个时期。我开始接触计算机艺术的时候还没有个人计算机——实际上,个人家里有计算机还是一个理论上的概念。当时没有互联网,我甚至不知道软件是什么,除了模糊的、理论的层面。我从来没有去过有计算机的房间!我知道它们存在,但是在20世纪70年代的社会氛围中,计算机被视为具有威胁性。

1972年左右,我开始从事模拟视频频率方面的工作。当时我在旧金山,那里是计算机音乐等社区活动的温床。我以艺术家的身份融入其中。当时艺术界对录像和表演艺术持开放态度,但是并不欢迎数字艺术,部分原因是没人对它有真正的认识。第一次在这个语境中听到"数字"这个词时,我不知道它是什么意思。直到1975年1月我去了施乐帕洛阿尔托研究中心(Xerox PARC),那时我才恍然大悟。理查德·肖普(Richard Shoup)在那里工作,建立了一个早期基于像素的帧缓冲区系统,而这就是我一直在寻找的,因为当我处理模拟视频时,我意识到需要更多的控制。

13(上)大卫·埃姆在NASA的喷气推进实验室(JPL)工作,约1983年

14(下)陆明龙,《风水师》(Geomancer),2017年,CGI电影,音轨,48分钟。由哲尔伍德电影与录像奖(Jerwood/FVU Award)委托创作

陆：你能描述一下帧缓冲区是做什么的，以及它能显示什么吗？

大：帧缓冲区——我们今天称之为图形卡——是一种可以输出像素并控制显示屏输出的东西。它具备生成像素的能力，尤其是彩色像素。在那之前，你已经见识过MIT旋风（Whirlwind）计算机的黑白图形和伊凡·苏泽兰（Ivan Sutherland）在Sketchpad（几何画板）程序上的工作，这些都是惊人的创新，但在施乐帕洛阿尔托研究中心，我看到了肖普的帧缓冲区和SuperPaint（超级画笔）程序，这是一个早期的图形绘制系统，我当时想，这就是艺术的未来。这就是我的介绍。

关于施乐帕洛阿尔托研究中心，另一件值得一提的事情是，我开始在那里工作两周后，他们就关闭了整个数字成像研究项目，因为他们高层管理者没有看到彩色计算机图形学的实际应用价值。真是难以置信。幸运的是，我正好在那个节点去了那里，因此得以目睹这一过程。于是，我进行了一次横跨全国的旅行，目的是去寻找那些使用数字图像制作图画的人。

我看了艾德文·卡特姆（Ed Catmull）在犹他大学的研究生论文，真的很受启发。请记住，当时很少有艺术家在探索数字成像。莉莉安·施瓦茨和斯坦·范德比克（Stan VanDerBeek）曾在贝尔实验室工作，这非常棒。还有计算机动画的先驱约翰·惠特尼，他当时对我来说就像一位偶像，后来我们成了好朋友。当我回望20世纪70年代初的那段时光时，我相信是彩色像素与软件结合在一起的那个时刻创造了我们现在沉浸其中的世界。它使3D成为可能，使iPhone成为可能，但是当时很少有人听说过或看到过数字图像，因此对我来说，我的旅程就是从这里开始的。

陆：你谈到了控制，听起来你真正感兴趣的事情之一是控制屏幕上每个像素的可能性。我想问你关于灵感与惊喜、制作与控制之间关系的问

15（上）大卫·埃姆，《超级画笔》（SuperPaint），1975年，在一台通用数据（Data General）NOVA 800计算机上制作的数字图像的SX-70宝丽来彩色打印照片，7.6厘米×7.6厘米（3英寸×3英寸）

16（下）第一届美国国际动画电影节（1st USA International Animation Film Festival）海报，1972年，以莉莉安·施瓦茨的艺术作品为主图。V&A：AAD/2009/19/25/1

17 陆明龙,《富时(远见证券交易所)》[FTSE (Farsight Stock Exchange)],2019年,地点特定性建筑仿真,时长可变。来自大胆趋势(Bold Tendencies)的装置图像,伦敦

题。你指出的一个有趣的矛盾是,在模拟过程中,会有一种极其意外和即兴的元素,但是在我以3D动画为主的工作中,一个挑战是很少有惊喜的时刻。我还有音乐家的实践,还会用我的电子游戏进行现场视听表演,在用游戏手柄探索虚拟世界的同时,还在另一台计算机上现场混音多条音轨。所以,我一直对这种将现场实时元素融入运动影像的想法很感兴趣,因为这很像一种表演媒介。你是否一直认为计算机生成艺术是一种运动影像而非静止影像?

大: 当首次接触这一媒介时,我确信它将是一种以表演为导向的媒介。我与一群工程师一起,基于肖普的设计,建造了世界上第一个独立自有帧缓冲区,这是一个表演工具。我们在洛杉矶用它表演了节目。有趣的是,当你说你今天制作3D作品时,你知道你要往哪里走,但是那个时候情况正好相反。没有商业软件;一切都是在不断发生意外的研究实验室里手工制作的,独一无二。有时候,花几个小时试图把一个场景拼凑在一起,然后系统会崩溃,这可能令人沮丧;但是有时候,你精心制作出一个场景,然后会发生意想不到的事情。一面墙会消失,或者你离剪裁平面太近,突然间多边形开始四处移动。我会寻找这些东西,因为对我来说,这些几乎就是该媒介的本质、核心——那些比特、那些数值四处移动,做着意想不到的事情。我不确定是否要称之为表演,但这是一种与该媒介的交互。

这些像素以一堆开/关的形式存在于机器中,这些开关被连接到高分辨率显示器上,变成了一部电影。这就引出了一个问题,数据是什么?我们如何感知数据?我们如何呈现数据?我不认为有一个单一的答案。你可以做一个节目、一场表演、一幅印刷品,或者任何适合特定情境的作品。

陆：现在回顾一下工具、实践和文档的同时开发对我来说很有趣。当你在表演或创作作品时，你是否觉得不刻意地思考未来它将如何被记录或被解释会有一些好处？

大：其实没有太多选择！我只是用我有的来工作。我在一个不断有新的监视器、磁带系统、记录设备、电影记录器等出现的环境中工作。我在构建交互世界，但是无法显示一个交互世界。我每生成一帧就需要一个小时的时间，但是我们有一个图片系统，可以让我实时看到线框图。我可以在这个线框图世界中移动，提取细节并制作一幅彩色图片，这便是一个完全的惊喜。或许有时是灾难，但总是令人着迷。这个过程是交互式的。

陆：我想重点谈谈3D可导航环境的想法。我可以想象，大约20世纪80年代甚至70年代，航空航天等行业开始使用平视显示器、线框图和仿真。你能告诉我你是什么时候有了这个想法的吗？随着机器的出现，创建可导航环境是机会主义的，还是你已经考虑了很长时间？

大：回想起来，确实有一些在潜意识上影响了我的参考因素。大卫·林赛（David Lindsay）有一本名为《航向大角星》（*A Voyage to Arcturus*）的书，出版于1920年，我发现这本书非常有趣，因为它讲述的是在其他世界、地方和空间中发生的事情。发现超现实主义绘画也塑造了我的思维。漫画书对我影响很大；特别是史蒂夫·迪特科（Steve Ditko）的作品，他最著名的作品是联合创作的蜘蛛侠（Spider-Man）和奇异博士（Doctor Strange），但他早期的作品都是关于飞入这些其他世界的。我十岁的时候就喜欢他的作品，当时没有意识到这会适用于我的生活。

18（上）大卫·埃姆，《空》，1978年，在数字设备公司（Digital Equipment Corporation）PDP-11/55计算机上制作的数字图像的R型彩色印刷，40.5厘米×50.5厘米（16英寸×20英寸）

19（下）大卫·埃姆，《远方》（*The Faraway*），1986年，在数字设备公司VAX-780计算机上制作的档案数字印刷，40厘米×49.4厘米（15¾英寸×19½英寸）

20（对页）大卫·埃姆，《跨木星管道》（*Transjovian Pipeline*），1979年，在数字设备公司PDP-11/70计算机上制作的数字图像

我创建的第一组3D环境之一是一个多边形。它在一家名为信息国际股份有限公司（Information International, Inc., Ⅲ）的公司，这家公司是第一家数字好莱坞电影工作室。它由老约翰·惠特尼的儿子小约翰·惠特尼和加里·德莫斯（Gary Demos）发起。它是一个简单的、四顶点的平面，也是一个我可以进行角度和布光实验的小世界。它与传统动画截然不同。

陆：跟我说说那个多边形吧。它是一个可以四处移动的数字物，而非纯粹的再现吗？

大：没错，它是完全交互的。它不像四处移动一个宇宙飞船。大约一年后，我开始在NASA JPL图形实验室工作，在那里创建真正的可导航世界，一种类似我的图片《空》（Aku）的2¾D世界。它不是3D的，但也不只是一个多边形——它有纹理和颜色；我们可以在里面做各种各样的事情。你知道的，我最初是一位画家，所以以画框的方式看待事物。我用一个顶和一个底来构成一个画框。但是后来我意识到你可以穿过画框，然后进入画面，进入这个世界。当你转过头时，如果你抬头看、环顾四周、开始移动，你不知道接下来会看到什么。这让我沉浸其中。

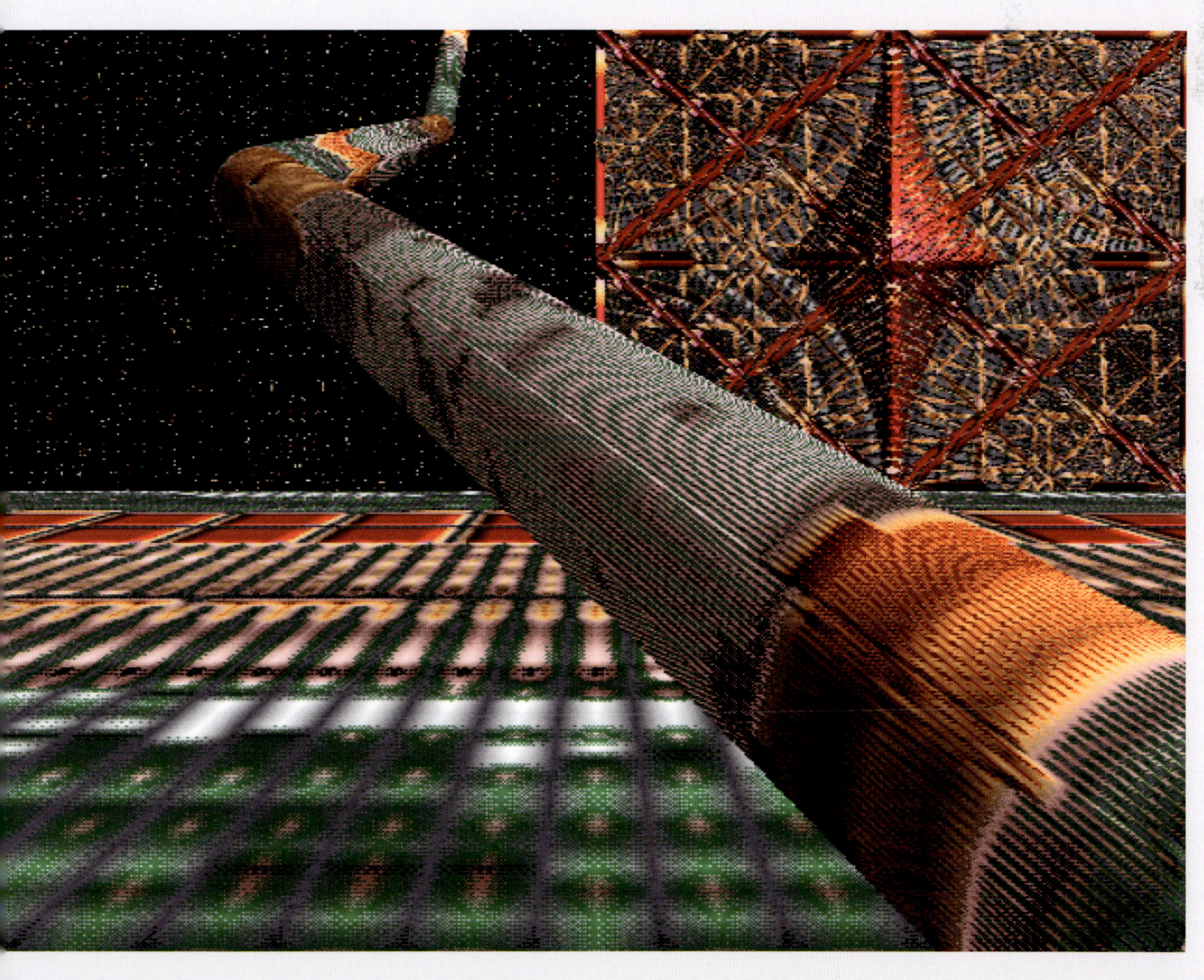

陆：你的创作实践与早期的3D世界以及我今天创作3D世界的实践之间最大的区别在于，商业电子游戏和具有强大建模工具的3D计算机动画软件的创新带来了大量的自动化。我想象着，多年以后，我将如何告诉未来的艺术家："哦，是的，在我那个时代，我曾不得不，比如，手工创造世界！"我部分认为，从事创作作品的劳动让人自豪，而且这对所有从事创作的人来说都是普遍的。当许多创新已经发生时，我在一个相当高的水平上进入了3D领域，然后我可以站在前人的肩膀上继续前进。我想知道你对此有何看法，以及你如何看待自动化和AI的价值？

大：这是一个非常恰当的问题，现在比以往任何时候都更恰当。但有趣的是，当我首次开始公开展示我的作品时，出现了一些今天被反复提及的问题。其中之一是：如果计算机制作了这幅图片，你怎么能称之为你的作品呢？然后是如果计算机制作了这件艺术作品那么谁拥有它的问题。还有一个问题是：这是艺术吗？今天听到有人问我同样的问题，我很开心。就我个人而言，我不在乎它是否被定义为艺术！早期在研究实验室工作的经历改变了我对自己实践的看法。我正在做自己探索的基础研究。我卷入了一种流动，这种流动一步一步地把我带到了以前从未去过的地方。对我来说，卷入一个不断给你惊喜的地方就是游戏的精髓，而这种媒介则从未停止过给我惊喜。

21 陆明龙，《非人类卓越》（NOX），2023年，多媒体装置，时长可变。由LAS艺术基金会（LAS Art Foundation）委托创作，柏林

22 陆明龙,《忘忧区》(Nepenthe Zone),2021年—今,开放世界电子游戏系列,音轨,时长可变。来自三星博物馆(Leeum Museum)的图片版本,2022年

20世纪90年代—21世纪00年代

构建你自己的艺术界！
20世纪90年代的网络艺术
露丝·卡特洛和马克·加勒特　　72

奥利亚·利亚利娜
安碧雅采访　　83

Build Your Own Art Worlds! Net Art in the 1990s

构建你自己的艺术界！
20世纪90年代的网络艺术

露丝·卡特洛和马克·加勒特

构建你自己的艺术界！20世纪90年代的网络艺术

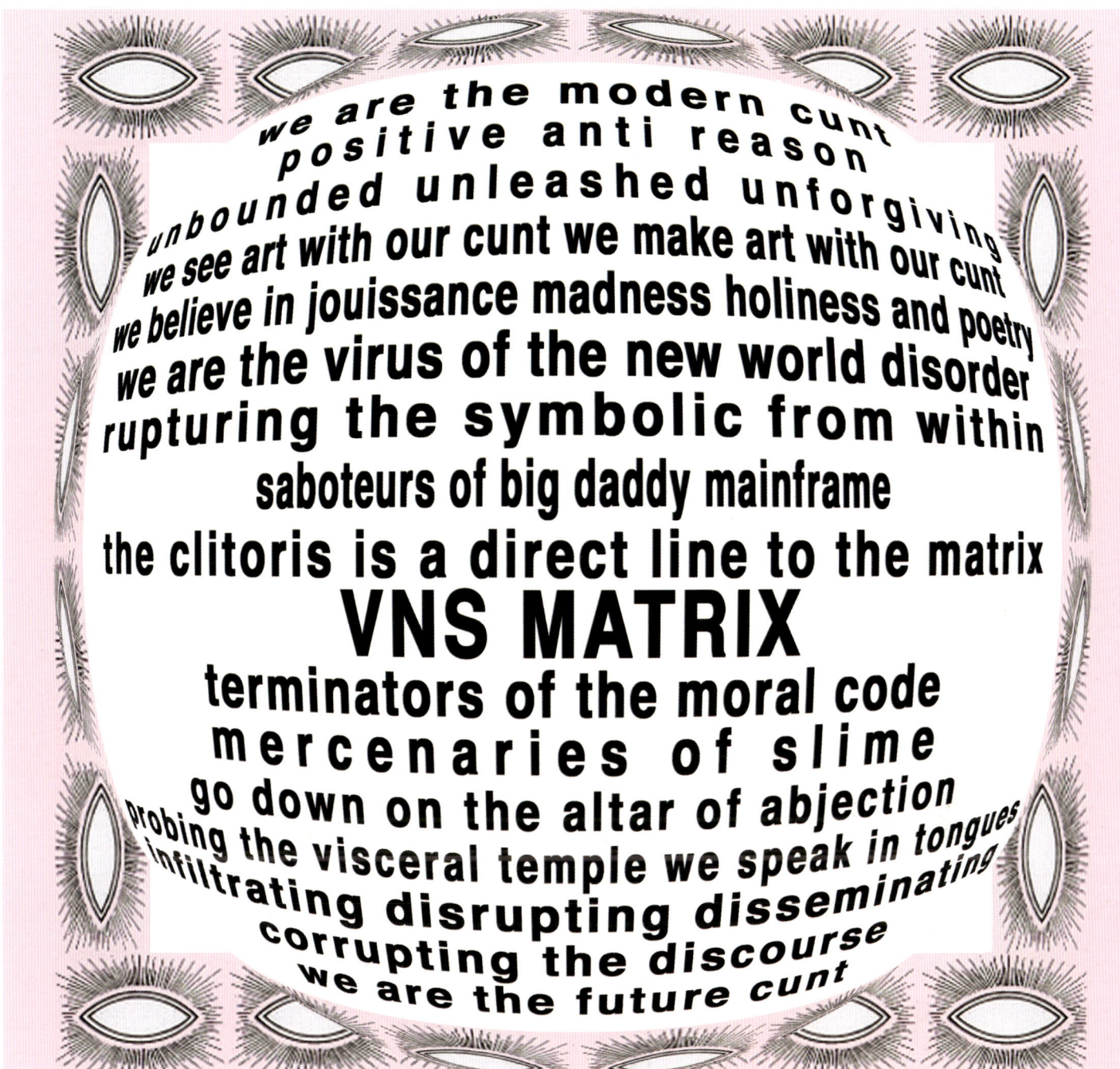

1 VNS矩阵，《"21世纪赛博女性主义宣言"，粉红球体明信片版本》，1991年，数字图像，15厘米×15厘米（6英寸×6英寸）

20世纪90年代的网络艺术由那些对互联网的兴起、艺术的大规模商品化以及互联网的繁荣做出回应的艺术家创作，所有这些都由令人眼花缭乱的市场扩张推动。网络艺术是一种地点特定性的艺术形式，与它在互联网上的存在和影响息息相关，[1] 而且它使用互联网作为其主要材料，以及生产、分布和接收的场所。任何有计算机和互联网连接的人都可以将内容发布到万维网上，以便从任何地方访问。共享数字图像、文本、视听文件和软件工具成为可能，人们可以零成本地阅读、观看、使用、复制、操控和重新分布这些东西。这种新的连通性和数字丰富性将不可避免地改变艺术家看待自己的角色以及与艺术界和潜在观众之间关系的方式。就像朋克一样，网络艺术家利用网络的工具和材料，创作出反映其草根身份并将文化连通化、网络化的艺术作品。

在为迎接21世纪创作基于互联网的艺术作品之前，艺术家需要创建一个能够容纳他们作品的艺术界。他们需要新的实体和数字空间来创作作品并吸引愿意交互和参与的新观众。他们创建的空间反映了互联网赖以建立的免费和开源软件，它们通常是高度协作的并对等级制度和商品化不屑一顾。涵盖广泛地理距离和文化差异的艺术工作者、哲学家、技术人员和行动主义者形成了新的网络。他们首次跨越大陆与新网络化地区的首个连接点通常是通过在线电子邮件讨论列表建立的，包括Nettime（网络时间）、Syndicate（辛迪加）、Rhizome（根茎）、Crumb（碎屑）和Netbehaviour（网络行为）等。像达达主义、情境主义、激浪派和朋克等其他具有政治倾向的历史亚文化艺术运动一样，这些社区使用大众传播和表达的新工具，与曲高和寡的艺术界之外一整套更广泛、更扎实的社会需求和语境联系起来。

像纽约的Rhizome和伦敦的Furtherfield（更远领域）这样的自建立艺术组织形成了生产、分布和评论的实验社区。例如，1996年伦敦，当艺术界通过萨奇（Saatchi）家族对英国艺术的支持和推广接近市场化高峰时，网络艺术家的回应是通过与技术人员和行动主义者进行实验来共同探索如何塑造早期的万维网并"居住"在其中。他们创建了独立的艺术平台，采用了对等网络基础设施的网络化策略，服务于艺术作品和展览的共同创作。随着艺术家学会在这些新兴的在线空间中编码自己的艺术界，他们就网络技术的社会影响展开了批判性对话。来自20世纪90年代和进入新世纪的网络艺术对艺术界的影响主要集中在其边缘。即使它被更广泛地看到了，许多艺术评论家、杂志和画廊仍然将其视为对成熟艺术市场的干扰。然而，通过这些艺术与科技行动主义者的作品出现的结构性评论揭示了更广泛的数字网络文化的演化，这些文化至今仍能引起共鸣。

网络艺术与传统机构之外发展起来的其他草根文化有很多共同之处，比如20世纪90年代的赛博女性主义者，为许多早期网络艺术的反叛精神和网络化介入提供了一个早期典范。VNS矩阵（VNS Matrix）以其狂野的后朋克女性主义反抗数字文化的男性主导地位并发布了《21世纪赛博女性主义宣言》（*A Cyberfeminist Manifesto for the 21st Century*, 1991）——一份发自内心的激情宣言，呼吁赛博文化将父权制从轴心上剥离，从"严肃"男性的假定大脑理性中夺回技术。艺术家弗吉尼亚·巴拉特（Virginia Barratt）、朱丽安妮·皮尔斯（Julianne Pierce）、弗朗切斯卡·达里米尼（Francesca da Rimini）和约瑟芬·斯塔尔斯（Josephine Starrs）呼吁女性掌握新技术并将女性主义意识融入技术未来。1997年，由先驱网络艺术家科妮莉亚·索尔夫兰克（Cornelia Sollfrank）领导的老男孩网络（Old Boys Network）在德国卡塞尔的"第十届文献展"（Documenta X）活动上以真实和虚拟的空间组织了"首届赛博女性主义国际"（First Cyberfeminist International）。该场所是一个研究、实验、交流和行动的空间。在明迪·苏主编的权威性《赛博女性主义索引》（*Cyberfeminism Index*, 2022）中可以看到这种早期赛博女性主义令人惊讶的深远遗产，该书涵盖了三十年的工作，其中包括后台（Upstage），一个女性主义免费和开源的"赛博表演"平台；莱格西·罗素（Legacy Russell）《故障女性主义》（*Glitch Feminism*）的摘录，该书最初于2020年由维索出版社（Verso）出版；以及玛丽·马吉奇（Mary Maggic）自2017年起的分子酷儿艺术表演。

20世纪90年代中期，新兴媒体实验室激增。希斯·邦廷（Heath Bunting）和雷切尔·贝克（Rachel Baker）创立了irational.org，一个会员制网络托管的网络艺术、技术和行动主义团体，成员有时会在那里合作，他们于1997年在伦敦的退格键（Backspace）举办了为期一年的"以E反对"（Anti with E）系列讲座。现在，该系列讲座被认为是一个与英国网络艺术文化各个方面进行对话的重要历史关头，这与被视为技术乌托邦主义的观点形成了强烈的对比，后者声称技术将通过使政治过时来超越传统的左右分歧。[2] 威斯敏斯特大学超媒体研究中心（Hypermedia Research Centre）的理查德·巴布鲁克（Richard Barbrook）和该系列活动之一的其他人认为，技术乌托邦主义不成比例地吸引了政治光谱中自由主义右翼的追随者，他们相信自由市场体系在解决全球问题方面的优越性。[3] 巴布鲁克谈到了他与安迪·卡梅隆（Andy Cameron）合写的《加州意识形态》（The Californian Ideology），这是一个具有开创性的文本，批评了硅谷的创意人员和技术人员之间的新联盟，预见了企业对互联网的接管及其可能产生的压迫性影响。[4]

退格键是伦敦第一家创意赛博咖啡馆。它被描述为一家"用万维网做激动人心之事的公共实验室"，于1996年至1999年在伦敦桥附近、泰晤士河畔的克林克街开放。正如夏洛特·弗罗斯特（Charlotte Frost）在她2012年关于英国媒体实验室文化的研究中所写，"退格键模式值得注意的是，它试图培养一种合作管理的资源。退格键体现了互联网文化爱好者对自治和新治理形式的关注。它在与这些理想的所有矛盾斗争的同时，还得与其商业母公司的事实斗争"。[5] 退格键为伦敦探索网络能做什么的艺术家和文化行动主义者提供了一个可以随时造访的社群中心。它成了一个网络中的重要节点，该网络汇聚了主要来自北欧和东欧的流动艺术家、技术哲学家和评论家，并与美洲有联系。Furtherfield网站的第一个网页是在退格键创建和托管的。退格键等早期草根空间的临时非正式性催生了一个虚拟和基于地点的社群网络，影响和激励了数千个批判性项目和艺术与技术实践者的工作。因此，它是一个典范，展示了实体空间如何在发展、呈现和评论那些探索万维网作为一种新媒介和媒体空间的艺术中发挥重要作用。

与此同时，某些网络艺术作品作为反思网络文化将如何改变政治体制的预兆和镜子，共同探索了日常生活中发生的事件。从纽约的集体性、传播性艺术行动主义和酷儿文化中走出来，艺术家和电影制作人郑淑丽（Shu Lea Cheang）深知通过流行和参与性的草根媒体再现边缘化群体经历的力量。她的网络艺术作品《布兰登》（Brandon, 1998–1999）讲述了一位跨性别男性于1993年在美国被强奸和谋杀的悲惨故事。该作品是与许多参与者共同制作的——包括艺术家帕特·卡蒂甘（Pat Cadigan）、劳伦斯·蔡（Lawrence Chua）、弗朗切斯卡·达里米尼、乔迪·琼斯（Jordy Jones）和琳达·陶舍尔（Linda Tauscher）——他们组合了图像并添加了代码和文本，然后将作品设计为在台式机或笔记本电脑上而非在平板电脑、手机或其他触屏设备上观看的形式。四种不同的交互浏览器，或"界面"，将观众卷入了导致杀戮的暴力和压迫的语境建构中。

这个超文本故事可以从任何方向阅读并从大玩偶（Big Doll）界面页面开始，这个页面有通往《公路旅行》（Road Trip）和《哞扮演》（Mooplay）的链接。《公路旅行》是一个多作者电影上传数据；《哞扮演》是一个基于文本的在线游戏环境，人们可以通过描述来创建自己的世界。《圆形监狱》（Panopticon）——基于杰里米·边沁（Jeremy Bentham）1787年的圆形监狱理论——是一个闭路界面，用于关押性变态者和监狱囚犯。它展示了社交媒体强加给我们的360度监控技术的暴力，我们现在通过这些技术相互监督和控制。[6]

《布兰登》是一件极具先见之明的艺术作品，展示了全球参与性媒体可能为少数群体带来的东西——无论好坏。它是第一件被大型艺术机构纽约古根海姆博物馆（Guggenheim Museum）收藏的网络艺术作品。

社会仍在接受数字网络文化对身体的物理影响。20世纪90年代，在线表演开始尝试新的体验形式，无论是为艺术家还是为他们的观众。网页设计工作室Entropy8Zuper!的艺术家奥利亚·哈维（Auriea Harvey）和迈克尔·萨明（Michaël Samyn）后来成立了传奇的艺术游戏工作室故事的故事（Tale of Tales），1999年，他们创建了自己的多媒体平台《线火》（Wirefire），以便能够跨越大陆地恋爱，更丰富地探索亲密关系，而非仅限于文本和图像给予的。三年多时间里的每周四，他们都会在在线互联网观众面前相互进行多媒体赛博表演。对他们来说，重要的是这个新地方"不是关于机器的，而是关于人的"。[7]

虽然科技行业提倡进步和最佳情况的观念，但是一些网络艺术家的作品突显了假想的网络乌托邦的矛盾。安妮·亚伯拉罕（Annie Abrahams）创作了关于人体、机器界面和控制系统之间交互的局限性和不适性的交互艺术作品，预见了人们将主要被重新定义为计算机用户。在她2002年的作品《分离》（Separation/Séparation）中，访问者对亚伯拉罕在一次长期住院期间最初撰写的一篇在线文本做出了回应，在这篇文本中，他们被邀请参加了一系列基于"职场锻炼、一种被证明有助于恢复和预防重复性劳损（Repetitive Strain Injury, RSI）的休息和锻炼软件工具"的演习。[8]这件作品故意扰乱了观众的注意力，阻止他们点击和继续下一件事，并敦促他们放慢速度、调整思维和行动，在使用计算机时与自己的身体建立联系。

20世纪90年代最有影响力的网络艺术家密切关注线上的阶级和殖民遗产，以及数字网络中的资本流动和人们在物质、心理和情感上受到的影响。1995年，批判艺术组合（Critical Art Ensemble, CAE）使用"数据身体"的概念探索了互联网时代的这些后果。这个集体认为在线数据二重身取代了个人的生物状态，因为他们有能力创造可能对他们不利的现实。

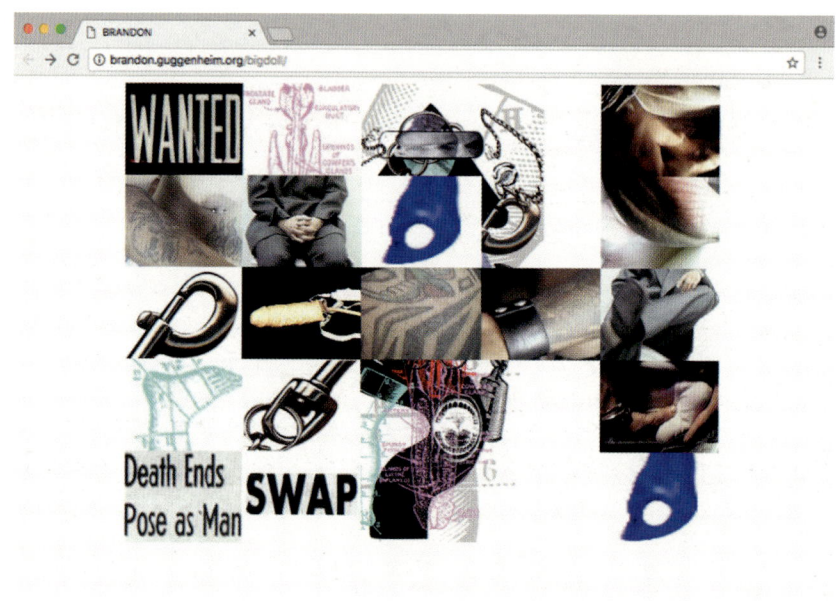

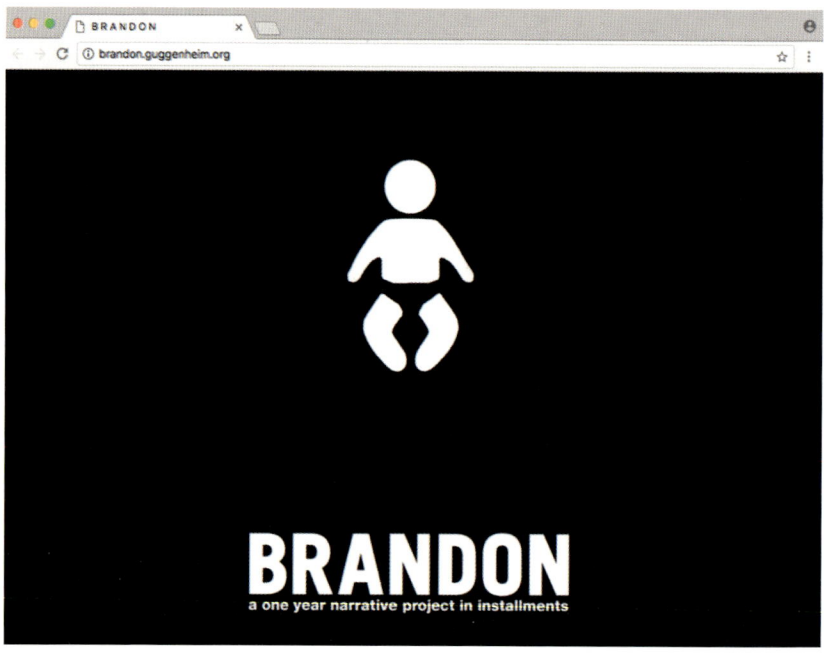

❷ 郑淑丽，《布兰登》，1998年—1999年，交互网络代码（HTML、Java、JavaScript和服务器数据库），启动页面截屏（上）和大玩偶界面截屏（下）。所罗门·R.古根海姆博物馆，纽约。2005.44

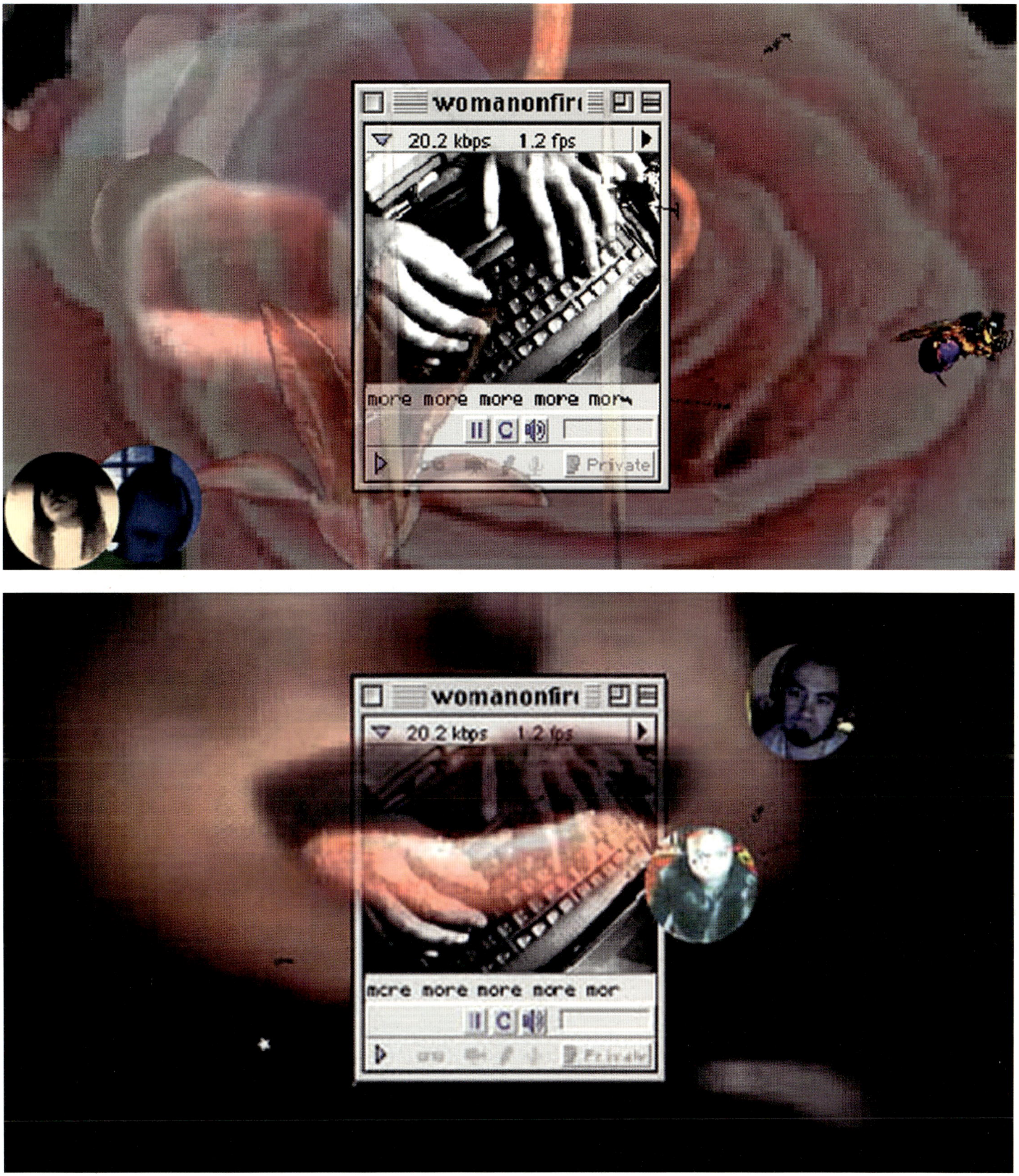

3 Entropy8Zuper!，《线火》，1999年，来自在线表演的截屏

```
lonely soul,
not knowing how to differentiate between you and me,
you don't feel my pain
```

Show the pain

```
Open mouth and lips as
wide as possible,
simultaneously raising
your eyebrows as high as
possible. Hold for count
of 5 and repeat a few
times.
```

```
lonely soul,
not knowing how to differentiate between you and me,
you don't feel my pain
Your body became mine
you are interesting
    involving
    absorbing
```

Pray the sky

```
Lean right back in your chair
looking towards the ceiling. Drop
your arms at your sides and rotate
them outwards, palms facing up,
thumbs out. Feel a stretch across
your chest and shoulders. Breathe
in, and then exhale and relax into
the second position with shoulders
dropped, eyes closed and arms
hanging loosely. Remain relaxed
until micropause is over (5-10
secs).
```

```
I need desintoxication
I must fight
I need to cherish,
take care off pay attention to all the parts of me you don't
recognise
From now on I will use you
and I won't let you take me over again
```

4 安妮·亚伯拉罕,《分离》,交互网络艺术

你的数据身体所说的你比你所说的自己更真实。数据身体是你在社会中被评判的身体，也是决定你在世界中地位的身体。我们此时所见证的是再现而非存在的胜利。电子文件已经战胜了自我意识。[9]

2000年，格雷厄姆·哈伍德（Graham Harwood）的《不舒服的接近》（Uncomfortable Proximity）对英国艺术权势集团与阶级和种族之间不舒服的关系进行了机构批判。这是泰特美术馆（Tate）首次委托的网络艺术作品。它直接挑战了该机构的价值观，这些价值观源于殖民财富、基督教自由主义、社会科学和启蒙理想，并受到工业革命历史成就和功绩的认可和推动。

当时，泰特美术馆网站展示了透纳（Turner）、霍加斯（Hogarth）、威廉·汉密尔顿（William Hamilton）、庚斯博罗（Gainsborough）和康斯特布尔（Constable）的历史上受人尊敬绘画的数字图像，这些绘画描绘了伟大和优秀。哈伍德的网络艺术介入会自动将一小部分不知情的访问者重新定向到一个替代网站，这些国家"最好"的油画在那里以普通人肖像照片的碎片被重新建构，这是一次蓄意的工人阶级黑客攻击，挑战了过去启蒙运动的经典价值观。

除20世纪90年代的术语"公共领域"和"对等网络"之外，21世纪00年代的DIWO（"与他人一起做"）描述了自互联网出现起艺术活动的一种协作方式，以及对竞争性个人主义和对天才崇拜的拒绝。[10]网络艺术与对等网络、非专有软件开发文化一起成长。技术与艺术共同制造了新的法律结构，服务于知识和文化的数字公共领域——FLOSS软件许可证以及后来的艺术反版权和版权许可证——这促进了网络社会的创造性产出应由生产者管理和控制这一观念的发展。安迪·戴克（Andy Deck）的《格利菲蒂》（Glyphiti, 2001）是一系列实验性对等网络建构作品中的第一件，旨在探索集体创作的可能性。《格利菲蒂》是基于Java小程序的网络艺术作品，向在线访问者开放代码，邀请他们实时添加贡献，就像为虚拟涂鸦墙做出贡献一样。

20世纪90年代的网络艺术家拥抱了新的合作模式，发明了以在线世界创建批判性界面的网络黑客、工具、策略和语境。他们用万维网的去中心化基础设施来讽刺现代主义艺术在使技术进步成为社会进步代名词方面所起的作用。例如，AI使用的基础设施包括"数据中心、云端网络和边缘设备，所有这些都需要消耗大量的能源和资源"。AI技术有助于"产生与航空业相当的二氧化碳排放量"。[11]然而，到21世纪的前十年，大型社交媒体平台变得越来越流行，而且大多数都在从独立平台转向提供一种更同质的体验平台。

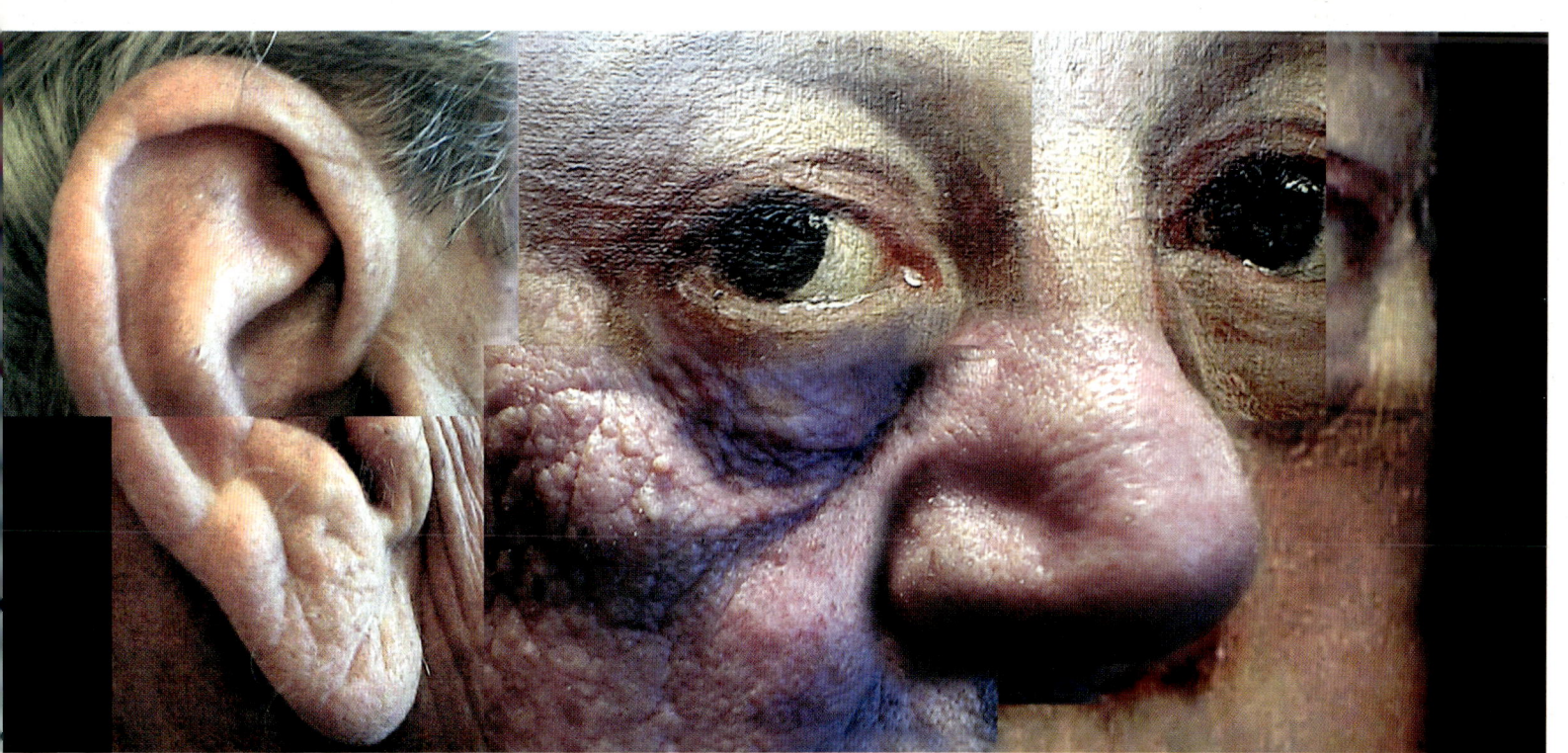

5 格雷厄姆·哈伍德，《霍加斯，我爸爸1700—2000》（Hogarth, My Dad 1700-2000），2000年，为《不舒服的接近》创作的合成图像

6（上）安迪·戴克，《格利菲蒂》，2001年，使用 Javascript 软件创作的实时协作图像

7（对页）汤姆森与克雷格黑德，《有人在吗？》（Is anybody there?），2002年，打印茶巾，75.5厘米×48厘米（29³⁄₄ 英寸×19英寸）。V&A：E.748-2012

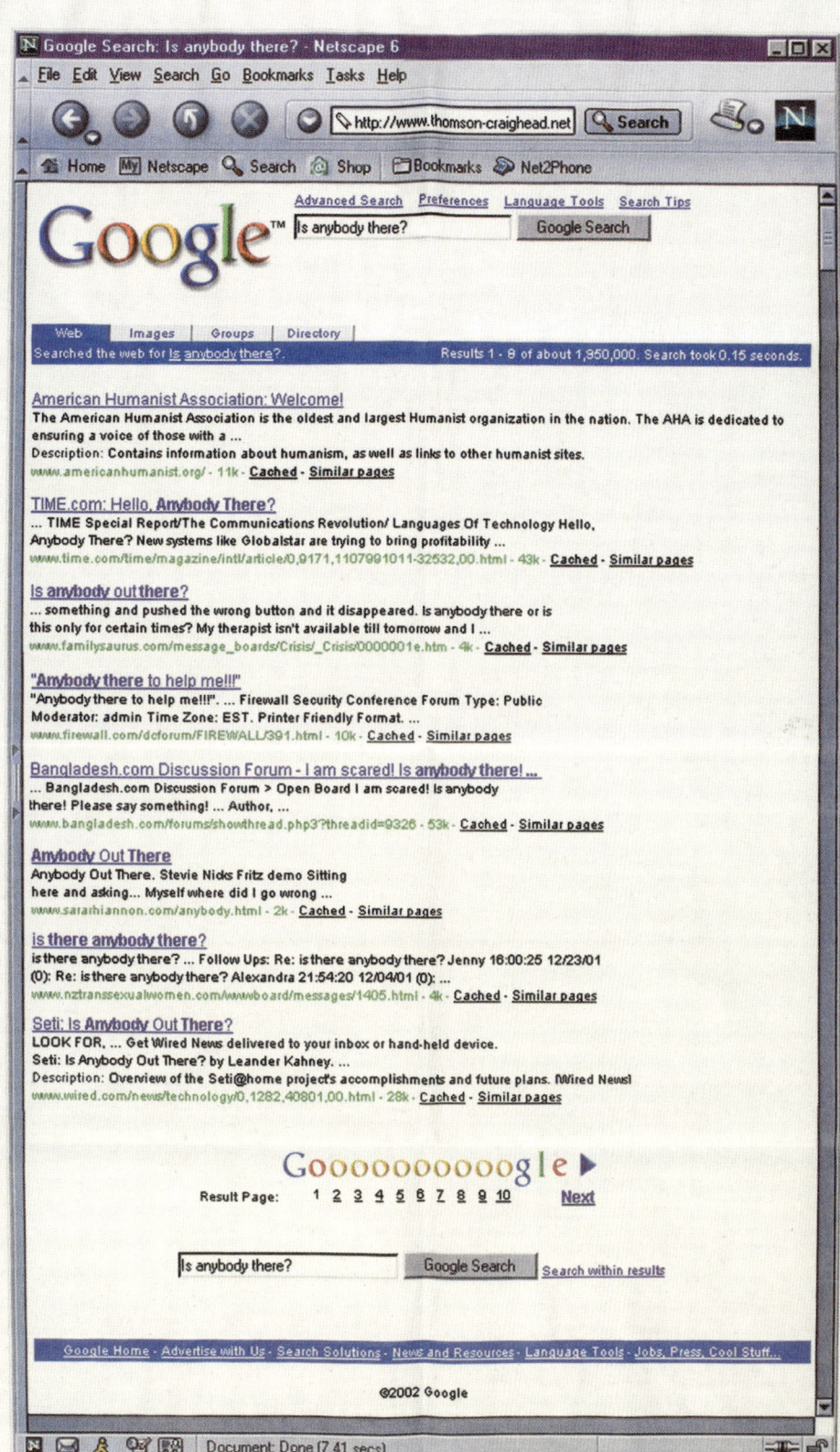

紧随网络艺术之后的数字艺术界，特别是后互联网和NFT艺术，对不断发展的行星尺度计算的包络效应做出了不同的回应。"后互联网"一词于2006年开始传播，由艺术家兼策展人玛丽莎·奥尔森（Marisa Olson）创造，用来描述"使用互联网之后"对生活美学感兴趣的艺术家。[12]艺术家二人组乔恩·汤姆森（Jon Thomson）和艾莉森·克雷格黑德（Alison Craighead）与这种不断变化的环境抗争了近三十年，他们孜孜不倦地创建了一个全面的网络和媒体艺术体系，为网络艺术成功地融入更传统的艺术文化提供了一个典范。他们通过呈现一种"不同主体性共存"的艺术语境，让观众以一种非说教的方式处理关于世界和技术的问题。[13]他们跨越各种媒介进行创作，他们的艺术有时幽默有时冷酷地反思了当代互联网文化及其对日常社会的影响。

例如，他们2002年的Google（谷歌）茶巾项目包括四条精心制作的"茶巾，展示了当在搜索字段中输入'请帮帮我''有人在吗？''请听我说'和'你能听到我说话吗？'等条件时，用户会收到一系列真实的搜索引擎结果"。[14]

网络艺术鼓励社会将自己视为一个创意公民的网络，这些创意公民可以在同行中构建替代基础设施并想象新的现实。从长远来看，它还教会了个体在个人、职业、企业和政治领域期待互联网内外的级联技术变革。随着气候崩溃的生存威胁在全球范围内蔓延，当代艺术界可以从超越镜子的网络艺术意识中学习，一种动态话语和再世界化在那里已经被深深嵌入其心理中。[15]

1. 《什么是网络艺术？》（What is net art?），Net Specific（网络特定性），https://netspecific.net/en/netspecific/what-is-net-art

2. 西蒙尼·纳塔莱（Simone Natale）和安德烈埃·巴拉托雷（Andrea Ballatore），《网络将消灭他们所有人：新媒体、数字乌托邦和意大利五星运动中的政治斗争》（The Web Will Kill Them All: New Media, Digital Utopia, and Political Struggle in the Italian 5-Star Movement），《媒体、文化与社会》（Media, Culture & Society），第36卷，第1期（2014年），第105-121页，https://doi.org/10.1177/0163443713511902

3. 波琳娜·博尔苏克（Paulina Borsook），《赛博利己主义：对高科技极端自由主义文化的批判性嬉戏》（Cyberselfish: A Critical Romp through the Terribly Libertarian Culture of High-Tech）（纽约：公共事务出版社，2000年）

4. 波琳娜·博尔苏克和安迪·卡梅隆，《加州意识形态》，《静音》（Mute），第1卷，第3期（1995年9月1日）

5. 夏洛特·弗罗斯特，《英国媒体实验室文化》（Media Lab Culture in the UK），Furtherfield，2012年8月28日，https://www.furtherfield.org/media-lab-culture-in-the-uk/

6. 乔安娜·菲利普斯（Joanna Phillips）、迪娜·恩格尔（Deena Engel）、艾玛·迪克森（Emma Dickson）和乔纳森·福博维茨（Jonathan Forbowitz），《复原布兰登，郑淑丽的早期网络艺术作品》（Restoring Brandon, Shu Lea Cheang's Early Web Artwork），古根海姆文章，2017年5月16日，https://www.guggenheim.org/articles/checklist/restoring-brandon-shu-leacheangs-early-web-artwork

7. 同上

8. 安妮·亚伯拉罕，《分离》，2002年/2003年，电子文献集（Electronic Literature Collection），https://collection.eliterature.org/2/works/abrahams_separation/separation/

9. 《网络恐怖主义的神话》（The Mythology of Terrorism on the Net），批判艺术组合，1995年夏，http://www.t0.or.at/cae/mnterror.htm

10. DIWO最初由马克·加勒特于2006年创造，现在通常用于社会参与式艺术领域。《DIWO——与他人一起做：资源》（DIWO–Do It with Others: Resource），Furtherfield，2006年，http://www.furtherfield.org/lexicon/DIWO

11. 亚历山德罗·克里米（Alessandro Crimi），《AI碳足迹以及我们能为可持续AI做些什么》（AI Carbon Footprint and What We Can Do for Sustainable AI），Medium（媒介），2023年7月29日，https://medium.com/age-of-awareness/ai-carbon-footprint-bb21af29a1f

12. 奥里特·盖特（Orit Gat），《后网络艺术的数字文化奥德赛》（The Digital Culture Odyssey of PostInternet Art），《弗里兹》（Frieze），2023年11月7日，https://www.frieze.com/article/post-internet-art-239；吉恩·麦克休（Gene McHugh），《后互联网，2009—2010》（Post Internet, 2009–2010），网络艺术选集（Net Art Anthology）和Rhizome，https://anthology.rhizome.org/post-internet

13. 丽贝卡·帕特里奇（Rebecca Partridge），《真相//重构视角：汤姆森与克雷格黑德访谈》（Truth // Reframing Perspectives: An Interview with Thomson & Craighead），Berlin Art Link（柏林艺术链接），2018年1月22日，https://www.berlinartlink.com/2018/01/23/truth-reframing-perspectives-an-interview-with-thomson-craighead/

14. 汤姆森与克雷格黑德，《Google茶巾》（Google Tea-Towels），https://www.thomson-craighead.net/towels.html

15. 由于全球互联网技术变革的加速，20世纪90年代的大部分网络艺术已无法以其原始状态被观看。这使那些致力于其保存和展示的组织的工作，对重视技术媒体反思方法的几代艺术家和艺术史学家而言，至关重要。值得注意的例子包括Rhizome的网络艺术选集和Gallery 404（画廊404）。https://anthology.rhizome.org/和https://www.netart.today/

奥利亚·利亚利娜

安碧雅采访

奥利亚·利亚利娜是一位网络艺术家兼新媒体理论家，千字节时代的太字节（One Terabyte of Kilobyte Age）档案的联合创始人和保管人，也是斯图加特梅尔兹学院（Merz Akademie）教授。她被公认为网络艺术界的关键人物，其作品对将互联网建立为一种艺术媒介产生了重大影响。她的实践是对互联网结构和用户与在线空间交互的探究。利亚利娜长期以来的研究兴趣是数字民俗和白话网络。

碧：1996年的《我男友从战争中归来》（My Boyfriend Came Back from the War）是你在网络上创作的第一件作品。你能带我们回到创作这件作品的时候，并且谈谈你是如何从概念和技术上处理它的吗？

奥：我是在南斯拉夫战争中期和第一次车臣战争结束时创作的这件作品。当时，苏阿战争和第一次海湾战争刚刚结束没几年。虽然战争无处不在，但是你能感觉到人们不知道该如何谈论它。

至于媒介，万维网是一个重要的灵感来源。我很感兴趣的是，你可以在互联网上使用代码和图像写故事。虽然我不是电影制作人，但是我策划过电影并为电影幽灵（Cine Fantom）制作过网站，电影幽灵是我在俄罗斯作为联合创始人创立的一个电影俱乐部。创建这些网页的过程让我意识到我不想创建关于电影的网站，而想通过浏览

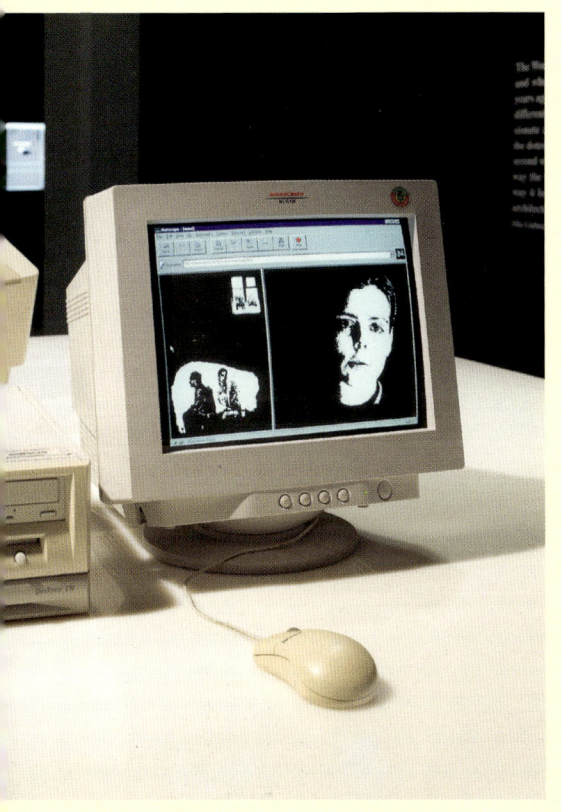

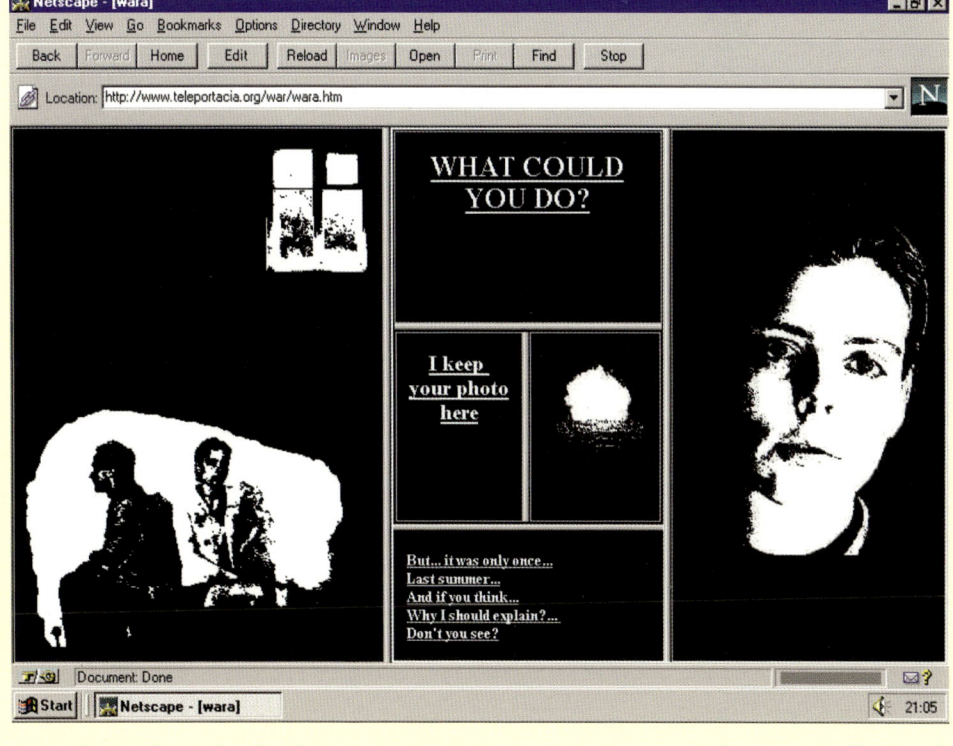

8 奥利亚·利亚利娜，《我男友从战争中归来》，1996年，基于浏览器的互联网艺术作品。装置现场：HEK（电子艺术之家），巴塞尔，2016年

9 奥利亚·利亚利娜，《我男友从战争中归来》，1996年，基于浏览器的互联网艺术作品

器讲述一个故事。我很幸运,当《我男友从战争中归来》发布时,它很受欢迎。每个人都称之为一个新的流派,一部网络电影,包括我自己在内。今天,我想我会称之为一个故事,尽管现在很多在网上发现它的年轻人称之为游戏。

这件作品是在网站管理者能够将屏幕分割成所谓的"框架(帧)"并将多个页面连接到一个屏幕之后不久创作的。我发现这个功能非常有趣,因为我有电影方面的背景,所以我把"框架(帧)"这个词与电影联系在一起,在我看来,这个功能再现了一种不同的剪辑和蒙太奇方式。这些框架(帧)的最初目的是节省用户下载的时间。在《我男友从战争中归来》中,我将屏幕分割成多个框架(帧),让人们可以通过点击超链接经过不同路径来导航叙事。虽然情节并非线性的,但是所有选择都会导致相同的结局和感受。作品中的碎片化框架(帧)反映了人物之间的对话是多么的破碎和困难。

碧:自20世纪90年代起,网络使跨国和跨学科的社群得以形成,这促进了新的亚文化——或文化的出现。在这个时候,哪些网站和活动对你来说特别重要?

奥:人们通过邮件列表在线会面。Nettime和Syndicate邮件列表是社群空间,你可以在那里介绍新作品并讨论想法。那里组织了许多活动,也会发生一些争吵。那里也有《远程城市》(Telepolis)杂志和Rhizome,后者最初是一个邮件列表,后来变成了一个网站。在那个时候,你可以访问由个人创建的页面并通过分享链接相互连接,因为没有平台。我很高兴网络不是作为一个平台开始的,因为每个人都在建立自己赛博空间的一方天地。

就活动而言,Nettime于1997年在卢布尔雅那组织了一场很多人都参加了的大型会议"美丽与东方"(Beauty and the East)。但是在此之前,1996年还有其他活动巩固并提升了社群的知名度,比如DEAF(Dutch Electronic Art Festival,荷兰电子艺术节),来自Syndicate邮件列表的很多人都在那里会面。

10(左)奥利亚·利亚利娜与阿列克谢·舒尔金在1998年6月电影幽灵艺术节(Cine Fantom Fest)的网络艺术项目期间展示will.teleportacia.org网站

11 阿提拉基金会(Atilla Foundation)/ONL,鹿特丹R96艺术节的寄生虫(ParaSite)多学科网络休息室,1996年(右上)外部,参与者通过充气结构的"鳃"进入其中(右下)网络休息室内部,作曲家理查德·托勒纳尔(Richard Tolenaar)正在使用超级对撞机(SuperCollider)合成软件从外部环境中采样声音并创造新的音乐形式

1996年10月，Nettime和Syndicate在布达佩斯的艺术学院组织了第三届元论坛（MetaForum III）。对于许多初次在那里会面的人来说，这是一场令人难以置信且重要的活动。我之所以受到邀请，是因为我制作过电影幽灵的网页，我想或许我也可以展示一下《我男友从战争中归来》，只是作为一次尝试。就在那个时刻，我突然醒了过来——虽然不著名，但我是一位网络艺术家。

碧：有时，你将自己描述为"GIF模特"，指的是你在这种动画文件格式中对图像和表演的使用。这个想法是从哪里来的，它是如何随着时间的推移演化的？

奥：GIF在互联网早期非常流行，但是随着商业网站的兴起，它们很快就被抛弃并受到嘲笑。我很早就开始在线工作，觉得如果这些网络元素消失了，我个人就会失去工作的语境。这让我意识到，保存那些由业余设计师或网站管理者制作的网络早期元素是有必要的。我也不想让人们忘记，网络曾是由人而非企业创建的。从1999年到现在，我的许多项目都是为了纪念这些早期的网络制作者，而且我使用了他们的许多GIF。

我最早成为GIF模特是在2005年。那时我已经学到了很多关于如何制作GIF及其用途的知识，于是决定制作一个完美的GIF，它能够很好地循环、剪切，成为网站一个很好的补充。我的目的是激励人们制作自己的网站并将我放在其中。首批GIF出现在网络上十年后，我制作了这些GIF，但是在它们再次流行的几年前，人们对其循环电影效果感到惊讶。我的"GIF模特"项目存在于免费图形收藏中，而非展览或在线艺术语境中。我将我的GIF放在公共环境中，以便人们可以使用它们。我不确定这些是否对人们有用，但是在2012年，随着Google图像搜索的出现，我意识到我的想法奏效了，它们已经在万维网上传播开来。

12 电子艺术节的开放X专区，1999年

13 奥利亚·利亚利娜，《动画GIF模特》（Animated GIF Models），2005年，动画GIF作品

《尽力而为网络》（Best Effort Network, 2015-2020）看起来也像是GIF，但实际上它是一种受观众影响的动画PNG。如果同时有两人以上在浏览这个页面，我就会开始在他们的页面之间游走。我永远不会同时出现在同一个地方。人越多，等待过程就会越长，所以时间可能会很长。这件作品标注了两个日期，因为直到2020年，它还是更多地作为原型存在。我的出现和消失是更随机的。但是在2020年，同步每个请求终于成为可能。

碧：1998年，你推出了第一家真正的网络艺术画廊（First Real Net Art Gallery），并举办了"英雄时期的微缩模型"（Miniatures of the Heroic Period）展览，你在那里尝试销售网络艺术。该展览展出了你的作品以及希斯·邦廷（Heath Bunting）、武克·科西奇（Vuk Ćosić）、JODI和阿列克谢·舒尔金（Alexei Shulgin）的艺术。你能给我们讲讲该项目背后的动机吗？

奥：当时，网络艺术被认为是无法被销售或拥有的东西。这个展览是一次挑衅，展示如何做到这一点。我策略性地选择了易于被购买和识别为原件的单页艺术作品。这就是它们被称为微缩模型的原因。这些作品也可以下线；它们不依赖于互联网连接，因为它们不是通过不同的服务器分布的。展览标题中的"英雄时期"指的是这些艺术家是早期网络先驱，他们在社群中已经广为人知。此外，我还要求写作者——当时他们正在撰写所有那些关于网络艺术如何无法被销售的文章——生产促进这些页面被销售的文本。

我称它为第一家真正的网络艺术画廊，是因为它是第一家致力于网络艺术的画廊。大约那个时候，在线画廊已经开始出现。但是它们展示和销售的是画家、摄影师和雕塑家的实体作品，而非生于网络的艺术作品或网络艺术作品。我的销售模式是，每件作品都会被转移到其拥有者的服务器上。就是这样，一个非常简单透明的过程。我不是一位真正的画廊主，也无意代表其他艺术家或处理合同。

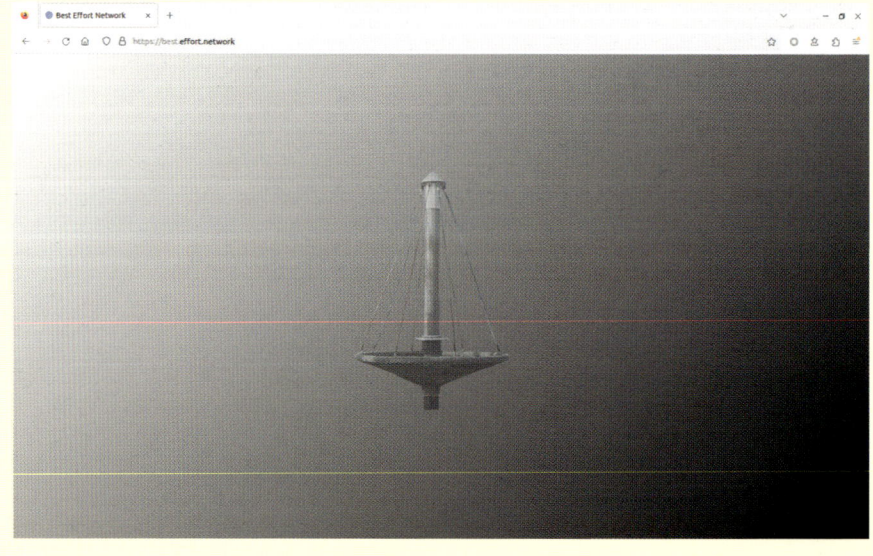

14 奥利亚·利亚利娜，《尽力而为网络》，2015年—2020年，网络表演

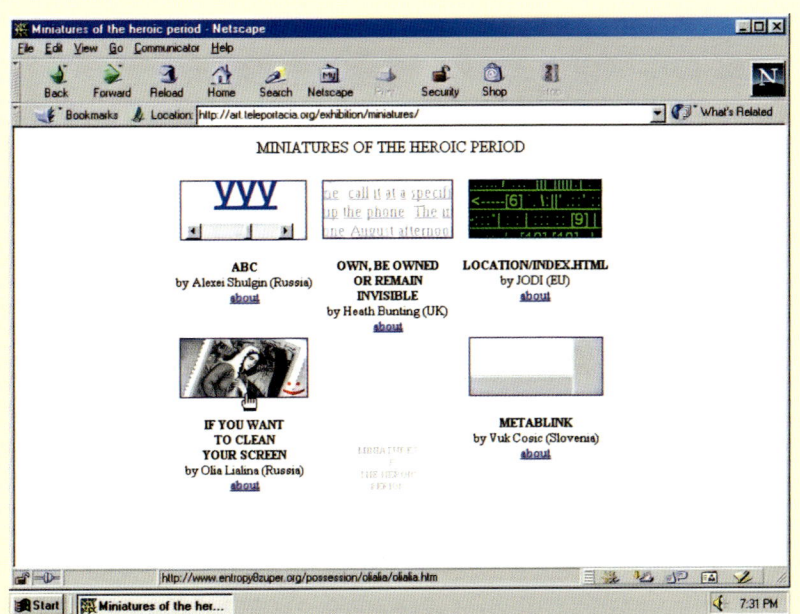

奥：我工作的主要目的是提升已经在线的互联网用户和网站管理者对能动性的认识。重要的是，不仅在网络艺术或数字艺术中，而且在人机交互或界面设计中——我也教这方面内容——让人们明白，事情不会自然而然或"如神奇魔法般自然"地发生。

我的实践一直是吸引人们关注你可以在线自主的方式，以及你如何控制这些过程的方式。例如，《托管》（Hosted, 2020）是我在疫情前创作的一件作品，在这件作品中，我在不同的HTML框架（帧）中游泳，每个框架（帧）都在不同的托管服务中。托管服务非常不友好；我上传到那里的文件被无情地调整大小、删除或移动到其他地方。这样一来，作品就变得非常脆弱；它几乎总是处于被损坏的状态。即使没有被损坏，也很难浏览。为了展示电影连续镜头，《托管》要求用户在另一个标签页中打开每个框架（帧）。它包含说明，告诉用户我相信他们能够遵循这些说明。它告诉他们可以安排一些事情，而非仅仅点击进入，事情就会在他们周围展开。

NFT突然成为数字艺术尤其是网络艺术中最大的话题。总的来说，加密货币市场已经开始占据主导地位。因为我不想参与那个市场，这让我作为一位网络艺术家的生活变得相当困难。目前，我正在寻找在加密货币挖矿和造币之外成为网络艺术家的方法。我认为，有些时候，网络艺术家离线是更健康的做法。

我知道展览中的所有作品迟早都会被艺术家自己卖掉。

碧：最后，我想把我们带到网络当前的政治和社会语境中。随着在线空间和数字物的商品化，艺术家与这些事物的交互方式发生了重大转变，尤其是在NFT和区块链兴起之后。鉴于这些变化，你如何看待自己的实践？

15（上）奥利亚·利亚利娜，《英雄时期的微缩模型》，1998年，在线展览展出了希斯·邦廷、武克·科西奇、JODI、阿列克谢·舒尔金和奥利亚·利亚利娜的作品　**16**（下）奥利亚·利亚利娜，《托管》，2020年，基于浏览器的互联网艺术作品。arebyte画廊委托创作，伦敦

21世纪00年代至今

数据是新黄金：
21 世纪 00 年代的数字艺术
安碧雅　　　90

特雷弗·帕格伦
蔡凯羚采访　　　110

丹妮尔·布拉思韦特－雪莉
甘纳怡采访　　　113

哈姆·范登多佩尔与莎拉·福莱
蓝美泠主持　　　118

Data is the New Gold: Digital Art in the 2000s

数据是新黄金：
21世纪00年代的
数字艺术

安碧雅

1 佩特拉·科特赖特,《VVEBCAM》,2007年,网络摄像头视频(彩色,有声),1分43秒;重构YouTube页面截屏

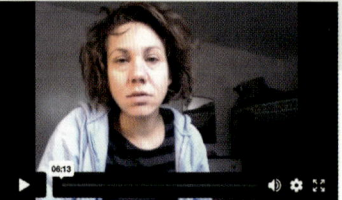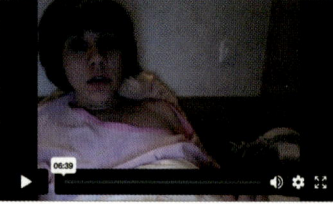

2 埃里卡·斯考蒂,《广告词中的生活》,2012年—2013年,来自视频表演的静帧,Vimeo截屏

在21世纪，数字艺术已经发展成为一个广泛且丰富的技术和概念框架中的存在。这一时期从事技术工作的艺术家利用沉浸装置、基于浏览器的体验和虚拟世界——仅举几例媒介——来塑造自己的观念。随着技术与日常活动越来越紧密地交织在一起，观众的态度也发生了转变。因此，数字艺术已经成为时代精神的主题，尤其是在新冠疫情期间，它达到了一个新的高峰。

本文将这一扩展的艺术领域划分为一个区域，聚焦新千年的数据驱动技术。这些技术是人类决策的核心，因此它们正在塑造我们的未来。数据已经成为企业和政府的主要经济资产，通常被称为"新黄金"。为了应对这些创新，艺术家比以往任何时候都更积极地探索信息网络的作用并探究其生态和社会影响。今天，许多数字艺术家通过他们的作品向我们展示了企业如何利用数据来制作一个现实的假象；同时，他们的作品为观众提供了一些策略，来理解和颠覆我们互联网被企业化的体验。

在21世纪00年代初期，从个人网站到基于个人资料的在线平台的转变加速了数据的快速生产和交换。这个互联网时期被称为"Web 2.0"，由Google和AltaVista（远景）等基于浏览器的搜索引擎以及MySpace（聚友网）、Facebook（脸书）和YouTube（油管）等社交媒体平台定义。这种互联网结构的意识形态改变意味着企业在线空间开始集中、组织和管理用户创建的内容。在这个语境中，数据由用户和平台共同拥有，而且一方面作为屏幕上的视觉元素公开服务，另一方面作为可以通过定向广告进行跟踪和货币化的网络资产私下服务。这种模式被称为"监控资本主义"，它将客户视为产品。[1]

对社会而言，这个转变意味着，想要成为在线生活的一部分，个人必须不断地将自己的身体及其交互非物质化为数据，这样算法系统就能识别这些数据。在这种情况下，人们会时刻意识到自己正在被公司和其他用户监视。这些张力导致了一种超越屏幕的身份表演。社交媒体兴起之前，《真实生活》（The Real Life, MTV, 1992）和《老大哥》（Big Brother, Channel 4, 2000）等真人秀节目通过让人们一夜成名，为新千年的名人文化奠定了基础。通过度量系统获得的名气由观众投票决定；真人秀明星需要塑造一个有趣的角色并在忏悔室向观众表演。这种日记式的独白框架影响了博客和社交媒体文化，而且继续成为直播的一个鲜明特色。

自21世纪00年代中期起，艺术家将社交媒体平台重新定位为表演空间，用来重申和批评用户分析和指标的影响。在《VVEBCAM》（2007）中，佩特拉·科特赖特（Petra Cortright）通过上传一段自己用网络摄像头剪贴画覆盖的视频，借用了YouTube视频博主的空间。因为标记了常见的垃圾邮件关键词，她的电影将网络喷子误导过来，然而这些网络喷子遭遇到的只是艺术家冷漠的凝视。科特赖特通过不向观众讲话，对人们越来越期待在卧室的亲密氛围中面对镜头表演提出了质疑。在《广告词中的生活》（Life in AdWords）中，埃里卡·斯考蒂（Erica Scourti）在一次自传体日记写作练习中，查询了因与免费的基于网络的邮件服务Gmail交互而收到的定向广告内容。在十一个多月的时间里，艺术家通过电子邮件给自己发送了一系列日记条目并通过网络摄像头阅读了广告推荐中的关键词。[2] 通过这个过程，斯考蒂使Google的算法机制变得可见，这种算法机制将个人（和私人）通信转化为广告中使用的关键词集群，比如"心灵疗愈""压力与焦虑""女性""牙医"。斯考蒂在情绪上显得疲惫和痛苦，她的目光像科特赖特一样，表达了人类能动性与算法系统的组织功能之间的张力。

艺术家莫莉·索达（Molly Soda）和阿马利娅·乌尔曼（Amalia Ulman）批评了社交媒体上的自我表演，她们探索了自我记录在构建身份中的应用，以及由分享其家庭、宠物、假期、爱好、家人和朋友照片的用户创建的照片档案的场面调度。在Instagram（照片墙）兴起期间，乌尔曼将自己的个人资料变成了一个未经宣布的表演舞台，创作了《卓越与完美》（Excellences & Perfections, 2014）。在三个月的时间里，这位艺术家扮演了一个影响者的角色，过着投资于健康、旅游、购物和改变自己身体的奢华生活。她的表演以模仿用户通过精心设计的场景来塑造自己个人叙事的社交媒体行为，将自我商品化和个人品牌身份的观念问题化。乌尔曼模糊了事实与在线虚构之间的边界，迫使粉丝试图通过她的帖子来解读她的"新"生活轨迹。从索达屏幕的亲密氛围来看，她的《97,612,436,291 字节（磁盘上的 98.43GB），用于 15,108 个项目》[*97,612,436,291 bytes (98.43 GB on disk) for 15,108 items*, 2014–2021]，是一份详尽的照相亭（Photo Booth）自拍档案，记录了她七年来的个人转变。索达的档案是一种通常与社交媒体网络 Tumblr（汤博乐）上的社群联系在一起的做法，展示了 21 世纪日记实践的演化，证明了用户创建的数据量。

2007 年苹果公司 iPhone 的发布标志着从键盘界面，比如黑莓（Blackberry）等早期支持互联网的手机，向更用户友好的智能手机的过渡，这些智能手机具有吸引人的视觉图形和触摸屏。iPhone 在消费者与网络之间建立了更紧密的联系，进一步复杂化了我们在屏幕内外人格面具之间的区别，导致了人们对其依赖性的增加。反之，这使 Web 2.0 科技公司能够根据自己的需求配置现实。艺术家拒绝这些强制要求，试图通过劫持软件和创建故障颠覆交互来反抗新的社会规范。[3]

在《高保留，慢交付》（*High Retention, Slow Delivery*, 2014）中，康斯坦·杜拉特（Constant Dullaart）从一系列活跃的艺术界 Instagram 账户中购买并分布了 250 万个人工粉丝。杜拉特的行动反思了通过购买机器人来提升用户地位的做法，评论了人格的度量、互联网注意力经济的影响以及艺术家作为品牌和内容创作者。通过平均选定账户的关注量，杜拉特试图通过使用技术专长抵消 Instagram 的微观劳动状况来消解这些影响。针

3 莫莉·索达，《97,612,436,291 字节（磁盘上的 98.43 GB），用于 15,108 个项目》，2014 年—2021 年，来自视频的静帧，20 分 58 秒

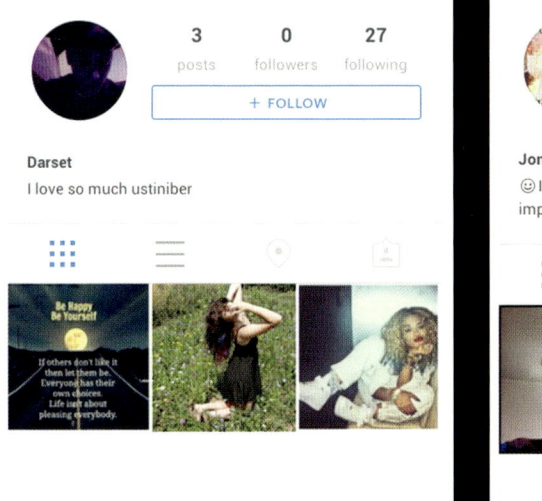
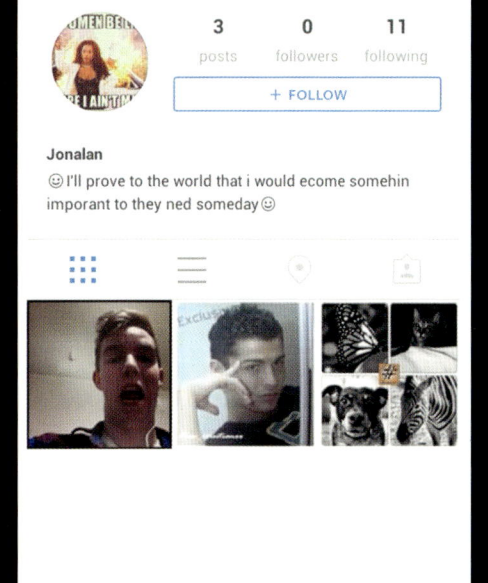
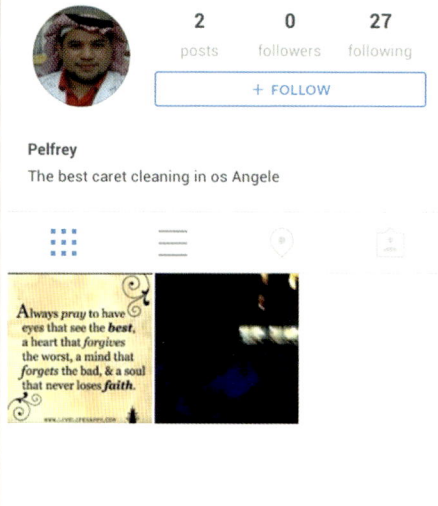
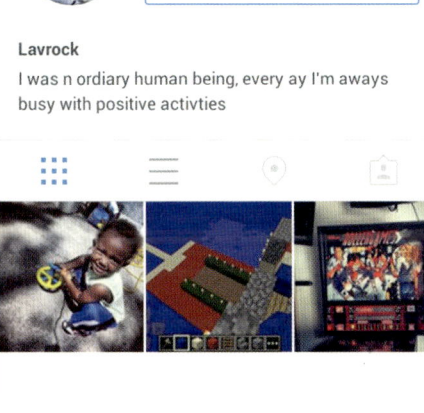
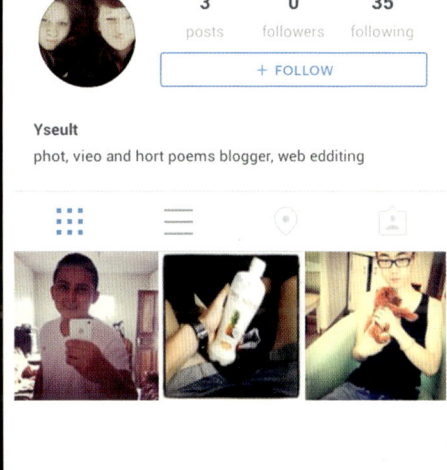
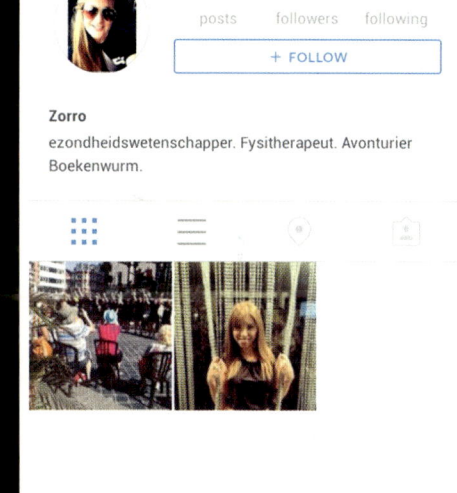

对社交媒体中的摆拍技巧，玛雅·曼（Maya Man）的《回眸》（Glance Back, 2018—今）引入了一个浏览器扩展程序，将用户的网络摄像头转换为即兴照片日记，即当打开一个新的浏览器标签页时，它会任意拍摄一幅照片。询问"你在想什么？"，这个扩展程序就提供了一个用户反思自己心理状态的机会，而且由于只被保存在用户的本地存储中，它就仍然只是私人而非公共的资产。通过日常参与，曼的艺术作品允许用户借助记录一个与"自拍"动态抗衡的共享亲密时刻，更仔细地观察设备是如何看待他们的。

杰森·伊索利尼（Jason Isolini）的"劳动者之歌"（The Ballad of a Laborer）系列（2020—2023）将表演、延展电影和大地艺术实践结合在一起，通过将意想不到的360度图像插入到以前不为人知的区域，打断了观众在Google街景（Google Street View）中的正常浏览。伊索利尼图绘了布鲁克林海军造船厂（Brooklyn Navy Yard）的私人空间地图，创作了一部定格动画电影，在其中展开了一系列闹剧场景。这种点击电影体验提醒我们，Google街景不是一个中立空间，而是由渲染图像组成的现实的战略仿真。

这些作品向用户展示了他们是如何成为企业长期劳动力的，他们在一个"免费"的互联网经济中工作，这里的数据挖掘和定向广告是理所当然的。杜拉特揭示了粉丝背后的经济策略，而曼和伊索利尼则打破了规定的参与模式，允许观众在线质疑摄影基础设施并享受导航技术。他们一起为互联网提出了替代逻辑。

尽管社会越来越熟悉从用户身上获利并为他们提供信息的算法，但是用户仍然对决定这些技术的数据中心、数据工人和政策知之甚少。近年来，科技行业的专业人员已经对机器学习系统中编程的人类偏见及其产生的社会影响发出了警告。与此同时，人们的担忧也与日俱增，担忧与支撑我们全球通信网络的基础设施有关的环境和人权风险，担忧模仿殖民做法的不利制度。例子包括运行数据中心所需的水量、建造设备所需的稀土矿物、电池所需的锂以及多数世界（Majority World）数据工人的恶劣劳动条件。艺术家已经适应了这些问题，他们的作品使看似非物质的云端计算的政治、数量和现实世界的基础设施变得显而易见。

5 玛雅·曼，《回眸》，2018年—今，浏览器扩展程序，艺术家的《回眸》图像档案（细节）

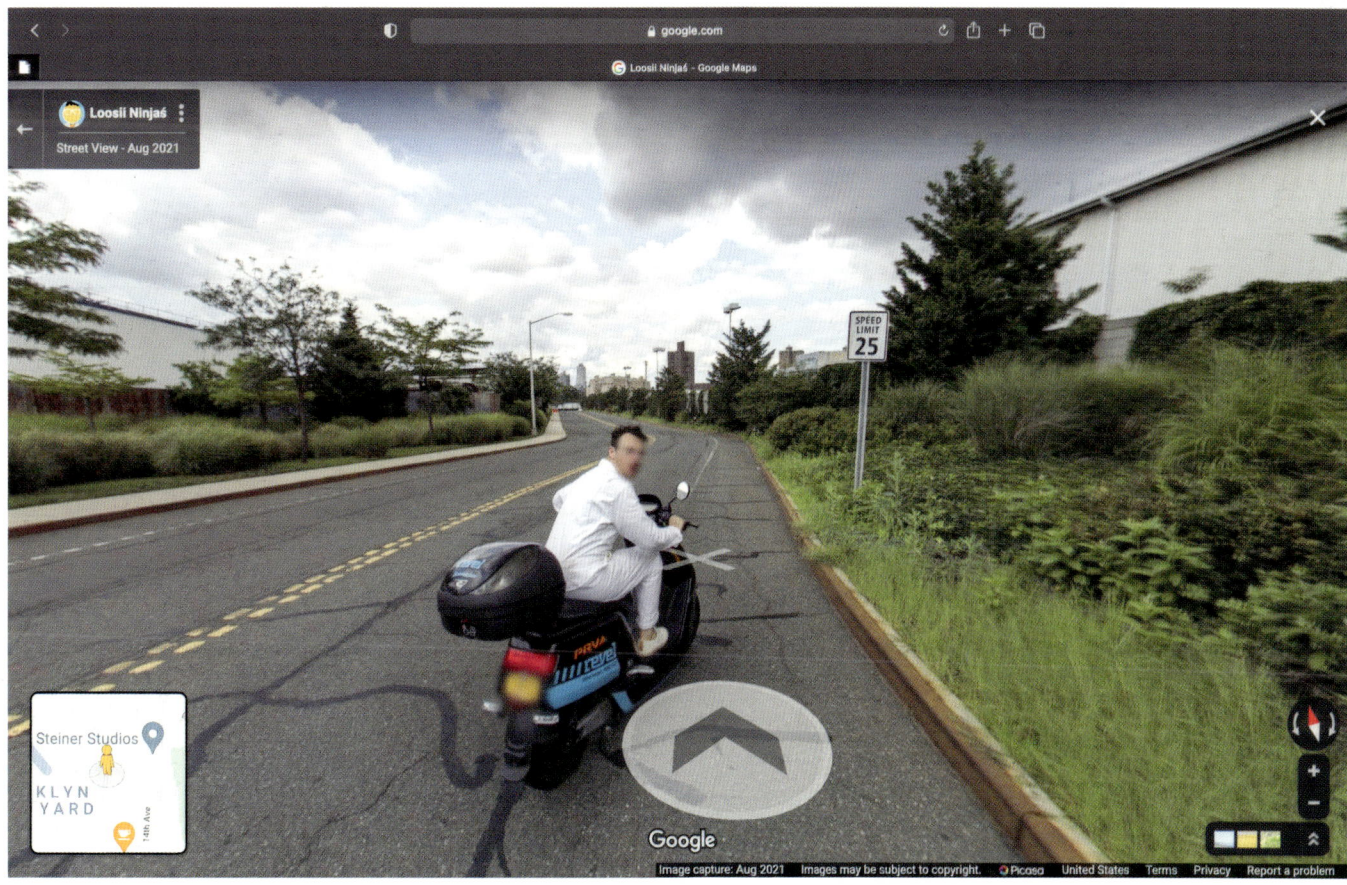

6（上）杰森·伊索利尼，《追逐泡沫》（Chasing the Bubble），2020年，来自"劳动者之歌"系列，2020年—2023年，来自Google街景上布鲁克林海军造船厂的截屏（细节）

7（下）杰森·伊索利尼，《电动车之旅（待拍卖）》[E-Scooter Tour (to Auction)]，2021年，来自"劳动者之歌"系列，2020年—2023年，来自Google街景上布鲁克林海军造船厂的截屏（细节）

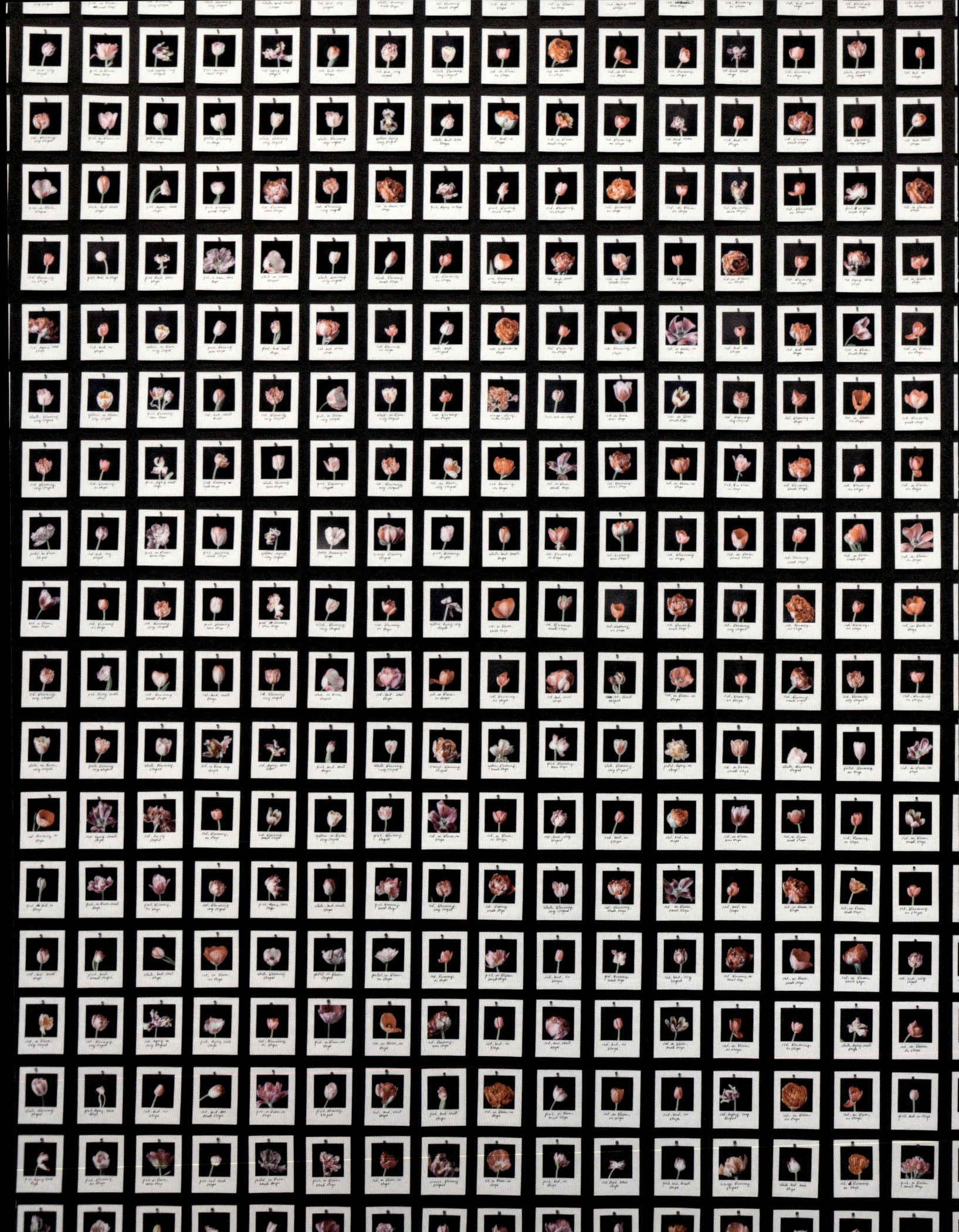

安娜·里德勒（Anna Ridler）、摩尔赫希·阿拉亚里（Morehshin Allahyari）和朱丽叶·吉尔（Julieta Gil）在她们的实践中研究了数据集在塑造知识和改变社会叙事中的作用。安娜·里德勒的《无数（郁金香）》[Myriad (Tulips), 2018]通过使隐藏过程可见，提请人们注意构建数据集所需的技能、劳动和时间，同时揭示了机器学习中的人为因素。为了制作这件作品，里德勒拍摄了一万幅或者说无数幅郁金香的照片并为每幅照片添加了一个分类标签，也被称为元数据标签。通常，数据集是利用从互联网上采集图像的自动化过程开发的。《无数（郁金香）》以一个大序列的实体照片呈现，让观众直观地了解了数据的空间要求，而访问其分类标签则让我们看到了其嵌入的文化价值。通过揭示这些系统，里德勒让我们更好地了解了用于训练机器学习系统的数据集，包括人脸识别和监控技术。

《月亮脸》(ماه طلعت/Moon-faced, 2022–2023）是摩尔赫希·阿拉亚里训练的一个人工智能（AI）模型，利用的是一个来自卡扎尔王朝（Qajar Dynasty, 1786–1925）的档案绘画数据集。这些绘画在历史上以性别无差别的人物闻名。随着欧洲绘画风格的影响越来越大以及摄影在肖像中的使用，它们的流行程度逐渐下降。除数据集之外，当为机器学习程序仔细选择术语时，阿拉亚里考虑了古波斯语形容词"月亮脸"，用于定义无性别之美。其结果是AI对全新的无性别绘画的想象，这是一种消除殖民意识形态的手段，这种殖民意识形态终结了波斯视觉文化中的非二元性别再现。

朱丽叶·吉尔的《我们的胜利》(Nuestra Victoria, 2019–2020）挑战了政府在线建构叙事的权力。它是一个墨西哥城独立天使纪念碑3D档案，为回应2018年反对系统性暴力侵害女性的抗议活动而作。这座纪念碑通常是抗议活动的目标，上面布满了涂鸦，其中包括许多反对墨西哥政府和警察父权制结构的希望、绝望和愤怒的消息。这位艺术家收集的数据是一种纪念这座纪念碑的公民占领以及抗议后被抹去的政治信息的手段。吉尔利用无人机镜头和摄影测量来收集数据，这些数据用于创建一个反历史记录的3D模型。

在其许多功能中，数据塑造了个人与自己、与其他用户以及与更广阔世界（无论是在线还是离线）的交互。数据设施非常重要，因为它们有助于保存个人和集体的历史。今天的用户越来越意识到，云端可能不是维护个人信息的最佳存储库。Web 2.0二十年后，在线空间往往被视为统治和资本的所在之地，企业在那里被视为个体时间和注意力的殖民者。我们可以在塔比塔·雷扎尔（Tabita Rezaire）、艺术集体Keiken（体验）以及二人组西蒙·斯佩瑟（Simon Speiser）和斯蒂芬妮·科米朗（Stephanie Comilang）的叙事呈现中看到这些观念的发展，他们的作品体现了侵入性数据挖掘技术带来的焦虑，同时反映了想象其他逃脱方式的本土模式。

8（第98–99页）安娜·里德勒，《无数（郁金香）》，2018年，有手写注释的C-type数字印刷，磁性漆，磁铁，250厘米×150厘米（98 1/2英寸×59 1/8英寸）

9（对页）摩尔赫希·阿拉亚里，《月亮脸》，2022年—2023年，来自视频的静帧（彩色、有声），2分5秒

10 朱丽叶·吉尔，《我们的胜利》，2019年—2020年，3D模型（细节），尺寸可变。V&A: PH.441-2024

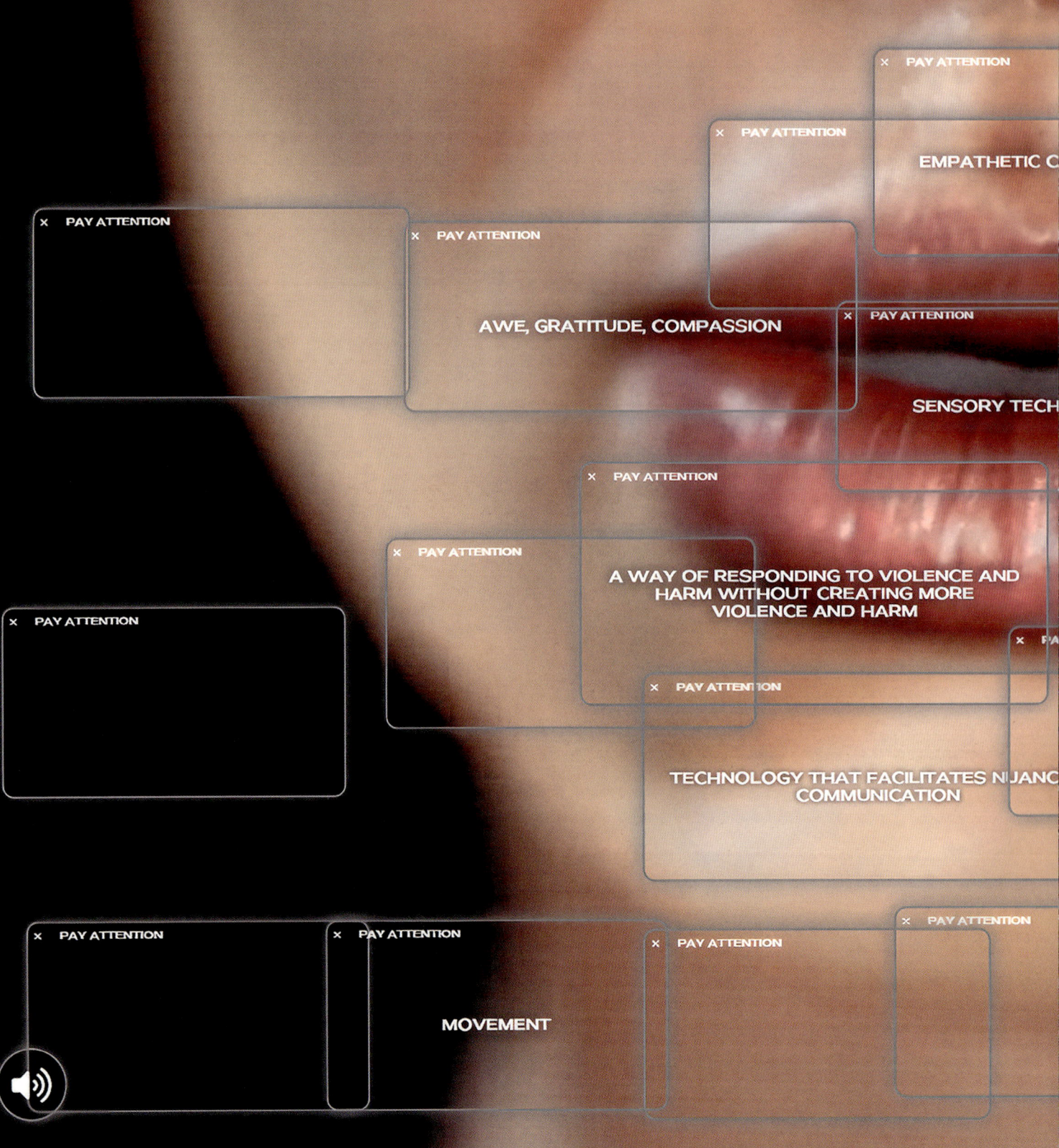

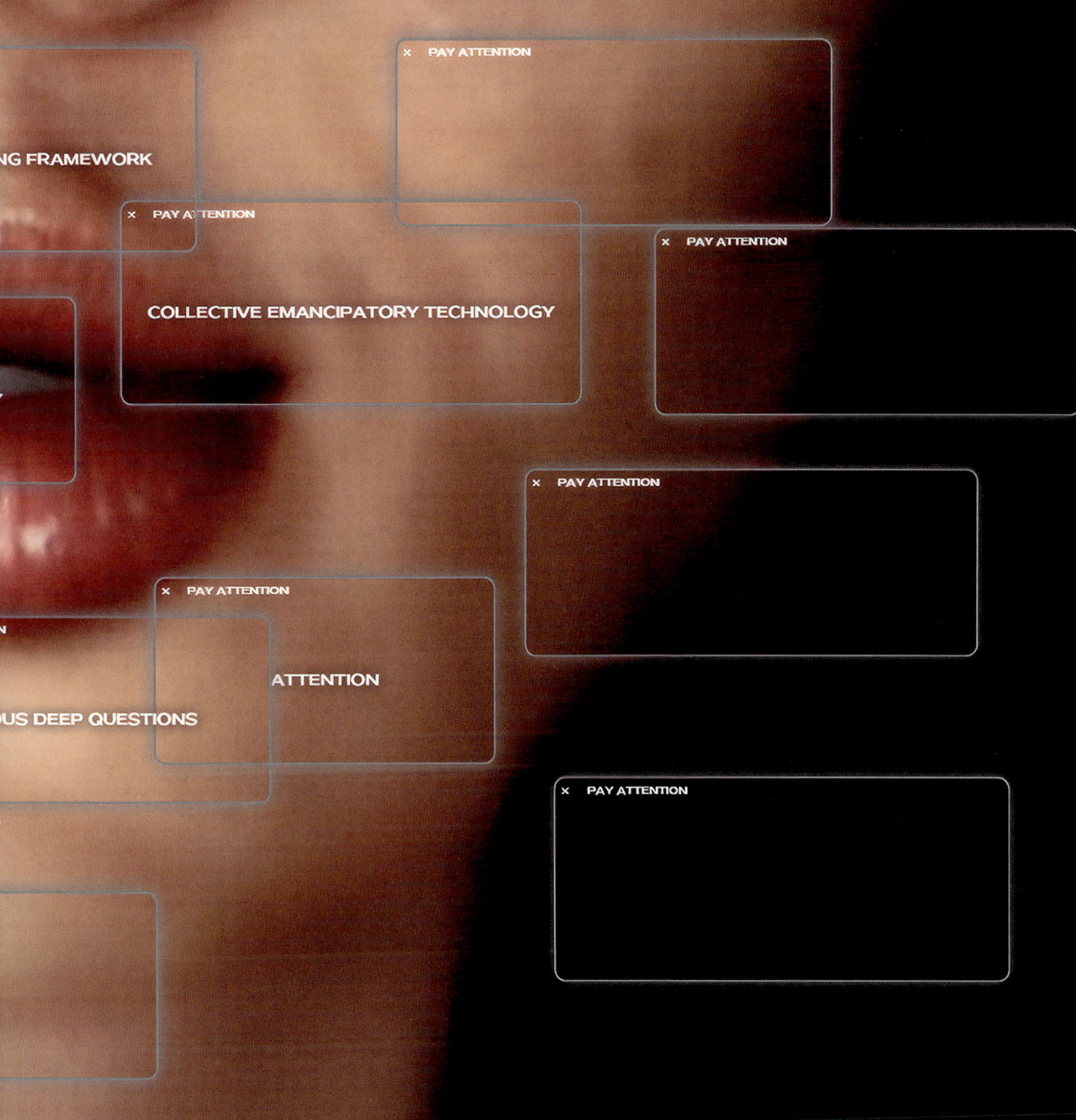

Keiken 的《病毒能量（第 1 集）》[Viral Energy (Episode 1), 2021] 设定在一个推测的未来，那里的监控资本主义完全融入了元宇宙。[4] 这部交互电影强调了网络环境中注意力的价值。通过可点击的弹出窗口进行引导，该电影的叙事围绕着 ME 展开，ME 是一个沉浸在数据驱动的自我中心技术中的角色，与其数字孪生体 MI 共享着一个混合现实体验。随着电影的推进，ME 努力从 MI 的情感操纵引发的数字消费模式中解放出来，最终通过黑客攻击云端寻找出口。雷扎尔的实践同样具有推测性，预测了灵性与当前技术框架的交织。雷扎尔在视频散文《高级连接》（Premium Connect, 2017）中建立了西非约鲁巴人 12 世纪的伊法（Ifa）占卜系统与计算机预测之间的联系，通过使用二进制语言将它们链接起来。在其他地方，艺术家呈现了真菌网络（树维网，Wood Wide Web）的地下系统，作为一个存在于货币资本之外的自然通信系统的例子。与 Keiken 的逃脱类似，雷扎尔寻求替代框架，将我们从当前互联网模式中嵌入的控制论动力学中解放出来。[5]

科米朗和斯佩瑟的《菠萝，为什么天空是蓝色的？》（Piña, Why is the Sky Blue?, 2022）使用祖先的智慧来应对数据的环境影响，借鉴了菲律宾和厄瓜多尔前殖民社区的做法，想象 AI 与自然同步运行。该叙事向观众介绍了菠萝的世界，其中的菠萝是一种 AI 灵媒，负责管理和保存来自梦境、消息和遗产知识的数据，观众可以通过两部电影来体验这一点。第一部是由非具身 AI 指导的推测性纪录片，采访了来自本土女性主义集体赛博亚马逊（CiberAmazonas，普约，厄瓜多尔）的坎夸纳·卡内洛斯

11（第 102–103 页和本页）Keiken 与 Obso1337、Khidja 合作，《病毒能量（第 1 集）》，2021 年，来自交互电影的静帧，11 分钟。由当下未来艺术节（Present Futures Festival）委托创作

12（对页）塔比塔·雷扎尔，《高级连接》，2017 年，来自高清视频的静帧，13 分 4 秒。由 IMPAKT（媒体文化中心）委托创作，EMARE（欧洲媒体艺术家驻留交换），荷兰

数据是新黄金：21 世纪 00 年代的数字艺术

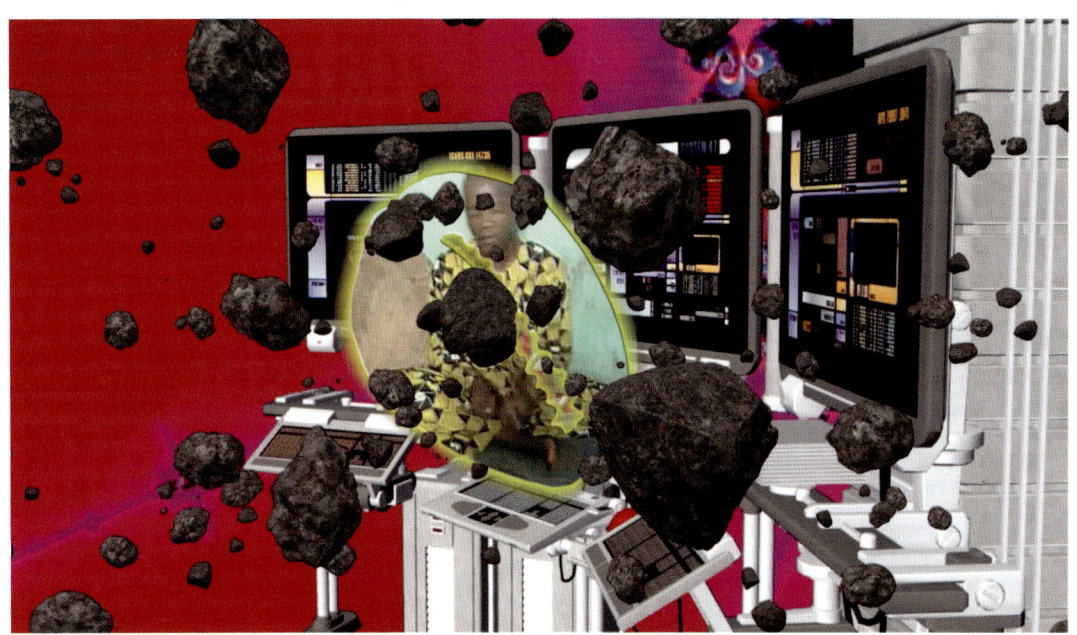

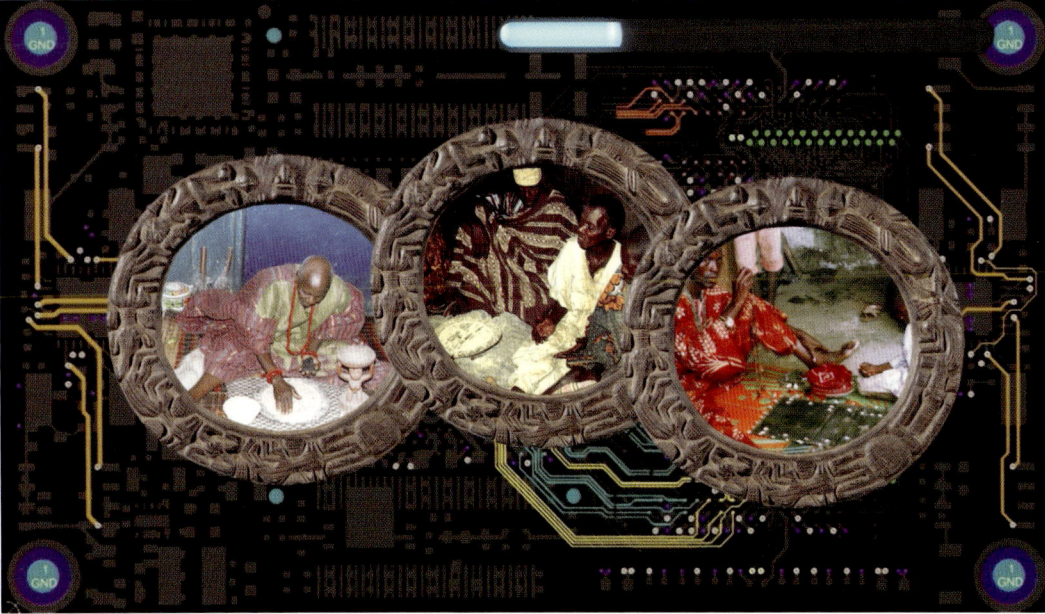

13 （第106—107页）斯蒂芬妮·科米朗和西蒙·斯佩瑟，《菠萝，为什么天空是蓝色的？》，2022年，来自视频的静帧，28分钟

14 （上）斯蒂芬妮·科米朗和西蒙·斯佩瑟，《菠萝，为什么天空是蓝色的？》，2022年，来自虚拟现实电影的静帧，28分钟

15 （下）利比·希尼，《野生数据》，2023年，来自通过Unity应用程序提供立体声单屏播放体验的静帧，30分钟。由谋智基金会（Mozilla Foundation）委托创作

（Kankwana Canelos）和鲁佩·瓜林加（Rupay Gualinga），来自黑色石头马丁纳（Las Martinas de Piedras Negras，基多，厄瓜多尔）的行动主义者和治疗师阿尔巴·帕文（Alba Pavón），以及珍妮特·多雷拉（Janet Dolera），一位巴贝兰（Babaylan，巴拉望，菲律宾）。[6]在第二部电影中，菠萝化身为人，并通过一个虚拟现实头戴设备，观众变成了一个非具身设备，主角通过这个设备与数据交互并回望他们的旁观者。

这些推测性框架与量子计算在利比·希尼（Libby Heaney）的世界构建中的应用程序匹配。在撰写本文时，普通用户无法访问量子计算机，尽管政府和公司预见到他们有能力基于大数据预测一个多元宇宙的可能性。凭借量子物理学家的背景，希尼利用量子粒子的流动性作为计算中的酷儿隐喻，在她作品的叙事和美学中扩展了时间的线性概念。希尼的《野生数据》（Wild Data）由量子处理的量子比特生成，是一个多层次的交互景观，观众可以在其中漫步。这个3D世界可以被视为在资本体系之外旅行的隐喻，因为玩家摆脱了电子游戏动力学通常附带的规则、任务或奖励。《野生数据》将景观描述为一个系统，其中数据由非人类实体使用野生动物过程的智慧进行自组织。

本文强调的意识形态和从业者是21世纪00年代初数字艺术场景的一部分，这一时期的特点是应对互联网繁荣的技术基础设施的快速增长。数字艺术，尤其是后互联网时代的数字艺术，聚焦让人们看到那些因其复杂性和规模而变得不可见的技术过程。[7]通过他们的作品，艺术家正在创造体验，让人们能够理解数字工具是如何影响和问题化物理世界的。数据驱动系统和AI设备已经存在了几十年，但是直到现在我们才开始意识到这些将对社会和创造性实践产生影响。随着企业和政府继续将这些技术纳入公共基础设施，这些技术的社会影响在未来几年只会增加。艺术实践将继续与扩大我们对技术的理解有关，同时在他们的推测性作品中为我们提供一个未来的替代愿景。

---

1. 肖莎娜·祖博夫（Shoshana Zuboff）在《监控资本主义时代：在权力新前沿为人类未来而战》(The Age of Surveillance Capitalism: The Fight for a Human Future at the New Frontier of Power)（伦敦：概况出版社，2018年）中广泛探讨了监控资本主义的社会、政治和经济影响

2. 斯考蒂将《广告词中的生活》构思为一年的表演，但是Gmail广告设置中的变化打断了该艺术作品的长度，突然将其缩短了六周

3. 2013年，莱格西·罗素在女性主义的语境中重新审视了"故障"一词，将技术错误视为在线挑战围绕身体、身份和性的社会结构的机会

4. "元宇宙"一词由尼尔·斯蒂芬森（Neal Stephenson）通过其科幻小说《雪崩》(Snow Crash, 1992)得到推广。斯蒂芬森用元宇宙来描绘互联网的未来，将其描绘成一个虚拟的网络环境，在这个环境中，人类作为化身进行交互。2021年10月，在马克·扎克伯格（Mark Zuckerberg）将其Facebook公司更名为Meta后，该术语在围绕Web 3.0技术的对话中获得了动力

5. 1948年，诺伯特·维纳出版了《控制论：或关于在动物和机器中控制和通信的科学》，他在书中使用了"控制论"一词来描述自我调节机制

6. 巴贝兰是菲律宾本土社区中具有治愈和占卜能力的精神领袖

7. "后互联网艺术"一词由玛丽莎·奥尔森于2008年创造，旨在强调艺术实践中互联网的影响以及图像在在线环境中的持续传播

特雷弗·帕格伦

蔡凯羚采访

特雷弗·帕格伦是一位艺术家兼地理学家,使用一种从图像制作和雕塑到调查性新闻、工程和计算机科学的多学科方法。他以持续关注监控、数据和国家军国主义,以及以部署技术来弥合可见与不可见之间的鸿沟而闻名。他接受过摄影师训练,并持续将摄影作为其技术复杂实践的核心部分。

凯:特雷弗,你的作品涉及社会和政治关注的主题——数据监控、国家秘密、企业权力和虚假信息等事情。你是如何开始接触这些想法的,它们又是何时开始融入你的艺术或创作实践的?

特:我一直在创作艺术作品,而且一直痴迷于尝试发展各种观看的形式。我也一直对非常广泛意义上的景观很感兴趣——这可能始于20世纪90年代,当时我在研究监狱。当"反恐战争"开始时,其标志性机构是关塔那摩湾的监狱,这让我开始思考历史上的不同时期以什么样的机构和什么样的景观为特征。我认为艺术让我们能够创造可以及时与准确时刻对话的视觉寓言,这是一种与新闻业所做截然不同的方式,即使新闻业所做与我工作早期所做研究有相似之处。对我来说,研究是必要的,它可以让人考察一些难以看到的东西。例如,如果你想在夜空中观察一颗秘密卫星,你就需要了解轨道动力学或航天动力学的原理。

16 特雷弗·帕格伦,《从"苹果"到"异常"》(*From 'Apple' to 'Anomaly'*),2019年。装置现场:曲线画廊(The Curve),巴比肯中心(Barbican Centre),伦敦,2019年—2020年

同样，如果你想了解人工智能（AI）模型的内部构成原理，你就需要知道人工智能是如何运作的以及它们是如何组合在一起的。

凯：你如何处理围绕你涉及的主题和使用的技术出现的伦理问题？

特：对我来说，伦理问题主要与人工智能有关。首先，人工智能模型是由图像制成的，这些图像由大型公司挪用并被纳入训练网络。如果你回看这些图像，你基本上是在看个人图像，在很多情况下，这些图像是被科技公司窃取的。此外，围绕种族主义和厌女主义的机器学习模型可能也存在一些伦理问题。我与凯特·克劳福德（Kate Crawford）一起做了一个名为《图像网络轮盘赌》（ImageNet Roulette）的在线项目，在这个项目中，我构建了一个试图强调这个问题的应用程序，但是我不想重现这种种族主义和厌女症。所以，我写了一份描述，主要是说："这就是我做这个项目的过程，这就是我做这个项目的原因。这会带来可怕的后果。我向你展示这个东西在做可怕的事情，因为我不想生活在一个机器带来可怕后果的世界里。"该项目得到了很多关注，在它表达了自己的观点后，我把它拿了下来。同样，许多AI模型都是在囚犯照片上训练的，这显然引发了伦理问题，这就是你应该尽量隐藏敏感来源的原因。在处理囚犯图像的项目中，我对人脸进行了编辑，这样你就可以看到这些模型是由什么制成的，但是没有细节。

凯：V&A收藏的你的作品来自2014年的一个项目，在该项目中，你通过摄影揭示了监控基础设施。你能具体谈谈这件作品吗？十年后的今天，你是否对它有了不同的看法？

特：那件作品来自我创作的一个关于爱德华·斯诺登（Edward Snowden）的电影和录像装置。当时有数百篇文章是关于美国国家安全局（National Security Agency, NSA）和其他美国政府机构参与非法间谍活动的。

17（上）特雷弗·帕格伦，《国家侦察局总部，尚蒂伊，弗吉尼亚州》(Headquarters of the of National Reconnaissance Office, Chantilly, Virginia)，2014年，照片，47.6厘米×70.5厘米（18³⁄₄英寸×27⁷⁄₈英寸）。V&A：CD.8-2017

18（下）特雷弗·帕格伦，《国家安全局总部，米德堡，马里兰州》(Headquarters of the National Security Agency, Fort Meade, Maryland)，2014年，照片，47.6厘米×70.4厘米（18³⁄₄英寸×27³⁄₄英寸）。V&A：CD.7-2017

但是NSA大楼的实际照片屈指可数；自20世纪70年代起，公共领域只有一幅，被用在所有相关文章中。我想更新那幅照片，于是获得了飞越不同情报机构的许可，租了一架直升机，拍摄了它们，然后放弃了作品的版权，将其置于公共领域。该项目实际上是关于图像成为我们所用语言一部分的。对我而言，制作这些图像，然后说它们属于每个人，是尝试为共享视觉语言做出贡献的一种小方法，我们用这种视觉语言来及时理解我们的准确时刻。

凯：如果有的话，监控公司或政府机构如何回应了你的工作？

特：有，非正式的，而且以非常不同的方式。有些人会生气，有些人会支持。我从未收到官方回应，但这不是情报机构的工作方式。实际上没有停止并终止的步骤——你要么被逮捕，要么不会；你要么被枪杀，要么不会。最大的反弹可能再次出现在我与AI的接触上，这让情报行业的很多人非常愤怒。

凯：摄影在你更广泛、技术复杂和跨学科的实践中是如何定位的？

特：有趣的形而上学，因为没有更好的词，摄影的这个定位在于它既是一种某物的再现，也是一种建构。这是我的许多问题的完美答案。使用计算机视觉和AI是使用摄影的自然延伸，因为当我看到计算机视觉系统时，我在想："这就是现在字面上的摄影——机器自动地制作图像并解释这些图像。"我们知道，这其中既有政治因素，又有伦理因素，而且我想了解在这些根本上自主的系统中，图像制作和解释的政治因素是什么。

我不相信技术的表面价值。我想拆解它，了解它的组成部分。我想了解什么样的政治脚本和文化假设被硬连接到了技术系统中，我们通常认为这些技术系统是中立的，但实际上它是非常强大的政治、经济和文化引擎。

凯：最后，你如何看待机构在你的实践或更广泛的艺术实践中的作用？

特：我是机构的忠实粉丝。它们应该始终受到批评，但是我认为，在我们的社会中很少有空间专门用于研究我们的历史——基本上是研究我们自己——而且它们的主要任务不是赚钱。对我而言，博物馆类似图书馆；我认为图书馆是民主社会的标志性机构。而且我以同样的方式看待博物馆。

19（下）特雷弗·帕格伦，《国家地理空间情报局总部，斯普林菲尔德，弗吉尼亚州》（*Headquarter of the National Geospatial-Intelligence Agency, Springfield, Virginia*），2014年，照片，9厘米×14.1厘米（3⅝英寸×5⅝英寸）。V&A：CD.9-2017

20 特雷弗·帕格伦，《云#603分水岭》（*CLOUD #603 Watershed*），2019年，铝板染料升华印刷，121.9厘米×152.4厘米（48英寸×60英寸）

丹妮尔·布拉思韦特-雪莉

甘纳怡采访

丹妮尔·布拉思韦特-雪莉是一位动画师兼艺术家,她试图通过装置艺术、表演、游戏世界和运动影像来使黑人跨性别经历档案化和中心化。

纳:电子游戏长期以来一直是艺术家进行实验的创造性媒介和空间。你是何时首次接触它们并开始考虑在你的创作实践中使用它们的?

丹:当我小时候首次接触电子游戏时,觉得它们有一些很可怕的东西,因为如果我做错了什么事情,就会有后果。在电子游戏中被击中或死亡有一种真实感——它让人感到如此直观。我经常中途退出电子游戏,因为我害怕如果继续会发生什么事情。

我首次开始注意或看到定制是在《模拟人生》这样的电子游戏中。这是我第一次在自己构建的世界中有一定的能动性。我与后端纠缠实际上是从《帝国时代》(Age of Empires)开始的,这是除《模拟人生》之外的第一款你不仅可以构建必须维护和照顾的东西而且可以作弊的游戏。这是我第一次可以修改游戏并看到不应该在那里的东西。这感觉就像我可以根据自己的需要修改游戏,这开始让我着迷。

21(本页和第114页)丹妮尔·布拉思韦特-雪莉,《她让我该死地活下去》,2019年,Unity, Blender, PhotoAnim,热塑性塑料,布料,巴拉克拉瓦头套,耳环,发饰。装置在arebyte画廊,伦敦,2021年

另一个例子是R4卡。你拿一个任天堂（Nintendo）DS游戏，插上R4卡，为游戏设置作弊，然后取出卡，重新开始游戏，突然间，在《动物森友会》（Animal Crossing）这样的游戏中，你就可以得到自己想要的一切了。我开始用它们来尝试各种事情：给自己的身份、新名字、可能的替代现实生活的情节。我认为这就是我开始将游戏设计视为一种创建你在现实世界中经历事情的档案和记录的方式，也是一种构建世界和故事并让这种特殊的体验得以保存和分享的方式。

纳：那么，对你来说，游戏成为一种艺术媒介是很自然的吗？

丹：这个转变一点也不自然，因为程序太复杂了。对我来说，使用它们简直就是一场噩梦，直到我发现了这个名为PhotoAnim的程序，该程序可以让你在几秒钟内将一幅照片制作成3D物品，无须任何技能，然后对其进行修补。直到那时，我才真正开始看到这些数字工具的功能范围以及它们与Microsoft Paint（微软画图）有多相似。后来我发现，你可以将开源图形软件Blender工具化为任何东西。于是我开始将其用于3D设计，并将其作为我一体化的视频编辑器和音频编辑器。它不是专门为此设计的，但我过去经常用它来编辑我所有的电影。就在那时，我开始意识到并把这些数字工具视为媒介而非软件。催化剂是我看到周围有一群黑人跨性别者——尽管当时我实际上不知道这些词是什么——并想以某种方式将他们存档。

纳：作为一位艺术家，电子游戏机制为你提供了哪些其他媒介不具备的东西？

丹：我认为游戏机制提供了一个选择层面。对我而言，游戏机制允许玩家介入并按照自己的意愿构建自己，然后该作品会对此做出反应。这是一种非常有趣的使用艺术的方式——让某人开始质疑自己，质疑他们在这里做什么以及他们在其中的位置——而你则不必直接问他们这些问题。你让他们进入这个世界，通过提供的替代方案，他们开始判断自己做出的选择。所以我发现游戏机制是一种非常好的、快乐的媒介：你可以设计一些定制的东西，让你的艺术自由变得狂野，但

是你也有一些特定的"漏斗"或"隧道",让观众穿过——然后思考他们是如何穿过这些东西的。

电子游戏进入艺术界很有趣;每个人都带着自己先入为主的观念接触它们。要么他们认为,"我不玩电子游戏,所以这件作品不适合我",然后立刻扔掉整个媒介;要么他们认为,"我玩电子游戏,所以我一定会玩好这个游戏,而且会喜欢这个游戏"。但是我认为他们不会带着同样的看法离开。在你的作品中加入电子游戏或电子游戏机制意味着作品需要来自观众的激活。你不能坐在那里,被动地吸收它,而像很多电影或戏剧则可以,因为除非你继续,否则它不会继续。你付出的越多,得到的就越多,付出的越少,得到的就越少,这是我觉得很神奇的,也是我喜欢在游戏世界中解构的。

我经常说观众是我的主要媒介,最后——尽管我使用了所有这些游戏机制——它通常是关于如何让观众重新审视他们在一个空间中所走的路和所经历的旅程的。如果你拆解游戏并解构它们来找到一些严肃的东西,那么你会发现观众不只是在消费它们。你不会说,"哦,天哪,快来,看看这个,它很漂亮";你会说,"你需要玩这个,因为你的经历可能和我的不一样,但是你也需要经历这个"。这真的是我认为拆解这些游戏引擎的关键所在。

纳: 你的作品有不同程度的参与,这取决于谁玩它们以及在哪里玩,从那些独自玩的作品,比如《黑人跨空》(*Blacktransair*, 2020)或《黑人跨海》(*Blacktranssea*, 2021),到那些依赖被观看的作品,比如《她让我该死地活下去》(*SHE KEEPS ME DAMN ALIVE*, 2019),这件作品无论是面对面还是在线,都是在别人面前玩。关于人们体验你作品的不同方式,你发现了哪些有趣的地方,这又如何影响了你未来的作品?

丹: 最初,它是关于可访问性的,而非受限于等待某人举办一个展览并邀请我参与其中。它是关于要求一个在线空间的。当我在伦敦科学画廊(Science Gallery)展示《黑人跨性别档案》(*Black Trans Archive*)作为《我们在此是因为那些不在此的人》(*WE ARE HERE BECAUSE OF THOSE THAT ARE NOT*, 2020)时,我注意到当玩家做出决策时每个人都会看着玩家,而且他们会感到非常不自在或非常自在,这取决于决策内容。开放式对话决策点真的开始让你考虑你的真实选择和不那么真实的选择。这成了我工作的重要组成部分,我在伦敦arebyte画廊展出的作品《她让我该死地活下去》中进一步推动了这一点——被监视并观察你的盟

22 丹妮尔·布拉思韦特-雪莉,《我们在此是因为那些不在此的人/blacktransarchive.com》,2020年,JavaScript, Blender, Fruity Loops, Premier Pro。装置现场:菲拉收藏,杜塞尔多夫,2022年

友关系，但是也无法使用暴力来保护某人。这个游戏的重点是不能选择暴力来保护人们，因为它总是不可避免地伤害无辜的人。你不能照顾一个社区并不成为这个社区的一部分。

现在我正在构建一些世界，在那里你需要共同努力才能完成任何事情——在那里几乎不可能触摸房间里的每个控制器。它根本上是让观众成为参与者——在实际作品本身中角色有进度线和任务——但是实际上没有告诉他们该做什么。

纳：在游戏史上，有没有一些世界让你感兴趣，或者启发了你自己创造的世界？角色设计和化身是世界构建的重要组成部分，人们在游戏中如何看待自己也是你工作的重要组成部分。你能再给我讲讲你是如何构建你的化身、你的世界的吗？

丹：我受到了历代电子游戏的启发。我喜欢像《毁灭战士》（Doom）、《寂静岭》（Silent Hill）、《利刃》（Blade）PS1版、《炮灰》（Canon Fodder）世嘉至强驱动器（SEGA Mega Drive）版、《猛鬼追魂》（Hellraiser）、《回声之夜》（Echo Night）PS1版等游戏——所有这些试图成为电影的低多边形游戏。我最近一直在研究的更现代的游戏是《最终幻想15》（Final Fantasy XV）或《猎天使魔女》（Bayonetta），这些游戏中有着过分夸张的角色，头发蓬松得不可思议，但是他们同时非常美丽和充满活力。

我有两种主要的角色设计方法。一种与时间尺度有关。当我需要在一个角色设计中传达一种特定情感时，我只会在它上面花十五分钟。无论我在这十五分钟里做什么，那就是这个角色。没有回头路，没有编辑，没有重新安排。如果它是垃圾，那它就是垃圾，但是它会留在游戏中。我经常试图复制那种低多边形PS1美学，而且我喜欢制作那些快速角色。

或者，当我与人一起工作时，我会问他们喜欢什么样的角色。所以，如果我与黑人跨性别者一起工作，我们通常会有一张角色设计表和一次关于角色的对话。这是一次有来有回的对话。我更像是一个中介，利用我的技能创作一个他们认为能代表自己的角色设计。我也许不认为它能代表他们，但是他们认为它能。

还有那些更长、更错综复杂的角色设计。我感觉这些角色——我不知道该怎么形容——就活在我的身体里。例如，在《黑人跨海》中，很多故事就在我身体里活了很长时间，我只是不知道该如何谈论它。我做了很多、很多、很多尝试，试图创造一个围绕它展开的世界，但是完全失败了。当我用朋友的眼睛作为灵感设计了一艘船，然后是大海和沙子，然后是来自那里的整个岛屿、整个世界时，一切都变得明朗起来。活在我内心的东西通常来自这种对我实际生活中图像的"纹理"

23（本页）丹妮尔·布拉思韦特-雪莉，《我们在此是因为那些不在此的人/blacktransarchive.com》，2020年，JavaScript, Blender, Fruity Loops, Premier Pro，截屏

24（对页）丹妮尔·布拉思韦特-雪莉，《我记不起有哪一刻我不需要你/blacktransarchive.com》（I Can't Remember a Time I Didn't Need You / blacktransarchive.com），2020年，Twine, Blender, GIFs, FL Studio，截屏

使用；我真正关心的人是某些东西的基础和根基。然后它就有点像因自我呼吸而成为存在。

　　我真的认为电子游戏在某种程度上可以展示人类是什么和体验是什么，借助让观众通过一个化身来选择自己的旅程。我觉得电子游戏做得很好的一点是它让你从多个参考点进入体验：不仅包括构成化身本身的纹理进入，而且可能包括暴力行为、文字、声音，以及通过构建的世界可以创造的一切。游戏允许你真正进入那个准确时刻，然后在那个准确时刻做出决定，同时保留所有这些参考。而且我认为档案馆无法让你做到这一点。

纳：你经常把自己的作品描述为一个档案。我认为，将电子游戏作为档案的观念是相当不寻常的。

丹：我觉得传统档案是用来研究的，而游戏档案则是用来体验的，你可以漫步其中，并在你无法继续漫步在那个位置或你所处的位置时离开。这不是从他人那里学习，而是从你一路走来所犯错误及其产生的影响中学习。

纳：我想问问你作为艺术家的下一阶段实践，以及你认为在探索下一阶段时，游戏的作用是什么？最近，你一直在与一群人一起创作这些大项目。作为艺术家，与他人一起创作作品对你来说意味着什么？

丹：对我来说，这感觉真的很棒。每个人都会投资于特定的部分，并且倾尽全力投入其中，因此你从中得到的东西会更聚焦和很独特。在这方面，独立电子游戏做得很好，而大型3A电子游戏则做得很差。它是关于公共对话的，不仅要在游戏中，而且要确保它能坚持到最后，而非仅仅为了迎合大众市场而被消耗殆尽。

　　我期待一种更好的分布模式，这种模式不需要我们展示，但是实际上允许我们将游戏赠送给人们，允许他们将自己添加到游戏中，所有这些都不需要向他们收费。我觉得这将是一次非常令人兴奋的冒险。考虑到这些新的分布模式，也许我们会在人们的手机上发布一件艺术作品，作为一个免费下载的应用程序或在另一个网站上发布。或者，我们可能只是秘密地申请一个域名。

哈姆·范登多佩尔与莎拉·福莱

蓝美泠主持

哈姆·范登多佩尔是一位艺术家，其广泛的创造性实践包括软件、雕塑集合和拼贴。他的作品调查了新兴美学，借鉴了遗传学和区块链等不同领域的知识。

莎拉·福莱是一位艺术家、技术专家和软件开发者，在艺术、金融和技术的交叉边缘工作。她的艺术运用俏皮和幽默，探索了隐私与透明度、中心化与去中心化以及环境与技术之间的张力。

莎：哈姆，给我讲讲你创建的算法系统《杂种优势》（Hybrid Vigor）吧？

哈：《杂种优势》是我在2016年创建的一个系统，而且我用它创作的三件作品都在V&A的收藏中。这个名字源于一种培育花卉和小狗的策略。你可以在这里观察一个种群并选择表现出某些理想特点的样本。你可以有策略地培育和杂交，以使某些特征更明显并消除其他特征。

莎：这是你在作品中首次使用遗传算法吗？

哈：《杂种优势》实际上是我第二次使用遗传算法。我之前使用遗传算法做过另一件作品，名为《死亡模仿语言》（Death Imitates Language, 2016）。2016年，我在德国克莱夫博物馆（Museum

25　哈姆·范登多佩尔，《死亡模仿语言》，2016年，网站截屏

Kurhaus Kleve）展出了这件作品。我用它创建了一个智能合约，试图在区块链上存储染色体的表征，制作一个dApp（去中心化应用程序），作为个展的一部分展出，但是没人真正关心或有任何线索。当时，遗传算法与区块链之间的联系在理解、认可和金融方面都完全失败了。

莎：什么最早让你对遗传算法感兴趣？

哈：我认为在很多生成艺术中，你可能会说它是数字艺术的一个子类型，随机性起着非常重要的作用。特定的特点，比如颜色、层次和结构，是由一个随机数决定的，据说这总是会产生一些不可预测的、新的和意想不到的东西。过了一段时间，我突然意识到，没有记忆，没有轨迹，没有发展，这只是一个随机的新结果。所有这些都同样不同，但在某种程度上都是一样的。在使用遗传算法时，我试图驯服这种混乱和随机性。这个观念是，每次有一些随机输出时，我都会使用一种机制来判断这个输出，保留我喜欢的，然后忘记我不喜欢的。我会变异我喜欢的输出，然后一遍又一遍地应用这种机制。这样一来，随机性就有了方向，而非"无记忆"。从那以后，我一直在使用这个观念。

这些算法来自人工智能领域，但我不会说这些算法是智能的。这是我经常遇到的事情，因为现在每个人都在谈论AI艺术。已经有很多艺术家使用人工智能策略，但是术语"AI艺术"现在仅限于这些大型语言模型（LLM），这些模型是使用非常大的数据集生成新内容的学习算法；首先我们有了计算机视觉程序DeepDream（深梦），然后是AI系统DALL·E。但是我认为AI艺术领域——尽管我不喜欢这个术语——比我们现在看到的要广泛得多。我不相信AI；实际上，我从未见过它。

26（上）哈姆·范登多佩尔，《布鲁娜》（*Bluena*），2016年，数字印刷，101厘米×81厘米（39⁷⁄₈英寸×32英寸）。V&A：E.44-2021

27（下）哈姆·范登多佩尔，《去混乱》（*Dechay-otic*），2016年，数字印刷，101厘米×81厘米（39⁷⁄₈英寸×32英寸）。V&A：E.44-2021

LLM是使用从互联网上抓取的大型数据集进行训练的。与之相反,我为自己的作品训练遗传算法。这真的很难,因为你需要这么多的数据来训练一个神经网络。我曾手动完成这个过程,通过说"是的,这个我喜欢,这个我不喜欢"来选择。问题在于这个"适配度函数",它决定保留什么和丢弃什么。我的适配度函数通常很个人化。

莎:人在回路系统中。

哈:是的!配合《杂种优势》这件作品,有一个交互网站,人们可以在那里玩培育、选择和淘汰的游戏。而且,我实际上记录了我得到的反馈,因此这是一种众包活动。我会从使用它的人那里得到普遍偏好。我的发现是,人们倾向于选择由最少所需元素表达的最高复杂性。

莎:这几乎像是在你整个实践中运行的一种元遗传算法。你观察人们倾向于喜欢什么样的图像,然后改进使用遗传算法的过程。

哈:是的,重新对观众进行逆向工程!但情况并不总是如此,因为我不只是对观众的一般、平均愿望感兴趣。这就是我有时会在自己身上训练算法的原因。我会制作一个算法,这个算法会输出大量不同的美学物品,这些物品会被训练,不是基于那个世界,而是基于我的大脑,这样它就可以在我死后复制输出。当然,这是那些艺术家最老套、最浪漫的想法,他们创作自己死后仍然存在的艺术作品。

莎:你能再给我讲讲你对区块链的兴趣吗?

哈:它始于冲浪俱乐部,这是一个人们会以博客风格发布内容并相互回应的网站。这是在Facebook等公司出现之前,当时博客就是社交媒体。对我来说,发帖、回复和成为某件事中的一部分是很有塑造性的。

28 莎拉·福莱,《生命形式》,2021年,基于NFT的实体

后来我注意到，尽管Rhizome在存档方面做得很好，但是这些冲浪俱乐部大多都已经消失了，这个世界被保存下来的东西很少。这是我来到区块链的原因之一。显然，人们希望它能将我做的一些事情货币化，但是我的兴趣还与这样一个事实有关，即一旦有东西在区块链上，保存信息的责任就被共享了。

我首次听说区块链和加密货币是在2015年。我没有钱，为什么还需要另一种货币呢？后来，事情变得明朗起来，我也可以在区块链上存储其他信息，我开始对稀缺性这个概念着迷起来。因为不管你喜欢与否，艺术的价值是由其稀缺性决定的。至少，它的金融价值是由这一点决定的。我认为，这是一条无法规避的定律。当时我创作数字艺术已经有一段时间了，而且我绝对无法靠它谋生。加密货币赋予数字资产稀缺性的潜力，以及它们在艺术市场上与绘画等具有内在稀缺性的物品一样运行的潜力，当时让我着迷。事实证明，这是真的，但是我并非一直相信这一点。虽然有人说我是区块链的早期采用者，但这更像是我在2015年玩过并在很长一段时间内很少发生的东西。

莎：我认为人们在线销售数字商品有不同的方式，像应用程序内购买、Steam商店和NFT。这些机制不同于传统的美术经济，但是前者借鉴了后者的做法。在早些时候，许多人并不理解这一点。

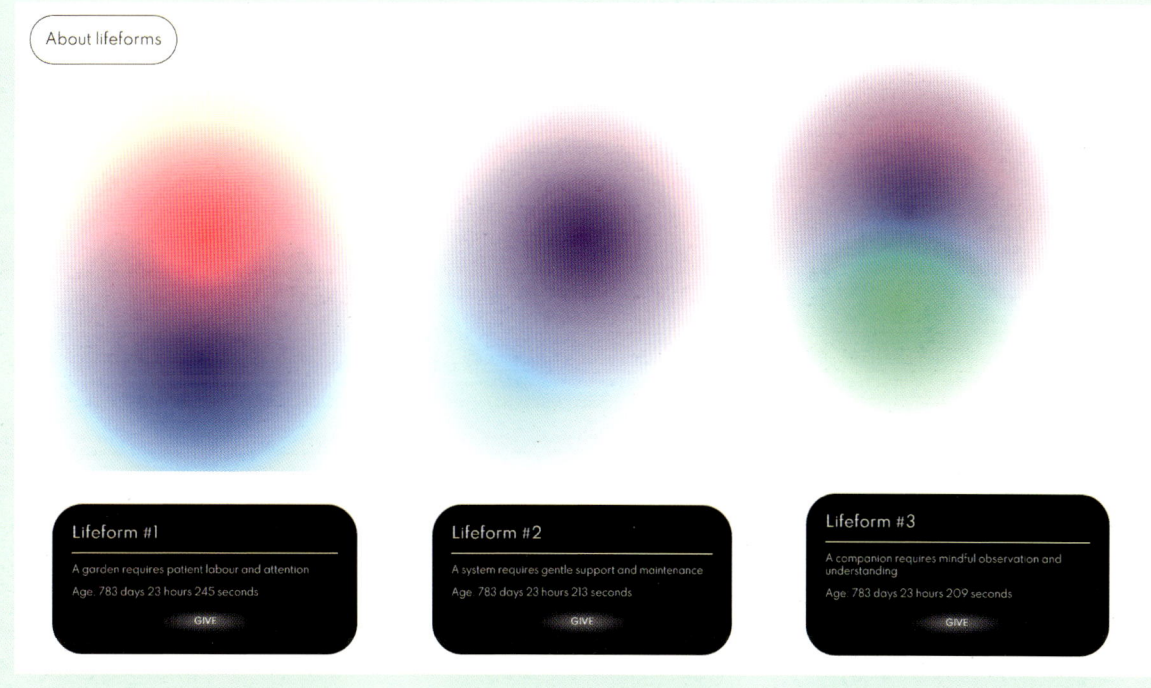

29（上）莎拉·福莱，《生命形式》，2021年，基于NFT的实体

30（下）莎拉·福莱，《生命形式》，2021年，基于NFT的实体。装置现场：潘克画廊（Panke Gallery），柏林

哈：是的，你刚才列出的这些数字商品之所以如此便宜，而且人们之所以反复考虑是否真的需要它们，其原因就在于此类购买的唯一目的是获得对该物品的访问权限。这也是因为资产是无限的，没有人为的稀缺，这就是价格低的原因。因此，交易价值就是应用程序的内在价值。但是加密货币还有另一层投资："我要买这个东西，因为将来它可能值很多钱。"只有在利用人为的稀缺性将数字艺术商品化之后，博物馆才开始真正表现出兴趣。当然，在此之前也有一些兴趣——例如，V&A 收藏了我的作品——但是它告诉我们，直到现在它才变得如此庞大，数字艺术被视为可商品化的，更广泛的机构界和艺术市场才开始产生兴趣。

莎：我的区块链项目《生命形式》（Lifeforms, 2021）与此有关。它们是基于 NFT 的实体，如果你在收到后九十天内不把它们送走，它们就会死亡；你必须把它们给别人，否则 NFT 就会消失。当我创作这个版本时，没有考虑到的一件事是博物馆收藏一个版本是多么具有挑战性，因为它们不能待在一个地方。我根本没想过这一点，但它们是 NFT 市场逻辑的倒置。它们在理论上对收藏机构来说也是一个巨大的挑战，这很讽刺。我在项目启动一年后才意识到这一点。

哈：《生命形式》是一件杰出的艺术作品；它提出了很多关于生命、死亡和可收藏性以及机构所扮演角色的问题。我认为这是一件具有里程碑

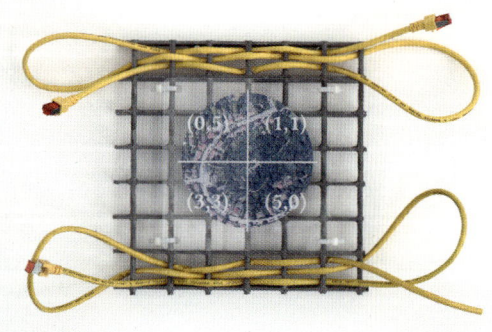

31（上）哈姆·范登多佩尔，《胶制品》（Gumware），2023 年，哈内姆勒（Hahnemühle）纸上超卓色彩（UltraChrome）印刷，涂漆木框，62 厘米 × 76 厘米（24 1/2 英寸 × 30 英寸）

32（下）莎拉·福莱，《权益证明》（Proof of Stake），2022 年，金属地板，以太网电缆，印刷有机玻璃，电缆扎带，25 厘米 × 24 厘米（9 7/8 英寸 × 9 1/2 英寸）

33（对页）哈姆·范登多佩尔，《变异花园自动培育器》（Mutant Garden Autobreeder），2021 年，基于进化编程的生成动画艺术作品。装置现场：上游画廊（Upstream Gallery），阿姆斯特丹，2021 年 3 月

意义的艺术作品。

区块链提供的最大好处是不可变性，这为它的保持不变提供了一些保证。它不能被覆盖，不能被删除。但是根据我的经验，如果你在区块链上创作艺术作品并让艺术作品的很多方面都是不可变的，那么即使数据保持不变，周围不断变化的世界也会破坏它，因为你无法更新它。有些东西只是变了！我认为这就是博物馆发挥作用的地方。当保护人员照顾一件物品时，他们应该复制该艺术作品的相同物质实体，还是应该复制该艺术作品被创作出来的语境条件呢？

莎：这就像提出这样的问题，"艺术品是实物还是算法？"这让我开始问关于物质性的问题。在数字艺术和NFT艺术的语境中，很多作品都是基于屏幕的，但在你的实践中，作品通常是使用非常特定的过程印刷的，或者有时你也将定制的屏幕和硬件设置作为你作品的一部分。你能谈谈你是如何达成这些材料选择和形式的吗？

哈：对我而言，控制作品的物质化非常重要。我真正喜欢印刷的是它的分辨率。这听起来可能只是一项技术技艺，但我所说的"分辨率"也指的是规模。当你站在墙上的一件物品前，旁边还有一幅来自另一个时代的画时，你可以开始比较这二者。这也是我的愿望，被认可为一位艺术家，而不只是一位"数字艺术家"。我想谈谈图像的历史并为此做出贡献。

我在作品中使用了箔，一种气泡膜，它也是在运输过程中保护作品的手段。在使用这些材料时，我问自己，它是该物品本身的一部分，还是意义的载体。我知道媒介对你来说也很重要，你所做的选择对环境的影响也是如此。这种态度是《生命形式》项目的重要组成部分。当你创作它时，以太坊（Ethereum）是一个工作量证明区块链，我记得对你而言没将《生命形式》放到以太坊主网上是至关重要的。相反，你使用了多边形（Polygon），它已经是一个权益证明区块链了。

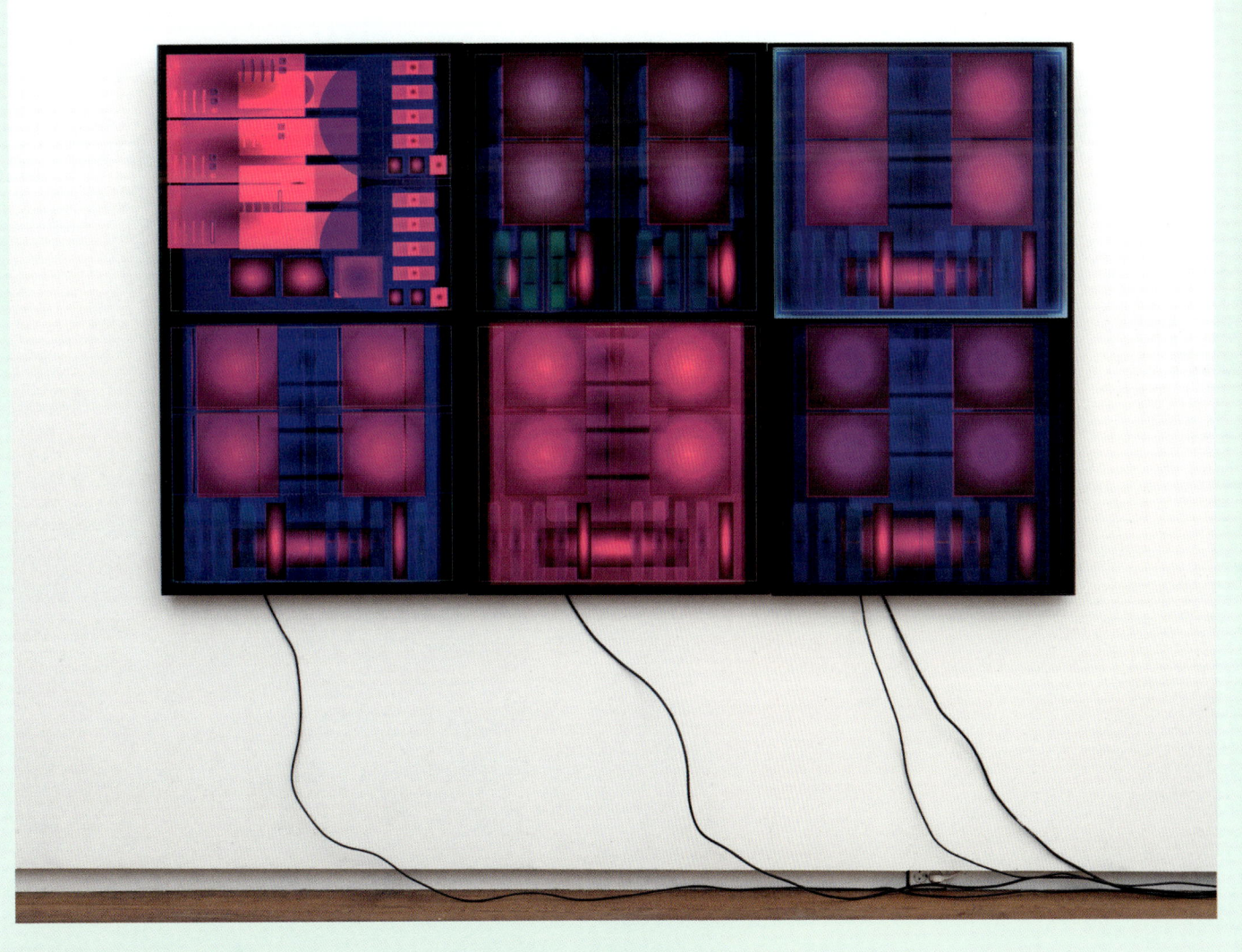

莎：在《生命形式》的案例中，我做出了这个选择，因为该实体要求定期发送交易；如果你想让它保持活力，你需要每九十天发送一次交易，而且在区块链语境中，交易总是需要花钱的。这就是《生命形式》在不同链上才有意义的一个主要原因。

哈：我想知道，如果《生命形式》被放到了以太坊上，那么是否会使该项目变得更大或更被认可？

莎：我确实遇到过一些人告诉我，这个项目就像我早期一些不在以太坊上的NFT一样，不是一个"真正的"NFT。我认为这是一种非常有限的态度。还有一种价值观。感知价值集中在以太坊周围。话虽如此，我没有什么可抱怨的。我觉得这个项目很受欢迎，很多人都与它交互过。近二百个《生命形式》已被创作出来，其中大约二十个仍然活着，大约七百个《生命形式》礼品活动已经发生——这是一笔巨大的赠予！我对区块链背后的经济激励系统很感兴趣。这些激励措施与气候语境中运行的激励措施非常相似。在工作量证明时代，气候影响是区块链受到批评的主要原因。

哈：现在，人们开始做序数，而且他们出于增加去中心化的愿望，正在回到比特币。我明白为什么这很有趣，而且围绕环境废物的整个对话对我来说尚未解决。

莎：我们需要再次进行这样的对话。我们现在把它放在机器学习的语境中，而且我觉得我们将在很长一段时间内把它放在不同的形式中。

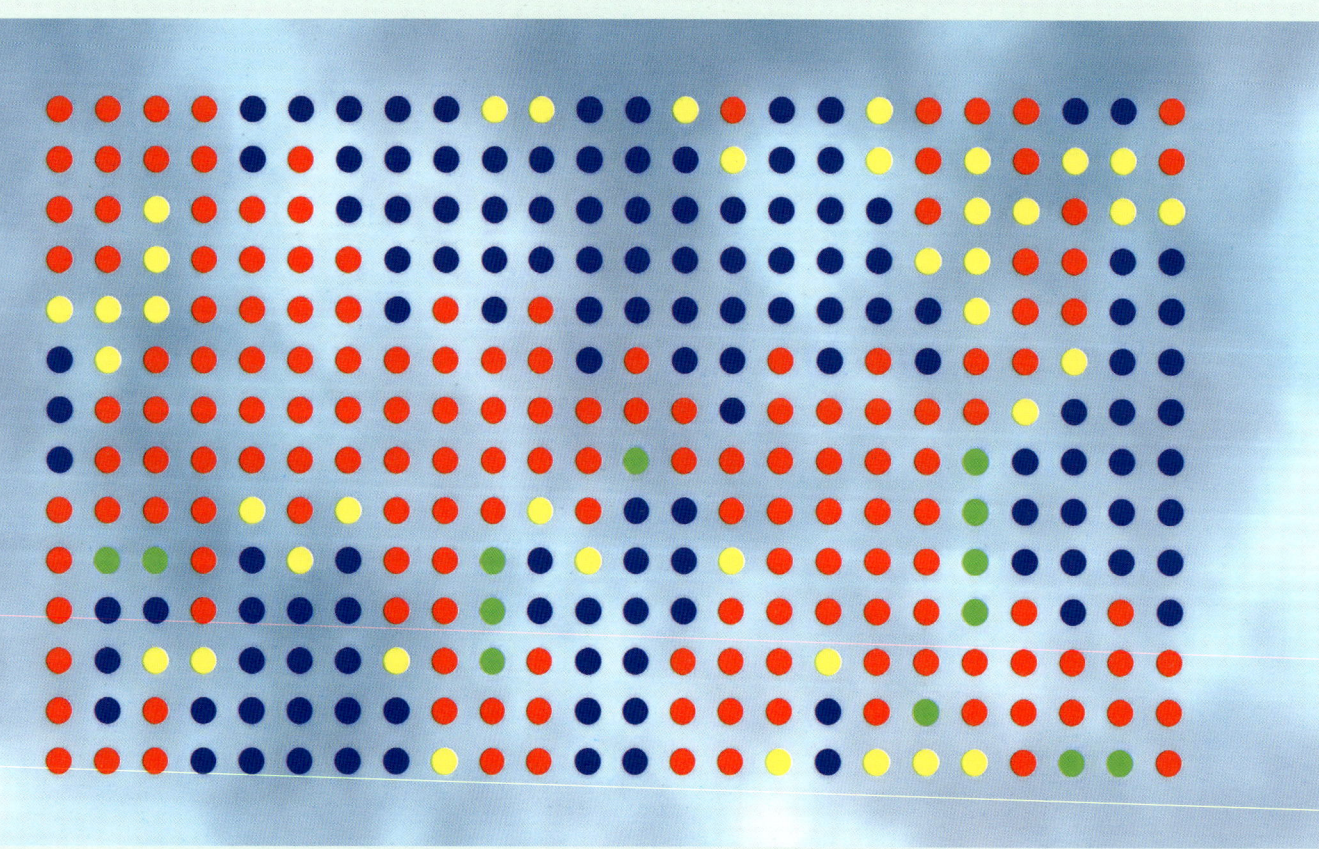

34（对页）莎拉·福莱，《演化博弈与空间混沌，给自然的信，1992》（*Evolutionary Games and Spatial Chaos, Letters to Nature, 1992*），2022年，生成网站（JavaScript, HTML, CSS, GLSL），尺寸可变

35（本页）莎拉·福莱，《以太坊网络在托管云上运行的百分比，托管云在亚马逊上运行的百分比》（*The percentage of the Ethereum network run on the hosted cloud, the percentage of the hosted cloud run on Amazon*），2022年，电缆外壳，印刷有机玻璃，电缆扎带，30厘米×20厘米（11⅞英寸×7⅞英寸）

Conversations
对 话

技术、访问与创造性工具
伊比耶·坎普、威廉·莱瑟姆和曼弗雷德·莫尔
与蓝美泠　　128

自组织数字艺术社区
保罗·布朗、多琳·里奥斯和明迪·苏
与安碧雅　　142

展示、收藏和保存数字艺术
莉萨·朗、凯拉尼·尼科尔和尼姆罗德·瓦迪
与葛立桦　　154

伊比耶·坎普、威廉·莱瑟姆和曼弗雷德·莫尔与蓝美泠

Technology, Access and Creative Tools
技术、访问与创造性工具

　　伊比耶·坎普是一位多学科艺术家，在非洲侨民中参与技术、贸易和材料的工作。她分析了扫描软件，包括分辨率的重要性和空间中扫描的不完整性，目的是反思技术如何在环境中表现自己。

　　威廉·莱瑟姆是一位视觉艺术家、计算机科学家和计算机游戏设计师。自20世纪80年代末起，他创建了融合有机形式和技术形式的进化算法。

　　曼弗雷德·莫尔是数字生成艺术的先驱，探索了算法的创造可能性。20世纪60年代，他的艺术从抽象表现主义转变为计算机生成的算法几何。

技术、访问与创造性工具

美：过去五十年见证了前所未有的技术增长和技术能力，从大型主机到量子计算。作为以非常不同的方式使用技术的艺术家——作为一种工具、一种框架或一种参与社会建构的模式——我有兴趣了解更多关于你们首次接触技术的细节，或者你们意识到技术实现你创造性愿景的潜力的时刻。

曼弗雷德，你在1970年获得了访问法国国家气象研究所（Météorologie Nationale, French national institute for meteorology）的机会，并将其描述为"技术天堂"。这是其中一个时刻吗？

曼：20世纪60年代，一台计算机就占据了整个房间，需要空调，耗资数百万美元，而且获得使用机会是个问题。我属于巴黎的一个小组，我们在那里不断地谈论计算机和艺术。我们最终得到了一台计算机，但是没有绘图仪。我在法国电视上看到了一些来自气象研究所的宣传——他们刚刚买了一台可以绘制天气图的机器——然后我说："这正是我需要的。"我跑过去问他们："我如何能在这里工作？我该做些什么？"他们告诉我，我必须写信给交通部，询问他们是否允许我这样做。于是，我写了一封信，两周后得到了答复。我与交通部部长见了面，并向他解释了我想做什么。他让我晚上使用当时能够使用的最大机器，以及一台非常大的绘图仪：一米二乘一米。当时巴黎没有其他人有这个。这就是为什么我称之为天堂，因为我真的可以做任何我想做的事情。我开始编程，并在那里工作了十三年，每天晚上都在那里工作。

1（左）曼弗雷德·莫尔，《P-18（随机漫步）》[P-18 (random walk)]，1970年，计算机生成算法绘画，60.8厘米×54.8厘米（24英寸×21⅝英寸）。V&A：E.115-2008。由计算机艺术学会捐赠，系统仿真有限公司资助，伦敦

2（右）曼弗雷德·莫尔在其展览"计算机图形学，一种编程美学"中，巴黎现代艺术博物馆，1971年

威：我的关键时刻是作为研究员加入IBM的时候。在此之前，我曾在（伦敦）皇家艺术学院（Royal College of Art）工作，从事基于规则的进化绘图，这种进化绘画被称为《形式合成》（FormSynth）。我被介绍给IBM并带着自己的绘画访问了他们。那是一个科学中心，有杰出的数学家和程序员在那里工作。他们看了我的绘画并说："好吧，这符合我们对用户界面和进化系统感兴趣的一些东西。"例如，理查德·道金斯（Richard Dawkins）的生物形态系统就是在这个时候设计的。他们邀请我成为研究员，有薪水和使用他们大型主机的机会。我在IBM工作了六年，与斯蒂芬·托德（Stephen Todd）和彼得·夸伦登（Peter Quarendon）等人共事。我可以使用计算机，有能够编写软件的人才。我从艺术学院到了一个非常商业化的空间。作为那一代人，我能够利用吉姆·布林（Jim Blinn）、肯·珀林（Ken Perlin）和艾伦·诺顿（Alan Norton）等人在照相写实主义方面所做的全部工作。我可以将我的进化系统与照相写实主义结合起来。我同意曼弗雷德的观点：在那个时候，个人无法轻松获得使用计算机的机会。如果你看看河口洋一郎（Yoichiro Kawaguchi）或卡尔·西姆斯（Karl Sims）这样的艺术家，他们必须隶属于政府机构或企业才能获得使用计算机的机会。那是一种非常不同的景观。

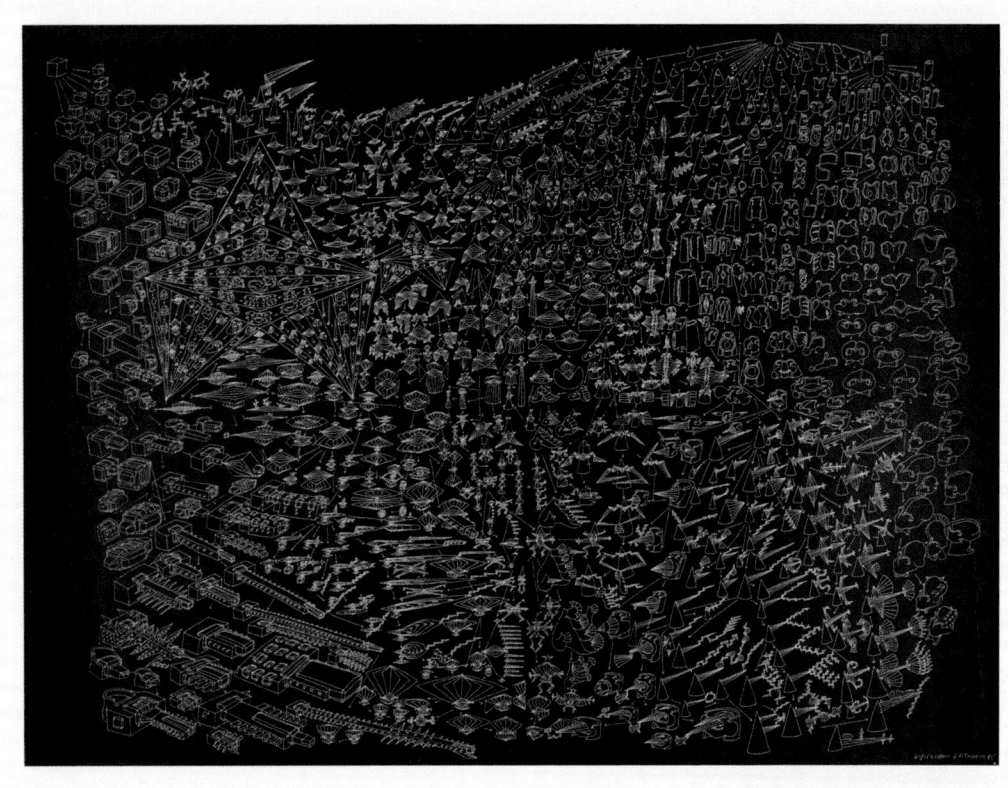

❸（上）威廉·莱瑟姆，《黑色形式合成》（Black FormSynth），胶版平版印刷，56.4厘米×76.4厘米（22¼英寸×30⅛英寸）。V&A：E.293-2014

❹（右）威廉·莱瑟姆在主实验室（Main Lab），IBM科学研究中心（IBM Scientific Research Centre），温彻斯特，1988年

伊：当我考虑数据中心时，我首先开始思考技术可以在我的工作中发挥什么作用。我母亲一方是尼日利亚人，所以2019年，我在西非待了很长时间，同时在伦敦皇家艺术学院研究数据中心——思考运行一个数据中心需要多少能源和水。我的案例研究是拉各斯的一个数据中心，它开始让我思考电力或在各种环境中使用技术是如何产生某些帝国主义特质的。这不一定是一个具有创造性愿景的尤里卡时刻。这更像是一个我想探索在不同景观中使用技术面临的限制和阻力的实践场所。我考虑了这些不同空间中技术的口头和视觉语言，考虑了它是如何被讨论和标记的，以及它是否明显。我质疑在西非工作时，某些类型的数字基础设施或工具的可访问性。这项调查引发了许多其他想法——从询问光纤电缆的问题到思考许多数据中心所在的自由区的总体结构。这引发了人们对如何通过监控和扫描技术解读我们的思考。扫描技术随后成为我实践的一部分。我开

5 伊比耶·坎普，《数据：新的黑金》(Data: the New Black Gold)，2019年，来自电影的静帧，4分38秒

6 曼弗雷德·莫尔,《你如何看待使用计算机进行的美学研究?》,1971年,纸板上的毡头笔和圆珠笔,77厘米×281厘米(30³⁄₈英寸×110³⁄₄英寸)。巴黎现代艺术博物馆

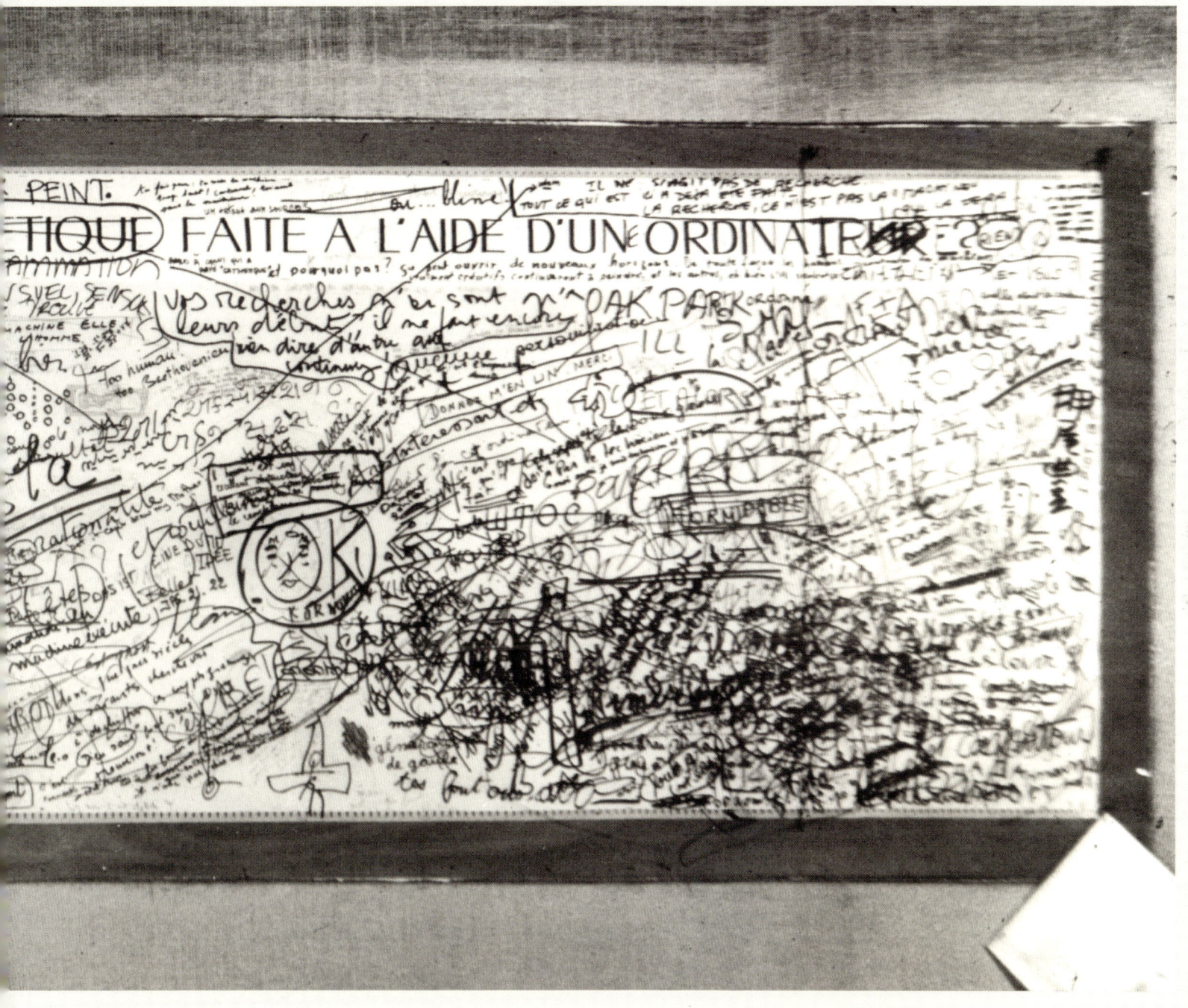

始了解我们如何访问互联网并思考西非的其他各种数字基础设施。我试图忘掉在英国生活和学习时学到的一些观念，然后将我的新理解应用于我在尼日利亚拉各斯和塞拉利昂弗里敦的经历。

美：曾经，获得使用计算机的机会对艺术家来说是一个物理挑战，而今天应对计算假设和嵌入并贯穿算法系统的无可争议的偏见则再现了一种不同类型的约束和复杂性。你们能否谈谈，让社区参与进来和赋予公民控制环境的权力——无论是通过创建工具、工作坊或表达和参与的平台——是如何影响你们实践的？

曼弗雷德，你能先谈谈你在1971年为巴黎现代艺术博物馆创作的墙板吗？你在上面向展览的参观者提出了一个问题。

曼：当我们举办那个展览时，我有了这个想法："好吧，我会在墙上放一些大计算机纸，人们可以在上面写任何他们想写的东西。"我的一位平面设计师朋友在我的文本上写了《你如何看待使用计算机进行的美学研究？》（ *Que pensez vous de la recherche esthétique faite à l'aide d'un ordinateur?* ）。我现在认为，那张海报是整个展览中最重要的东西。它保留了1971年的文化潮流以及人们对使用计算机的恐惧和攻击——上面写着你能想象到的一切，从原子弹的数学公式到你能想象到的最大的侮辱，用多种语言——英语、德语、法语。这是一种真实的心理时间观；它不是一件艺术作品，而是观看者心态的反映。20世纪70年代，我非常沮丧，因为"计算机"这个词就像一个坏词。1974年，我在巴黎举办了另一个展览，支持我的画廊制作了一份图录，只将我的作品描述为"绘画"。当时公众对这个问题的看法如此强烈，以至于人们向我扔鸡蛋。他们说我在破坏艺术，说我在用军事装备进行艺术创作，说我正在腐蚀艺术。

美：伊比耶，你能理解这种对技术的恐惧吗？这种恐惧仍然存在吗？或者，你是否发现了相反的情况：技术真的在赋权吗？

伊：我认为获得许可非常重要。例如，当我在公共空间扫描时，我扫描的是那些我非常熟悉的人和地方——我不只是四处走走并扫描整条街。我于2019年在弗里敦想要扫描数据交换的空间。我想那将是一个充值Orange（橙色）或Africell（非洲细胞）手机亭，人们可以去那里充值或购买新的SIM卡。这是我这些数据交换时刻的起点。我扫描了一位我熟悉的小贩；我问他我是否可以扫描他和那个亭，他很了解我，所以允许我这样做。我还向他展示了我后来制作的3D扫描模型。

作为一位艺术家和空间实践者，我知道人们不想觉得自己被监视了。我们已经通过手机上的定位或GPS一直被跟踪。因此，当涉及在公共空间中进行扫描时，我对如何与人交谈持谨慎态度——你想让他们参与对话。我没有遭遇任何被扔鸡蛋的回应！当你在拍摄公共空间时，还有一个文化意识的问题，特别是在西非，那里有些人认为给他们拍照会捕捉他们的灵魂。我在弗里敦工作时就意识到了这一点，因为使用技术捕捉某人有一种灵性，这让人们有点谨慎。如果你想让他们参与作品并参与对话，你就必须从个人那里获得信任或某种类型的理解。

威：当我思考参与和与社区合作的问题时，我会从我如何与科学家密切合作的角度来看待它。当我去IBM时，它是一个科学中心，我们使用的软件是用于蛋白质建模的，所以从一开始我就倾向于不与其他艺术家或艺术家社区打交道，而是与科学家打交道。我用病毒做了很多作品——实际上，我们接受了我们的软件并用它来可视化病毒。我实时建构了复杂的病毒，展示了它们的基本分子动力学。这意味着观众可以在屏幕上观看和探索3D模型或使用VR头戴设备让自己沉浸其中。我探索了如何将这些病毒的形式和结构融入我的艺术实践中。所以，我感兴趣的社区并不总是传统的艺术家社区。在一个空间中工作，最终会创建一个由人和知识组成的网络。

7（对页）伊比耶·坎普，弗里敦坎贝尔街的3D打印模型，塞拉利昂，2019年

曼：你很幸运能在一个人们尊重你所作所为的环境中工作。而我则在一个他们讨厌我所作所为的环境中工作！

威：哦，真的吗？

曼：我遇到的许多平面设计师或艺术家都无法忍受我使用机器。他们指责我的一切，从恐怖分子到用军事机器摧毁艺术——诸如此类。我不得不为自己辩护，因为人们会厌恶地转身离开！当然，也有人喜欢我做的事情，但是整个艺术界对它气势汹汹。我的哲学导师马克斯·本斯教授非常赞同我的工作。他是第一个与我谈论理性艺术的人。我不知道理性艺术是什么——我以非形式的方式画画，我的创作来自爵士乐。他关于通过逻辑思维创作艺术作品的谈话给我留下了深刻的印象，而且后来这让我转向了计算机。

美：我们可以讨论一下观众如何接触和体验你作品的重要性吗？

伊：我对人们如何体验我对某些空间的文献记录非常感兴趣。我学过建筑学，这真的拓宽了我对模型制作的理解。我的很多作品都是混合媒体作品——我会有一个模型，里面会有声音。我的作品中不仅有这种宁静，而且通过我收集和创作的录音，从市场的节奏中获得了一种流动性。我认为，当你看我的艺术作品时，它只会让你对我所工作的空间有一个小小的一瞥或印象——它永远不会完全揭示整个事情。这也可能适用于抽象绘画，你在那里看不到整体形式，它留下了更多的怀旧或对空间的记忆。例如，有些人看到我从弗里敦得到的一些扫描结果，告诉我这让他们想起了黎巴嫩或其他地方。我觉得很多人，特别是来自全球南方的人，在我们如何阅读和导航空间方面都能认同这一点。尽管我以一种非常当代的多媒体方式工作，但是我对人们可能从我工作中体验到的怀旧感到好奇。我创作的一些作品也很有趣。我也曾使用过增强现实技术。你必须听，

8（上）威廉·莱瑟姆，《螺旋喇叭（扭曲5）》[Coild Horn (Twist 5)]，1987年，计算机生成图像后的西霸克罗马（Cibachrome）冲印，41.5厘米×48.5厘米（16³⁄₈英寸×19¹⁄₈英寸）。V&A：E.296-2014

9（下）威廉·莱瑟姆，《扭曲者1》(Twister 1)，1988年，计算机生成图像后的西霸克罗姆冲印，44厘米×48厘米（17³⁄₈英寸×19英寸）。V&A：E.295-2014

你必须尝试激活AR元素，而且通常还有纹理。在那些作品中，我也试图创造某种记忆或怀旧。

美：威廉，让我们来谈谈《赋值函数2三联画》（Mutator2 Triptych, 2013），你曾将这件艺术作品描述为你之前程序《形式生长》（FormGrow, 1987）的延伸。尽管后者是为大型主机设计的，前者使用了相同的规则，但是重新实现并扩展了它，使其在浏览器环境中实时交互运行。这是因为你考虑了当代观众的期望吗？

威：20世纪80年代，我在布里斯托尔的阿尔诺菲尼艺术中心（Arnolfini）举办了一个名为"形式的征服"（The Conquest of Form）的计算机艺术个展，这个展览在德国和英国的多个场馆巡展了四年，其中包括自然历史博物馆（Natural History Museum）。公众要么讨厌要么喜欢其作品。同样，在艺术界，我与很多艺术家有过争论。帕特里克·赫伦（Patrick Heron）告诉我，他从未见过任何美丽的东西是用计算机制作的，而且我与爱德华多·包洛奇（Eduardo Paolozzi）争论艺术家是否应该使用计算机。当时，围绕计算机一直存在争议，这与几十年后艺术界和观众拥抱数字艺术的方式截然不同。

我在游戏行业工作了十年，然后终于回到了艺术创作领域。到这个时候，我已经可以使用功能强大的PC机了。我可以插入HTC Vive头戴设备，重新实现软件，而且突然间，我可以把观众放在这些有机的VR世界里，他们在那里的交互会导致周围的突变。对我来说，VR的潜力真的让人大开眼界。在像《赋值函数2三联画》这样的作品中，公众实际上成了完成该艺术作品的角色。最终，我在作品中把他们放在一个有机的、陌生的世界里，这个世界与他们在地球看到的任何东西都不一样，但是该艺术作品需要他们与之交互。这是一个非常有趣的空间，因为你需要确保有好的东西出现，但是同时你想给人们一种自由感。然后，只是在逻辑上，你会面临一些如何引导公众去完成VR作品的挑战。

观众的角色确实发生了变化。人们现在更喜欢娱乐——他们想要一种非常丰富、充实的体验。但是我认为，如今它的观众群体也大得多了，而且这个群体自己也在使用这些工具。它

[10] 威廉·莱瑟姆，《赋值函数VR》（Mutator VR），2016年，在HTC Vive VR和PC机上的沉浸VR体验，艺术家：威廉·莱瑟姆，软件团队：斯蒂芬·托德和彼得·托德（Peter Todd）

变得更民主，观众现在非常精明。这与20世纪80年代相比，已经发生了一些非常大的变化。

伊：这很有趣，不是吗，因为你可能会认为每个人都知道可能存在的最新工具或计算机，但是并非每个人都有平等的机会。尽管现在在非洲几乎每个人都有智能手机，但是他们并不总是能够访问完整的互联网。他们有一个经过编辑的互联网，可以从互联网供应商那里获得免费的基础知识。所以我认为这并非完全民主。我确实认为每个人对使用工具都有自己的理解。

我对人们如何重新利用技术工具很感兴趣。作为一位艺术家，我自己也这样做。但我想到的是在弗里敦有智能手机的人，他们制作了令人惊叹的舞蹈视频或动作电影，诸如此类。我们都在尽自己所能地使用这项技术。这些工具有时仍存在等级制度，但是当人们使用它们时，它们会以一种更特殊的方式制作东西。我以一种低渲染的方式制作东西，部分原因是我的计算机渲染能力有限，但我认为这也是一种人们觉得平易近人的语言，可以用来讨论复杂的社会问题。

美：伊比耶，你谈到了获得许可，例如来自你想扫描的市场小贩的许可。你是否认为通过邀请那位小贩参与其中，他实际上成了艺术作品的一部分——几乎完成了它——以威廉建议公众完成他VR作品的方式？

伊：是的，我相信。我确实认为，以我工作的方式，在记录一个环境或公共空间时，我肯定会说那位小贩正在做出贡献；我把他们看作环境的一部分。

美：在盲目地消费技术和深入地追问技术之间，有一种微妙的平衡。你们如何看待这种张力，既有可能构建的东西，又有技术对社会的高度重要性？

威：我认为自己是一位遗传算法师，曼弗雷德，你也把自己描述为一位算法艺术家。你正在使用算法来生成内容，而我则在工作中使用一个有约束的随机数生成器。我追求的内容看起来很原始，没有男女之分，没有政治色彩，绝对没有这样的东西。这就是我创作作品时追求的——一些如此古老或未来主义以至于超出了人类理解范围的东西，希望如此，当观众站在作

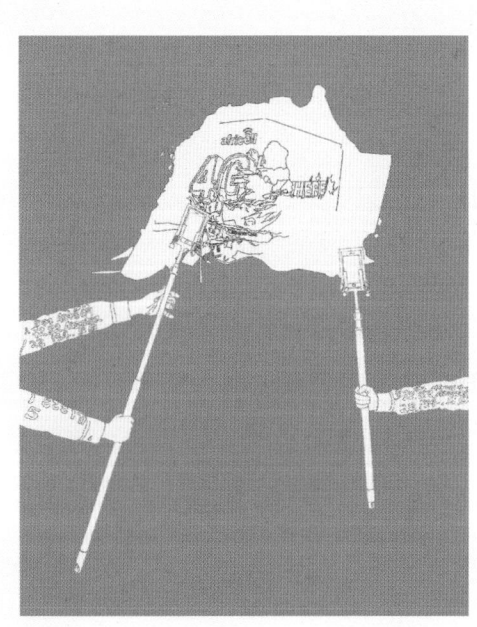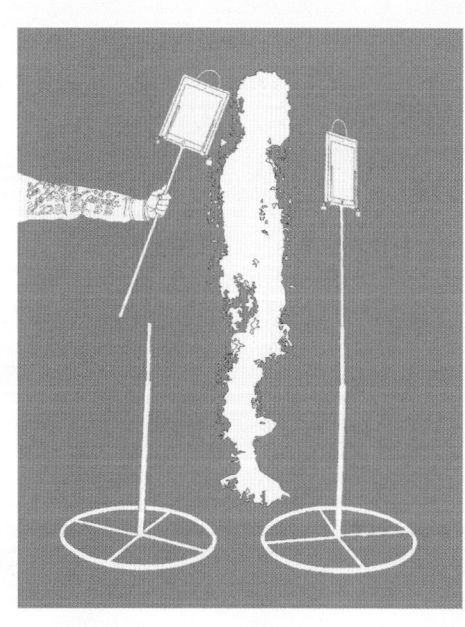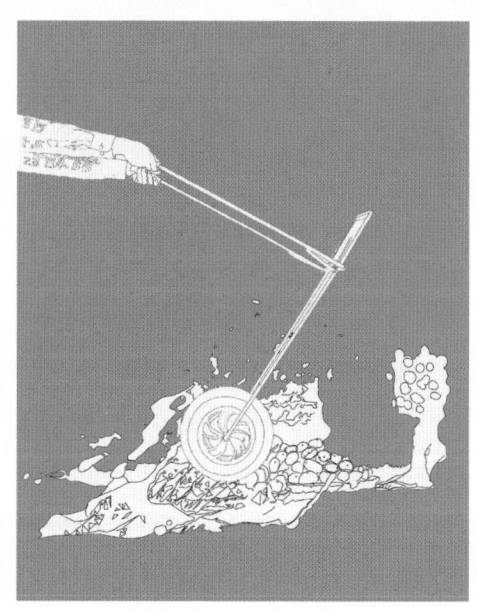

11 伊比耶·坎普，《区域捕捉设备（数据：新的黑金）》[Area Snap Devices (Data: the New Black Gold)]，2019年，数字绘画

品面前时可能会想："哇，我在哪里？这是什么？"如果你是一位算法艺术家，你正在使用该系统生成你自己从未想过的内容。这可能会因有意识地回避政治而受到批评。或者，作为一位艺术家，可以只做自己感兴趣的事情。我认为，如果你以一种形式的方式工作，内容就是涌现的，而你则享受着机器给你的任何东西，这就是问题所在。你最终可能会在这些相当不寻常的空间中工作。

曼：我完全同意。当我编写算法或程序时，我的想法不是解释世界，而是创造一个世界。你创造自己的世界；我创造我的世界。它与任何社会问题或周围语境无关。它本身是一个可见的逻辑实体。

伊：威廉和曼弗雷德说他们正在创造自己的世界，这个世界不回应社会问题，而我的方法则有点不同。我根本不是在解决问题，而是在提出一个问题——一个关于扫描仪如何读取环境的问题。例如，我于2019年在埃塞俄比亚参与了一个有趣的项目，由于不是东非人，我真的觉得自己对那里的风景很陌生。我看着东正教教堂周围的神圣森林，思考这些空间是如何抵抗森林砍伐的，因为它们被视为人间天堂。我想强调这一点。我不是在提出解决森林砍伐的方法，而是在利用技术提出问题——关于抵抗；关于如何识别和维护的某些数字形式。我还应该说，我不会编辑我所做的扫描，所以我展示的扫描真的很完整——我没有试图操控任何东西。我并非故意说一件事是对的，另一件事是错的，因为我也还在摸索。我对来自那件事和那件艺术作品的公众讨论都非常感兴趣。我也可能会发现，就像我在埃塞俄比亚创作的作品一样，我对这件作品的感受会随着时间的推移改变。我现在对待它的方式与当时不同。部分原因是当时我进行了如此快速的实地考察。现在，我对如何在新空间中导航非常谨慎。我更喜欢在一个我更熟悉社区的地方工作，而非作为一个游客。

我还考虑了我扫描的环境中每个人的完整性。我从不放弃整个空间。我不想那样做。我也对非常原始的扫描不感兴趣。尽管扫描是一个相当具有提取性的过程，但是我的实践强调了扫描软件在特定环境中使用时的低效性。我很感激这种低效性，因为这意味着我不会交出位置、空间或与我一起工作的人。

美：你能谈谈你创建的移动数据收集工具Area Snap（区域捕捉）吗？

伊：我设计了三个不同的Area Snap工具（图11）。其中一个被称为《卢克-格诺德-曼·奥莫兰克》（Luk-grnod-man Omolanke），一个被称为《空军1号》（Airforce 1），第三个被称为《瓦卡旋转》（Waka turnturn）。这些名字是对克里奥尔语和洋泾浜语的玩耍，这反过来又反映了市场上使用的工具。Area Snap工具是非常非形式的——你可以连接智能手机并拍摄视频，然后使用Agisoft Metashape将视频转换为3D模型。使用《空军1号》，你可以拉伸扫描的建筑物、商店标志、树木，诸如此类。《卢克-格诺德-曼·奥莫兰克》是一种我可以移动的手推车，上面连接着一部手机，这模仿了市场上人们快速从一家商店到另一家商店移动东西的奥莫兰克手推车。然后《瓦卡旋转》是一种你仅仅需要拿着的东西，它更多扫描的是视线高度的作品。

12 伊比耶·坎普，《叛逆副本》（Rebellious Copies），2023年，投影和3D模型，拍摄于未来实验室（The Laboratory of the Future），第18届国际建筑展（18th International Architecture Exhibition），威尼斯双年展（Venice Biennale），2023年

我设计这些工具的意图是希望它们能够融入市场，成为市场的一部分。我把市场看作不可读的空间。它们很难导航，你真的无法让Google汽车通过那里。但是当使用Area Snap设备时，它们以最令人着迷的方式从不同角度收集数据。这些工具是我设计的，我的想法是市场交易者可以用它来保存自己有价值的数据，并收集关于城市真正工作方式的信息。

美：人们通常倾向于将技术演化视为一条笔直且狭窄的轨迹，但失败是这一过程的内在组成部分。你们能分享一些塑造了你的思维或为你们的未来项目提供了信息的技术挫折和实验过程吗？

伊：我有很多失败！我真的很感兴趣的是数字形式的生命周期，以及你如何能够保持我以数字形式扫描的市场的短暂性，因为市场一直在变化——它们永远不会保持不变——我希望我的数字形式也能如此。通过试图在作品中保留这种流动性，我在某种程度上总是失败，因为我一直在生产和质疑。

最近，我一直在用黏土3D打印我的扫描结果。我对黏土这种有生命力的材料以及它如何将一种新的形式引入数字文件或数字形式很感兴趣。从某种意义上说，这个项目几乎完全失败了。我仍然展出了它——这是我在2023年威尼斯双年展上展示的东西，这非常令人兴奋——但是这些黏土作品都被扭曲了，而且散落一地。在尝试和享受我的失败时，这里面充满了嬉戏和欢乐。即使是最初的扫描也不是原始的，对我来说，这就是它们有趣的地方。因为我总是以实验的方式工作，所以我对我的结果没有过高的期望。我喜欢让事情保持原样。我不想改变这种失败——我想让它安静下来，然后思考它，质疑材料和它如何发生的时间线。所以，我一点也不介意失败。

威：我认为我作为艺术家的角色类似园丁。我决定培育的内容和进化的内容，以及设计进化在系统中的工作方式。然后我做出选择。当然，园艺也是一种持续的成长，而且——通过反复试验——我引导穿越了一个充满创造力可能性的巨大进化空间。

曼：为了反思你关于技术进化的质疑，你必须记住，我刚开始的时候，没有太多技术可供选择！那是计算的早期，不管他们有什么，就是这样。我刚开始的时候，计算机还没有屏幕。你用算法创建的任何图像都是看不见的。我认为，直到1982年初IBM推出个人计算机，真正的数字艺术才被发明出来，从某种意义上说，我们现在有了一个可以显示图像的屏幕。随着IBM个人计算机的出现，数字艺术开始以点阵的形式出现。这是下一个重要步骤。然后是色彩。然而，作为一位艺术家，你并不总是对这些进化感兴趣。当然，也有人总是对使用最新技术感兴趣，但是他们的艺术缺乏实质，只是涉及使用新东西。我从来没有对这种观念感兴趣；相反，我总是思考自己的观念和自己想要实现的东西，然后看看自己能从技术中得到什么。我认为，从某种意义上说，每位艺术家都必须发明自己的工具——他们必须知道如何实现自己的思想并找到一种方法，要么用特殊的画笔，要么用特殊的计算机，要么用做这个或那个的机器。

伊：我希望能够发明自己的工具。曼弗雷德，我确实认为，作为一位艺术家，有自己独特的工具集是一种很棒的方法，也是一种发人深省的方法。我不太喜欢那样工作，但是每当有新软件出现时，我都会非常兴奋地使用它。通常，我使用的很多软件都是免费的，所以它可能是当时每个人都在使用的。

我着迷于在某些事情上不做专家。我从绘画开始，现在觉得自己在绘画方面受的训练有点太多了，无法真正享受它。所以我现在使用技术工作——也许以绘画的方式——但我不是技术专家，所以尝试从事计算机视觉方面的工作，也许，或者尝试使用Arduino板，尝试进行3D打印……这不一定是我的语言，但也许这是我的工具，成为冒牌货或业余爱好者的工具，通过尝试追问这些技术并观察它们在各种环境中是如何工作的。当然，成为专家是很棒的，但是我认为，不成为专家的游戏才是发现真正有趣东西的地方。

技术、访问与创造性工具

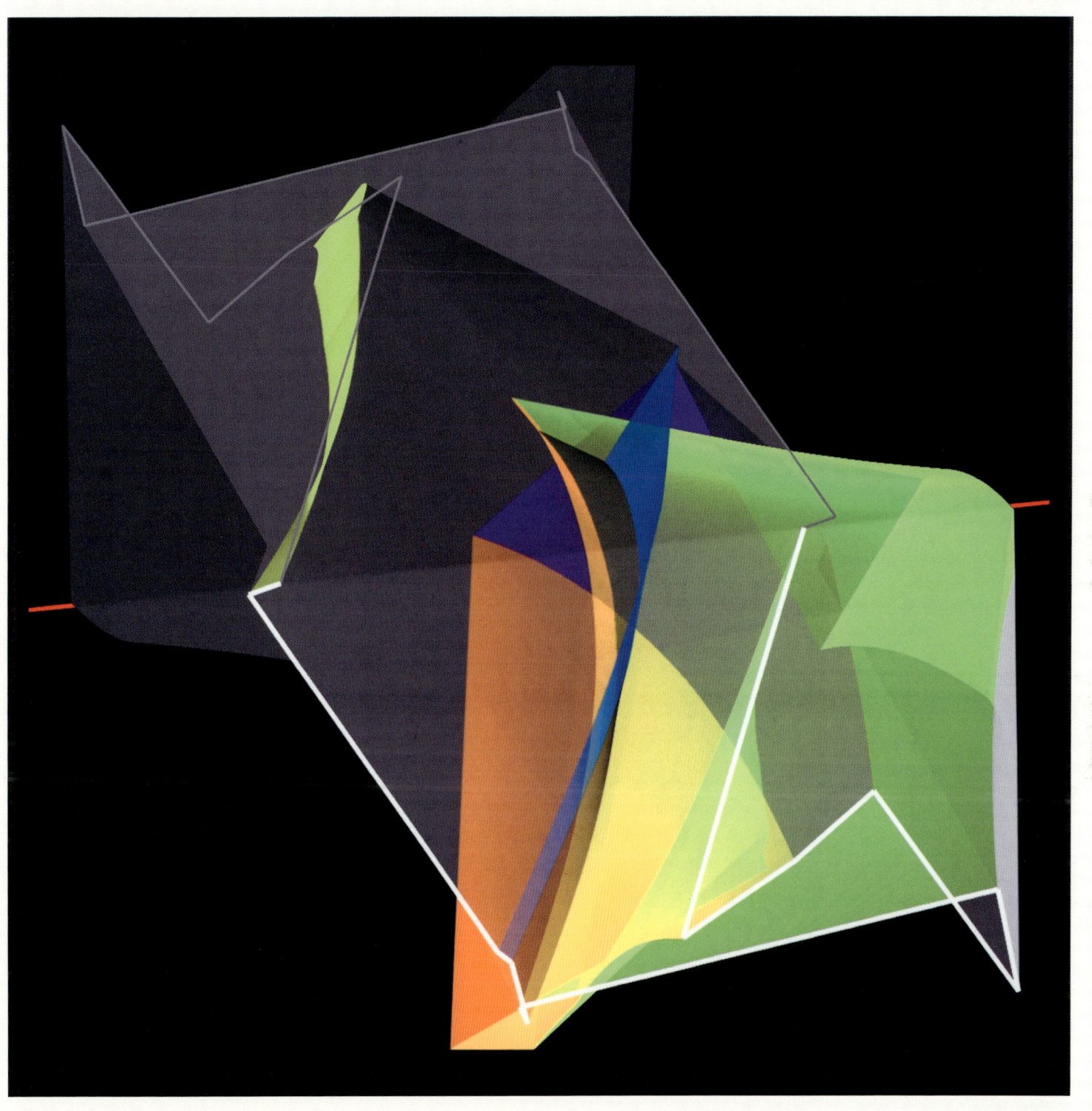

13 曼弗雷德·莫尔,《P3010-4》,2020年—2021年,铝板染料升华印刷,43厘米×43厘米×5厘米(17英寸×17英寸×2英寸)

保罗·布朗、多琳·里奥斯和明迪·苏与安碧雅

Self-Organized Digital Art Communities
自组织数字艺术社区

保罗·布朗是一位艺术家兼写作者，他的实践涉及艺术、技术与科学之间的关系。自20世纪70年代起，他的实时生成作品聚焦使用细胞自动机的计算模型开发人工生命系统。

多琳·里奥斯是一位独立策展人兼研究者。她是[ANTI]MATERIA [（反）物质]的创始人，[ANTI]MATERIA是一个致力于研究和展示使用数字媒体进行艺术创作的在线平台。2019年至2021年，她是墨西哥城数字文化中心（Centro de Cultura Digital）首席策展人。

明迪·苏是一位纽约设计师兼技术专家。她正在进行的《赛博女性主义索引》项目汇集了三十年的在线行动主义和网络艺术，该项目由Rhizome委托，获格雷厄姆基金会资助（Graham Foundation Grant）。

自组织数字艺术社区

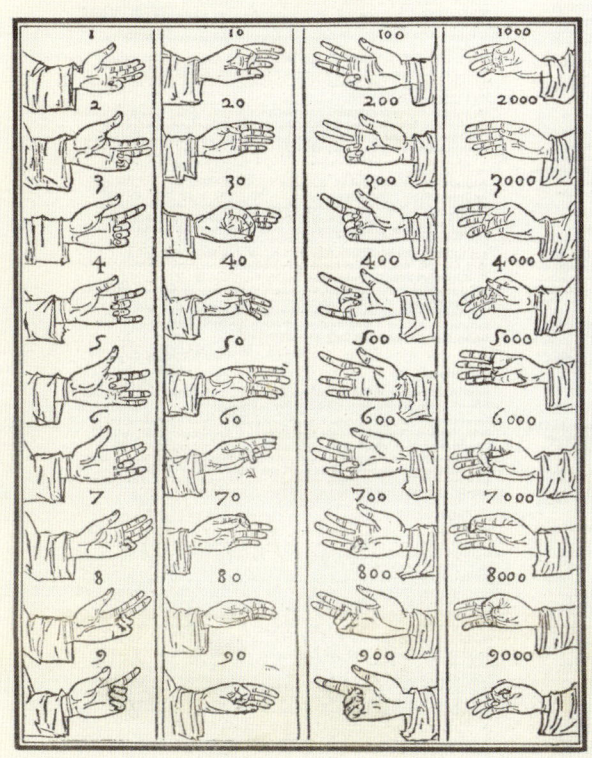

1（上）"事件一"，计算机艺术学会，皇家艺术学院，伦敦，1969年

2（下）计算机艺术学会，《PAGE简报》（*PAGE Bulletin*）第8期，1970年5月，插图来自卢卡·帕乔利（Luca Pacioli）的《算术、几何、比与比例概要》（*Summa de Arithmetica, Geometria, Proportioni et Proportionalita*），1494年

碧：1969年4月，计算机艺术学会（CAS）开始发行《PAGE》简报，作为一种与国际艺术家网络分享信息和资源的方式。保罗，你能谈谈《PAGE》对你和你同龄人的影响吗？如果能听你谈谈与类似传播渠道的合作经历就更好了，例如《美术论坛》（fineArt forum）。

保：计算机艺术学会是一个对计算机感兴趣的日益壮大的国际艺术家社群的枢纽，其美国和荷兰的小组合作制作了《PAGE》杂志。当然，所有的传播和分布都是通过蜗牛邮件完成的——你需要写信并将其寄出。

当时我没有参与，但是CAS成立于1968年，当时伦敦当代艺术中心正在举办展览"控制论奇缘"。在那些日子里，计算机非常罕见，很难获得。通常，大学只有一台计算机。CAS的使命包括传播计算机作为一种创造性媒介的潜力，提供使用计算机的机会，以便人们学习如何使用它们并制作作品。大约那个时候，CAS在卡姆登罗伯特街的新伦敦艺术实验室（New London Arts Lab）安装了一个计算机终端，并在那里举办工作坊和活动。

1969年，早期CAS成员之一古斯塔夫·梅茨格成了《PAGE》的主编。他最知名的是在自毁艺术方面的工作，以及作为那个时期英国反文化的一部分。《PAGE》的第一期确实反映了这种反建制的观点。古斯塔夫和CAS的主要联合创始人艾伦·萨克利夫都认为《PAGE》和CAS应该代表草根阶层，而非象牙塔。他们坚持认为，他们的平台和出版不应该变得学术化。有趣的是，当时有一个服务于大学和艺术学院的集中订阅代理机构，所以许多大学和艺术学院都订阅了《PAGE》。

1974年，我在利物浦艺术学院（Liverpool College of Art）图书馆发现了《PAGE》。那时，我专门回到学院学习计算机。我的一位导师是CAS的成员，他给了我许多早期的《PAGE》副本，以及其他出版物。这些材料让我意识到我并不是唯一一个尝试计算机的人——尽管我是整个艺术系唯一一个使用数字系统的人。在那些年里，我从数学系和工程系得到了很多帮助，这两个系分别托管着大学的中央计算机和微型计算机。

到20世纪70年代和80年代初，计算机已经让人们更负担得起。随着个人计算机的出现，人们开始购买它们用于工作和娱乐。能够与世界各地的人非常快速地交流打开了很多大门。我在1984年拥有了第一个电子邮件账户。

1987年，艺术家雷·劳扎纳（Ray Lauzzana）创办了《美术论坛》——或如其众所周知的《fAf》——在美国作为一个公告板和邮件简讯。该公告板与《莱昂纳多》和国际艺术、科学与技术学会（International Society for the Arts, Sciences and Technology, ISAST）合作。人们会在公告板上发帖，雷会把所有帖子编纂在一起，作为简讯发送给订阅者。1992年，罗杰·马利纳（Roger Malina）为《莱昂纳多》创办了一份新的简讯，即《莱昂纳多电子年鉴》（Leonardo Electronic Almanac），他们想放弃《fAf》。我问我是否可以接管该项目，并继续使用月度电子邮件格式。在运行该简讯后，我决定将《fAf》放到Gopher（地鼠）上，这是一个早于万维网的绝妙系统，具有类似的功能。它基于绿屏，是文数字的——没有鼠标，没有定位器，但你得到的是一个编号从一到五的条目列表，例如，在底部会有一个光标，你可以在那里键入你想看到的数值并按下回车键，然后它会将你链接到该条目。该条目也可能是一个索引，所以你可以有嵌套的索引——它有很多功能。它没有任何图片或色彩，但是它起到了一种交互新闻服务的作用。我真的很喜欢Gopher。不幸的是，Gopher上的所有《fAf》材料都丢失了。

1994年，我成为密西西比州立大学国家科学基金会（National Science Foundation, NSF）计算机场域仿真中心（Center for Computer Field Simulation）的驻留艺术家。这是NSF的几个中心之一，通过他们的网络，我们收到了Mosaic（马赛克）网络浏览器的高级副本。我在那里与学生一起工作，查看NSF国家超级计算机中心（National Supercomputer Center）在线的HTML手册；1994年Mosaic浏览器的PC和Mac版本被发布后不久，我们硬编码了HTML，并设法使《fAf》上线。这就是《fAf》作为一种聚焦艺术、科学与技术的交互新闻服务，成为网络上早期艺术杂志之一的原因。1996年，我回到了澳大利亚，获得了澳大利亚艺术委员会（Australian Council for the Arts）的资助，这使我能够将

3 古斯塔夫·梅茨格，自毁艺术演示，南岸（South Bank），伦敦，1961年7月3日

自组织数字艺术社区

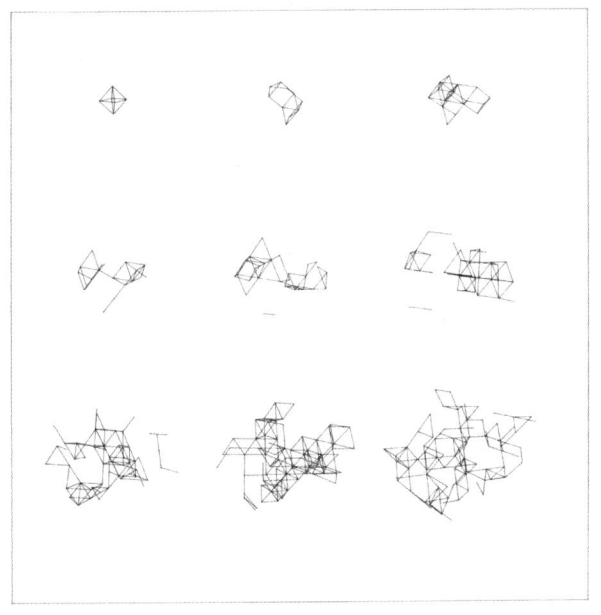

《fAf》作为一份专业在线出版物和新闻服务来运营。1999年，我辞去了执行主编一职，转而从事一项研究工作，我的一位研究生尼萨尔·凯什瓦尼（Nisar Keshvani）接管了这项工作并最终将折现工作交给了写作者琳达·卡罗利（Linda Carroli），她运营这项工作直到2004年，那年我们遗憾地失去了资助。

明：保罗，很高兴听到这段历史的概述，因为我们可以看到它是如何开始塑造我们现在许多在线交互的——甚至考虑到计算机作为一种创造性媒介的兴起，这一点现在几乎被视为理所当然，后来又转入了一种对索引的索引（index of indexes）的思考：我们如何保存这些转瞬即逝的历史，这些历史现在正在走向网络和社区。这似乎是一种丰富的方式，可以用来构建我们今天在线上空间中试图做的事情，而大型平台则在很大程度上塑造了这一点，这可能对其造成损害。话虽如此，我确实看到Z世代社区正在引领向较小平台的转变——像Geneva（日内瓦）或Pineapple（菠萝）这样的网络应用程序，被描述为感觉像是你在参加一个派对，而非在一个舞台上表演，因此与我们在例如Instagram或TikTok（抖音）上感受到的广播效果相反。看到人们试图以各种形式和规模在线上找到连接的清晰通道，这真是太棒了。

多：[ANTI]MATERIA主要是一个网站，但是在某个阶段，我拥有了这个项目的所有社交媒体平台——Facebook页面，Twitter（推特）和Instagram账户，等等。但是随着时间的推移，我决定放弃其中的大部分，只保留网站和一个Telegram（电报）群组。我认为这是过去三年的症状。至少对我来说，我宁愿让两个人真正参与对话，回应网站上发布的想法，而非让一千个人喜欢一篇帖子。

我创建[ANTI]MATERIA的原因之一在于，当我遇到使用技术工作的人时，很明显他们都有非常有趣的故事和过程可以分享。我一直想探索、阅读和学习更多关于他们的实践，但是当我跟进他们时，没有一个特定的地方可以让我去做这件事。[ANTI]MATERIA的出发点是与这些人交谈，了解他们的故事，找到将他们聚集在一起的方法。

4（上）保罗·布朗，《BIGDIM / 0 4 6 6 4 0 0 / 200, 130 / 11,969》，1979年，纸上绘图仪绘画，51.8厘米 × 47.9厘米（20½英寸 × 18⅞英寸）。V&A：E.132-2008

5（下）保罗·布朗，《无题，计算机辅助绘画》（Untitled, Computer Assisted Drawing），1975年，纸上绘图仪绘画，28厘米 × 21.8厘米（11⅛英寸 × 8⅝英寸）。V&A：E.961-2008

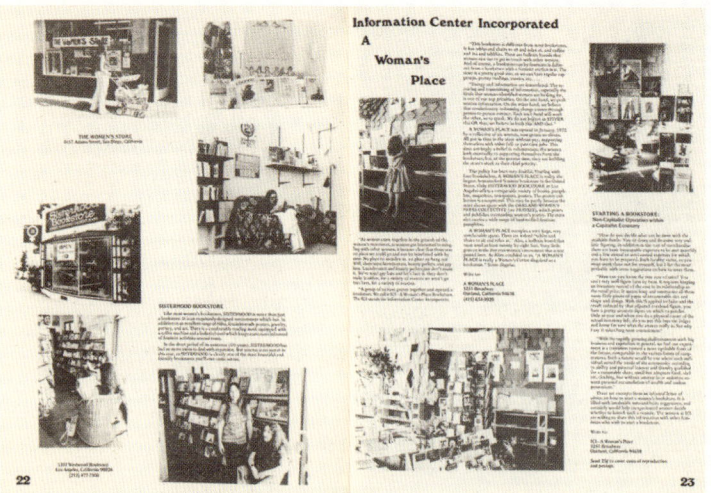

碧：明迪，在线和离线的社交聚会是编纂你《赛博女性主义索引》过程的核心。此外，你还引入了一个在线存储库来继续收集这些历史记录并将其作为与他人合作的工具。你能谈谈集体性以及它是如何成为你研究的核心方法论的吗？为什么它是编写历史的重要工具？

明：当然。多琳的观点是对此的一个很好总结。这是一个过程，而非一个最终的输出。无论是映射到 AI 一代、历史写作，还是创建一个社区，公开一些东西是如何被制作出来的，以及它是如何继续被制作、破坏和重制的，都是这一话语继续下去的重要方式。

《赛博女性主义索引》已经进行了大约四年，计划永久实施。它最终会成为一个来自过去三十年的在线行动主义和网络艺术的索引或集合。《新女性生存概览》（The New Woman's Survival Catalog，1973 年出版）是一个巨大的灵感来源，它被称为女性主义的《全球概览》（Whole Earth Catalog，参见第 171 页），是由苏珊·雷尼（Susan Rennie）和柯尔斯滕·格里姆斯塔德（Kirsten Grimstad）在纽约巴纳德学院（Barnard College）创建的一份参考书目。她们的顾问告诉她们，一场革命永远不会在一个机构内发生，她们必须深入基层，于是她们上车，开车穿越美国，收集了当时第二波女性主义的例子——比如对性侵幸存者的援助、离婚技巧、女性主义书店，等等。当我构建《赛博女性主义索引》时，我看到周围有很多人在撰写理论著作或为代码寻找批判性或创造性用途，但是我没有看到这些东西的任何汇总，所以我也为自己创建了一份参考书目。当我把这份参考书目放到线上，询问缺少什么或可以编辑什么时，它最终变成了众包——人们发现它引起了共鸣并希望随着时间的推移做出贡献。它像滚雪球一样越滚越大。因此，《赛博女性主义索引》的各种容器自然而然地出现了。

我们知道，如果想要制作一个真正强大的众包工具，它也必须是一个在线数据库，而不只是一个电子表格。Rhizome 委托我和安吉琳·梅茨勒（Angeline Meitzler）开发了一个这样的工具，我们创建了一个至今仍然在线的网站，cyberfeminismindex.com，人们可以在那里永久提交条目。我们使用该网站的快照创

6（左和中）柯尔斯滕·格里姆斯塔德和苏珊·雷尼，《新女性生存概览：一本女性做的书》（The New Woman's Survival Catalog: A Woman-Made Book），1973 年

7（右）《全球概览：获取工具》（Whole Earth Catalog: Access to Tools），1969 年秋季刊

自组织数字艺术社区　　　　　　　　　　　　　　　　　　　　　　　　　　　　　　　147

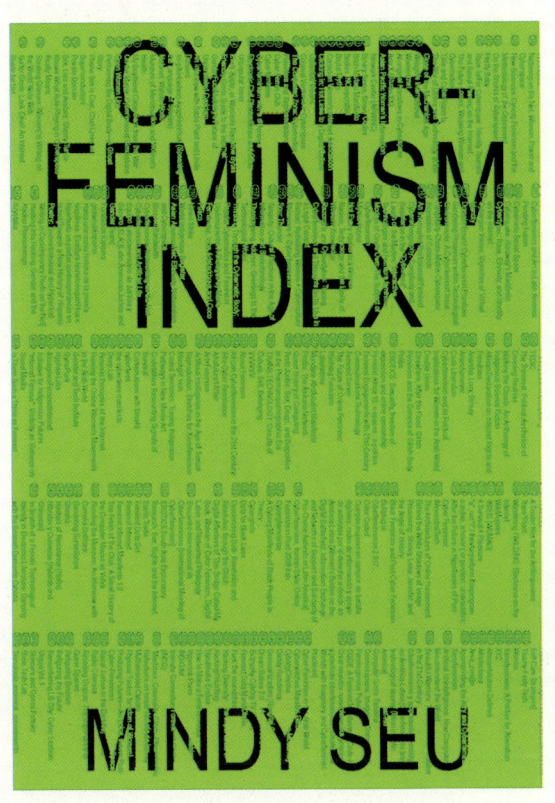

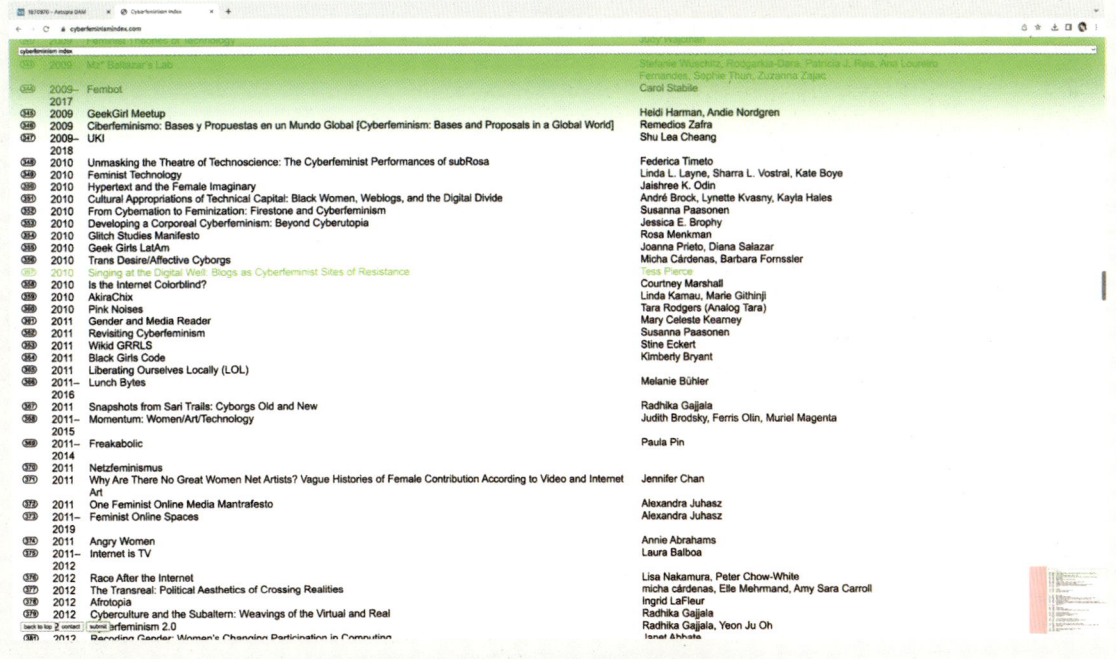

建该书的手稿，这本书于2022年11月出版。这些收藏的在线和离线再现至关重要，因为媒体有如此多不同的启示，以至于你能够以截然不同的方式阅读它，而且它们也有不同的引用实践、"合法性"等方面的标志。对我们来说，拥有这份实体文献非常重要。话虽如此，对于实体文献，人们通常会问，如果它是众包收藏的，为什么我的名字会出现在封面上——而且大约70%是众包的。这是我和我的另一位合作者劳拉·库姆斯（Laura Coombs）经常谈到的事情，因为通常当你看到这些历史书籍或其他汇编时，往往呈现的是一个非常小或看不见的署名，这几乎表明你在看的是某种客观的真理或独特的历史。通过突出作者和编者，它表明这是一段相当主观的历史，是由我自己对赛博女性主义的偏见和合理控制构建起来的。即使不同的东西是众包的，随着空间的不断扩大，它最终会让你被某人责怪并对不同元素负责。

就实体活动而言，举办社交聚会成了一种庆祝方式，导致了更多的物质聚会。即使我们在那里谈论印刷书籍，一次聚会也会发出行动呼吁，鼓励大家向在线索引提交条目。这也意味着其中涉及了更多的地点特定性。在我们的墨西哥城巡回活动之后，我们从该地区得到了更多的例子，而且我们希望当我们去东亚、南非等地时也是如此。对我来说，这总是关于我们如何继续延续一种话语的问题，这种话语允许这些多元历史的坎坷和不完美，所以它真的开始让人觉得应该尽可能地合著。

8（上）明迪·苏（编），《赛博女性主义索引》，2022年　　9（下）明迪·苏（编），《赛博女性主义索引》网站，截屏（细节）

多：我发现《赛博女性主义索引》非常引人注目的一点在于，它的结构反映了其中项目和艺术作品的流动性。这一点非常重要，它让我想到了活跃档案的概念，这种概念存在于多种形式的分布中。在这个语境中，某人可以在线发布材料，作为回应，实时反馈可以被纳入其中。该书成了一种以不同方式导航内容的手段，但是它会变得静态且难以更新。网站是一种活跃的工具，允许项目随着时间的推移进行更新、重新审视和重新设计。其协作性质和文本中的对话强大得令人难以置信，而且这种灵活性允许内容扩展为其他格式。

碧：多琳，替代技术框架是你在研究实践中探索的东西。你一直在研究拉丁美洲语境中的草根社区，以及他们是如何劫持现有技术基础设施的。

多：我一直在探索的主要案例研究是电子干扰剧场（Electronic Disturbance Theater）及其与萨帕塔（Zapatista）政治运动之间的关系。超越他们通过一件特定的艺术作品——在这种情况下是《洪水网》（*FloodNet*, 1998）——创造的联系和链接，看看这种关系是如何形成的，这很有趣，因为从中可以了解21世纪00年代初墨西哥激进集体主义和网络艺术实践的一些视角。

萨帕塔运动起源于墨西哥南部的恰帕斯州，这是一个自然资源丰富的地区，仍然保留着大量的本土社区。当他们在20世纪80年代开始试图将这些社区聚集在一起，计划如何维持自己的能动性时，其目的是抵御美国、加拿大和墨西哥之间的NAFTA自由贸易协定带来的威胁。（NAFTA于1994年1月生效。）萨帕塔人知道，一旦协议签署，他们的地区将成为首批被入侵和剥削的地方之一。他们历史上的一个主要领导人是副司令马科斯

（Marcos），该运动的发言人。他以类似诗歌朗诵的风格进行了非常有力的演讲——有许多诗集和出版物是他与世界各地人们书面交流的成果。在探索萨帕塔运动的工作和历史时，我意识到语言对他们来说是一个非常重要的工具。这是一个有趣的元素，不断出现在不同的对话和材料中。这一事实改变了游戏规则，因为它让我考虑到在像阿兹特克人、玛雅人和萨波特克人的古代社区中语言作为一种权力工具的历史性使用，尤其是在代表他人的声音而非让人们服从你的权力方面。

萨帕塔主义者在接管恰帕斯州地区的主要城镇之一圣克里斯托瓦尔-德拉斯卡萨斯时做的第一件事是向当地报纸提供两份文件，通过传真分发给他们所有的国际媒体联系人。这两份文件是《拉坎东丛林第一宣言》（First Declaration from the Lacandón Jungle）和《女性革命法》（Women's Revolutionary Law），其中包含一份由萨帕塔、托霍拉瓦尔（Tojolabal）、乔尔（Chol）、佐齐尔（Tzotzil）和策尔塔尔（Tzeltal）女性协商制定的本土女性权利清单。这发生在1994年1月1日凌晨的头几个小时内，所以墨西哥的人们不是仍然在参加派对就是在睡觉。由于时差，传真首先到达欧洲，到那天早上墨西哥人起床时，这些文件已经被欧洲媒体发布并被翻译成了法语、英语、意大利语等。在该地区互联网仍然不太普及的时候，这是一项令人难以置信的全球战略。

几年后，电子干扰剧场——它们主要通过网络艺术行动创作诗歌——成为这场运动的完美盟友。这两个小组对象征性语言的使用将他们与观念主义和表演等其他艺术史形式联系起来。这些实践是短暂的，深深植根于20世纪60年代的意识形态中；露西·利帕德（Lucy Lippard）写了大量关于他们的文章。这些艺术形式将语言作为一种工具，而且它们反映了一种算法思维方式。考虑到将算法定义为一系列指令，当具有相同元素的类似代理以相同顺序重复时，每次都会产生类似的结果。这种公式化的风格不仅可以与本土社区的口头传统联系起来，而且可以与食谱、编舞和仪式联系起来。当你把这些历史放在一起时，对于萨帕塔运动来说，数字技术和互联网的使用似乎是萨帕塔运动一个合乎逻辑的举措。从那个时期开始，你可以看到这种算法思维在墨西哥使用数字技术的当代艺术实践中得到了应用。在拉丁美洲，电子文学有着如此悠久的传统，比如墨西哥、智利、阿根廷和乌拉圭等地。

明：多琳关于语言本身是一种工具的观点——尤其是萨帕塔主义者关注发言人根本上是发表诗意演讲或朗诵诗歌，试图代表他人发声——这种语言及其力量也让我思考了这些分类法和范畴的潜力，它们根本上是语言本身的一个分支。这让我想起了朱迪斯·巴特勒（Judith Butler）对索杰纳·特鲁斯（Sojourner Truth）《难道我不是女人》（Ain't I a Woman）演讲的分析，她在其中描述了"我们不仅通过言语行为行事——言语行为也对我们产生影响"的方式。换句话说，巴特勒描述了我们是如何生于这些范畴中并在其中社会化的。那么，我们的目标是彻底分解和消除这些术语吗？或许，给某物命名就是为了了解它，这就是我们看到各种线索和分支出现的原因，尤其是与赛博女性主义有关的领域，比如黑客女性主义（Hack Feministas）、异女性主义（xenofeminism）和网络女性主义（netfemi）。

多：你可以看到的另一个领域是硬件黑客攻击传统，对我来说，这一传统与埃内斯托·奥罗萨（Ernesto Oroza）等研究人员的工作有关，他撰写了关于技术不服从的文章，而埃德瓦多·纳瓦斯（Eduardo Navas）的工作则探索了再混音理论。他们的研究强调，在文化上，我们习惯于思考离散单元并重新定位它们来构建一些不同的东西——无论是新的设备，经过改装的设备或界面，还是通过语言构建的东西。这可能是我们拥有一个悠久的电子文学传统并考虑编程语言的诗意启示，以及拥有一个从零开始构建自己机器的传统的原因。黑客攻击的观念，以及以一种战术方式介入事物的观念，**与故障动量**（glitch momentum）的概念相辅相成——让事物以不同的方式运行，即使这种运行只持续一秒钟。这些意识形态在墨西哥围绕艺术生产的对话中体现得非常明显。

[10] 明迪·苏在《赛博女性主义索引》的新书发布会上，新博物馆，纽约，2022年11月14日。摄影：彭泽萱（Shina Peng）

明：与多琳提到的和电子文学并行的硬件黑客攻击传统特别相关，我真正喜欢的项目之一是一件克劳·金齐（Klau Kinki，又名Klau Chinche）创作的网络艺术作品，名为《阿纳查、露西和贝齐》（Anarcha, Lucy and Betsey）。该作品聚焦电子文学，但是从根本上也为我们提供了一些妇科史的知识。她在这里谈到了语言的殖民化，甚至我们自己身体的殖民化。19世纪美国，马里恩·J. 西姆斯（Marion J. Sims）医生未经同意对三位奴隶女性阿纳查、露西和贝齐的身体进行了实验。克劳·金齐发现，性高潮期间充血的腺体以西姆斯医生的一位男性同事的名字被命名为斯基恩氏腺（Skene's glands），而在《阿纳查、露西和贝齐》（2015）中，她提示我们将其重新命名为阿纳查氏腺。这是一种兼具两种特质的混合——它是黑客攻击传统的一部分，部分是关于这种语言权力的，也是构建在多琳谈论的这种大型网络艺术史中的。

碧：过去几年，人们见证了对Web 3.0的猜测。当围绕这一技术进步的兴奋被吸收消化时，你们认为数字艺术的观众和创作者会是什么样子？他们会有什么需求？

保：当蒂姆·伯纳斯-李（Tim Berners-Lee）首次为万维网开发协议时，它比现在更具交互性。例如，网络发布文档的全部意义在于其他人可以编辑它们。相反，它主要成了一种自上而下的发布机制；从根本上说，大型组织向用户推送信息，而用户的回应方式则很有限。回应并非不可能，但肯定不容易。

我希望Web 3.0能够提供同样的全球意识，但是本地交换与全球实体之间的交互和关系更本地化。例如，多琳提到了本土社区，他们将能够使用该系统并与自己本土社区之外的人交互。我认为这种情况已经开始在澳大利亚的本土社区中出现，他们二百多年来一直受到殖民者的恶劣对待，仍然处于边缘地位。我对Web 3.0的期望是系统中有更多的双向性，更多的参与，而不只是单向的超大规模网络广播。

多：我想补充一点，我认为这是一个解压互联网的机会。在世界的这一边，我们目前有三家大公司——Meta、Google和Amazon（亚马逊）——它们几乎统治了线上发生的一切，似乎这些边界之外别无他物。我期望Web 3.0中发生的是，你将看到解压导致的其他可能性；我们不再将这些垄断视为发生每次交换的一部分。反过来，我们将获得一种能动感，不仅在我们的数据方面，而且在我们彼此交互的方式方面，而且我们实际上能够选择在哪里以及如何进行在线展示。我认为，这是我们以前觉得理所当然的事情：某些类型的交互或交换必须在这些特定的地方发生，但是实际上，我们可以考虑通过其他方式来重新获得这种能动性，选择以不同的方式去做和分享。

另一方面，回到我们之前谈到的Web 3.0中的档案和档案实践可能性上来，我还认为这里有一些东西可以丰富活跃或流动档案的概念。例如，当你想到那些已经工作了二十多年的网络

11 （本页和对页）电子干扰剧场（EDT），《洪水网》，1998年，交互网站，截屏

艺术家时，跟上时间会变得非常困难——因为域名和服务器的永恒更新和永恒支付等。我认为在Web 3.0社群中，也有一些东西可能有助于减轻这些保护实践带来的压力。

有了Web 3.0和互联网的这种解压，我认为你可能会有更小的社区，它们会变得更活跃，而且更可获得。我认为我们已经可以在围绕模因账户的对话中看到这样的东西，例如，在Instagram上。感觉好像当你达到一定数量的粉丝时就成功了，但是随后事情就会失控。对Web 3.0社群和推动这一对话的人来说，去中心化是一件非常有价值的事情——我认为这不一定是互联网本身的去中心化，而是我们在互联网上的注意力以及我们导航它的方式的去中心化。

明：我确实认为，当谈论Web 3.0时，阐明我们具体指的是什么很重要。例如，如果我们谈论的是去中心化，那么几十年来已经有了去中心化协议——例如，想想种子下载。但是如果我们聚焦Web 3.0作为一种去中心化、区块链技术和基于代币的货币的模式，那么我想对保罗和多琳所说的话稍作反驳。我确实认为，即使去中心化是目标，我们实际上看到Web 3.0中正在发生很多中心化——加密货币交易平台Coinbase（币种基础）根本就是一家银行；大多数交易发生在同样极少数几个链条上。而且NFT销售的最大市场是OpenSea（开放海洋）。因此，尽管肯定有新的链条出现，但是我们也开始看到一些卖房寡头垄断的出现。

我想回到多琳关于Web 3.0档案承诺的评论上来。如果我们考虑这些类型的交易，也许它们在某种程度上是在存档元数据并加强与这些不同区块的链接，但是就NFT而言，它实际上并没有保存艺术作品本身，无论是JPEG或软件还是PDF。它加强了这两个事物之间的交易链接，但是实际上并没有保存或仿真原作的人工制品。我认为这迫使我们重新考虑这个空间的档案承诺实际上可能是什么。

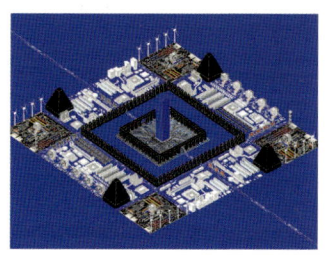

[ANTI]MATERIA网站，截屏

话虽如此，就多琳关于解压的说明而言，我们已经开始看到，许多在这些主流平台上被排斥的人正在从区块链中找到一些安慰，因为我提到的东西——例如去中心化、匿名、加密货币……性工作者，已经确实推动了这个空间的发展。由于在主流平台上出售劳动力受到严格监管，他们是第一批开发加密货币活跃用途的人。这是一个边缘化社区如何选择这一工具并将其用于争取自己利益的例子。

13 《评论散步》（*Caminatas comentadas*）现场，由多琳·里奥斯组织，数字文化中心，光之纪念碑（Estela de Luz），墨西哥城，2021年12月4日

莉萨·朗、凯拉尼·尼科尔和尼姆罗德·瓦迪与葛立桦

Presenting, Collecting and Preserving Digital Art
展示、收藏和保存数字艺术

　　莉萨·朗是柏林尤莉娅·斯托舍克基金会的艺术总监，该基金会是一个非营利艺术和文化组织，致力于基于时间的艺术的公开展示、推广、保护和学术研究。

　　凯拉尼·尼科尔是TRANSFER的创始人和总监，TRANSFER是一个聚焦纽约、洛杉矶和迈阿密当代艺术中仿真和去中心化世界的空间。

　　尼姆罗德·瓦迪是arebyte的创始和创意总监，arebyte是一家总部位于东伦敦、从事数字艺术领域工作的非营利艺术慈善机构。

立：我想从了解你参与数字艺术展示的模式开始。凯拉尼，你会如何描述你在展示实验媒体艺术中的作用？

凯：在过去的十年里，TRANSFER一直聚焦个展，主要是新兴的女性重塑技术运动。每个展览，我们都会重新构想画廊，每次将整个空间交给一位艺术家，将其视为一个"全息甲板"而非一个白立方——并询问我们如何能将作品从屏幕上带出来，创造一个沉浸的环境。我们为虚拟艺术的实体和具身体验设计展览。TRANSFER的艺术作品通常从游戏引擎、虚拟世界或浏览器中的在线开始，因此该项目聚焦将虚拟带入画廊的实体空间。将这些视为同一个空间，每个空间都有独特的启示，这始终是我们项目的基石。

尼：arebyte和TRANSFER有一些平行的演化。两者都处于实验的前沿：我们不怕拿一些东西试水，看看它是如何运作的，也不怕与那些对艺术形式与媒体之间的艺术边界没有概念的艺术家合作。这是最好的一点——采用科技行业中非常流行的新技术，无论是软件还是硬件，然后突破其能力的边界。在arebyte，我觉得我们已经超越了展览制作的传统观念，尤其是当我们处理一个新领域时，在这个新领域里，我们正在创造讨论的基础。从委托创作以及我们合作的艺术家的角度来看，我们的组织真的让我们能够创造当下，这非常令人兴奋。

1 LaTurbo Avedon（拉特博·阿维登），《你的进度将被保存》，"虚拟工厂"（Virtual Factory）系列，曼彻斯特，2020年—今正在进行，视频静帧

arebyte最初是一个为使用前沿技术的艺术家提供驻留的地方。从一开始，2013年，我们就从批判性视角看待这些技术，了解如何以不同的方式看待它们。我们擅长实验，预见关键方面，然后冒险。承担风险非常重要，尤其是在我们运行的世界里——从我们承担的风险到艺术家承担的风险。以线上策展为例——了解线上正在发生的事情，研究如何以不同的方式展示艺术——我们已经通过各种项目做到了这一点，而且我更愿意把它们描述为我们已经实施和推出的项目，而非我们策划的展览。在我看来，策展始于展览并终于展览，我们不想这样做；它们的生命会延续下去。我们需要考虑这些项目和艺术作品的持久，总是新颖和令人耳目一新的新媒体观念，以及处于事物前沿的意义。

立：莉萨，我很欣赏尤莉娅·斯托舍克基金会的工作与众不同，但我感兴趣的是，你们三位有着许多相同的挑战和抱负。

莉：是的，我们的切入点完全不同。我们更多地在收藏、艺术史研究和项目策划的博物馆和机构的语境中运作。但是我将学习持久的观念，因为每个收藏都是这样开始的。尤莉娅·斯托舍克在21世纪00年代初就开始购买录像艺术作品，此后建立了一个拥有九百多件作品的私人收藏，其中80%是基于时间的。在"基于时间的"范围内，我们涵盖了声音、表演、电影——所有类型的模拟电影和数字视频——虚拟现实、增强现实和基于计算机的作品。它是全面的，我甚至认为摄影是一种基于时间的艺术，我们这样把玩这些边界的漏洞。

尤莉娅购买的首批作品来自米卡·罗滕伯格（Mika Rottenberg）和亚伦·杨（Aaron Young）。从那时起，她就全身心致力于基于时间的艺术。从一开始，这些作品的公开展示就与收藏行为同等重要。因此，2007年，她在杜塞尔多夫开设了尤莉娅·斯托舍克收藏馆（Julia Stoschek Collection），该收藏馆经过翻修，配备了基于时间的艺术博物馆所需的所有基础设施。

2 米卡·罗滕伯格，《玛丽的樱桃》（*Mary's Cherries*），2004年，来自混合媒体录像装置的静帧：胶合板、地毯、视频（彩色，有声），10分钟

它还包括最先进的媒体存储，我们与两位保护人员合作，他们每年来一次进行清点，确保硬件和软件保持可读。当然，由于我们的信条是"一个副本不是副本"，所以我们有多台服务器，所有收藏都被数字化并被持续监视以防过时。收藏、保护并使这类艺术作品可以访问是一项坚定的长期承诺。这就是我们已经完全过渡到自称尤莉娅·斯托舍克基金会的原因。我们所做的事情超出了大多数私人藏家的工作范围。

立：尼姆罗德谈到了风险的重要性，进一步探讨这一点很有意义。

莉：就我们而言，风险的观念与持久的问题有关。保持所有媒体的活力，需要大量的基础设施。自从艺术家开始使用技术，如此多的录像和数字艺术作品已经丢失；盒式磁带和硬盘已经在字面上被损坏了。我们正在进行的保护只是更大池中的一滴水，但希望从长远来看，它将是重要的一滴。

凯：风险是我实践的核心。我很幸运能够将TRANSFER维持成一个风险与信任结合的空间，帮助艺术家将他们的实践提升到另一个层次。通过在画廊和艺术家带来的资源方面保持透明，灵活应对并创建共同的问责制和所有权意识是我们在TRANSFER中做得很好的事情。我是科技行业的专业人员，在过去的十年里，我把很多薪水都投入到这些工作室中——我认为自己的做法更像是一位斗志昂扬的慈善家，而非一位画廊主。艺术家和我有着共同的期望，我们一起谈论风险、资源、限制，以及最重要的我们想要的结果。我们最终以一种在机构框架内绝无可能的方式工作。在TRANSFER，我们保持了一种朋克/DIY（自己动手）精神，但是制作水平很高。TRANSFER呈现得就像一家画廊，尽管它背后没有市场。从第一个展览开始，这里就吸引了很多评论家的关注，也吸引了很多策展人的关注，但是在全球范围内只有少数备受好评的收藏在对这类可变媒体和线上公共艺术的照护（care）进行投资。

立：在博物馆领域，保持事物的运转，尤其是硬件，是一个我们熟知的风险，但是除此之外，你们如何解决照护以及需要具备协作性和包容性的问题？

凯：莉萨，听你谈论基金会硬件面临的一些挑战真是太好了，因为我们目前正在思考将去中心化照护作为一种弹性形式的想法。正如你提到的，一代实验艺术实践正在面临丢失的风险。可变媒体和虚拟世界需要被表演、恢复、更新、照护、安装、打开。加载文件或按下播放按钮本身是一种表演。我一直在尝试通过思考去中心化护理来降低风险的方法，这种照护需要在某种程度上具备可访问性、信任度和透明度，但是艺术界的稀缺性思维对此感到非常不舒服。

尼：开放性是arebyte的核心。试图将开源的观念整合到一个组织中是很棘手的。从实际上说，我们如何将其落到实处呢？首先，我们没有办公室。我们刚开始的时候就没有办公室，因为我们根本没有空间，但是我们发现这可以让参观者感到更多的开放性。他们来了可以和总监或者策展人谈话；他们不会坐在桌子后面、躲在超大iMac屏幕后面的人谈话。我觉得，这就是更传统的蓝筹画廊的问题——进入这些空间你会感到害怕。我仍然害怕这些地方："我会因不明白面前的是什么而感到愚蠢吗？"当我们处理新技术时，必须允许开放性和一种评判的态度："进来吧，我们聊聊。"对我来说，所有这些信任和风险的问题都可以用更大的开放性来解决。

莉：在基金会，我们非常关心观众在参观时的体验。我们问自己，如何最好地应对这些复杂的工作。观看2500平方米的大型演出可能过于刺激，因此我们的目标是创造一种流动性，使参观者能够从图像和声音中获得片刻的休息。我们正在构建的另一件事是一个在线网站，在这个网站上，所有来自收藏的作品都可以完整地进行流式传输，无须任何登录或费用。到目前为止，网上大约有260件作品。我认为大多数艺术家都对这个想法持开放态度，这很棒。

立：这让我们很好地了解了参与和社交的模式。在实体空间中使用数字技术面临什么挑战？这与虚拟或在线邂逅有何不同？

凯：实验媒体展览设计是我们TRANSFER的强项。虚拟艺术作品通常是通过设备独自体验的，但画廊是一个社交空间。我们从观念上思考作品的启示，并从艺术家的意图出发。在设计一个虚拟作品的展览时，我们首先考虑虚拟体验并探索将其带入实体空间意味着什么。我们如何以一种实体的、具身的方式创造必然的体验，创造理解或一个切入点，让观众轻松地进入他们在虚拟空间中可能期待的东西？当代艺术观众是在线和全球的，因此更多的人在互联网上看到实体装置，而非实际参观这个空间。我们经常通过Instagram的镜头来进行展览设计，用蓝色胶带绘制展览的线框图来测试当前各款iPhone的拍摄角度。在Web 2.0时代，了解人们如何在互联网上捕捉和传播这些作品至关重要。这种社交递归循环就是TRANSFER的意义所在。随着Web 3.0和AI的出现，这种情况正在发生变化，但是我认为，围绕虚拟展览的网络文化仍然有很大的意义空间。

尼：在策展和展示方面，我们努力确保我们的每个项目和每个展览，无论是现场的还是线上的，都与以前的不同。对我们来说重要的是，我们不会试图找到一个可以复制的获胜公式，因为我们很快就会感到无聊。我们希望突破空间的物理边界，看看会发生什么。线上的情况类似——当我们2014年开始做在线展览时，它是非常令人兴奋的，因为关于这件事的讨论不多。我们说，"好吧，让我们试试，看看会发生什么。"我们称之为storage-un.it并在画廊里放了一个有小型存储设备的监视器来现场访问我们的线上项目。然后新冠疫情发生了，所有人都去了线上，这对我们来说是一个很容易的过渡，因为我们已经在那里了。线上过去是，现在也是我们的家。

几年前的一个例子是，当时我们与奥利亚·利亚利娜合作，她是一位网络艺术先驱，在该领域工作了近三十年。我们正要在伦敦推出她的首个实体个展，但2020年的开幕日是英国封锁的第一天，所以我们不得不把展览转移到线上。这很简单。奥利亚的反应是，"好的，当然，我已经做过一段时间了，我没问题"。这有点令人失望，因为我们想在现场展示这些作品，但几乎有点诗意的是，我们为一场实体展览付出了很多努力，这些努力最终只能在线上体验。这个展览非常成功——《纽约时报》和《金融时报》（Financial Times）等各大媒体都有报道——而且它强调了一些我们已经知道但是许多其他组织还不清楚的事情。关于数字艺术，还有其他思考方式——我们不需要在画廊空间的边界内思考。

莉：我认为这就是为什么像arebyte和TRANSFER这样的地方如此重要，因为博物馆和机构还需要二十年才能赶上。我们需要去中心化的地方，以满足很多这类需求和观众。这是我经常提醒自己和我们团队的事情——我们正在做很多博物馆还做不到的工作。

立：我想回到观众上来，要问的是，此时此刻谁在寻找这种特殊的艺术？

凯：这因艺术家而异。当我们与像LaTurbo Avedon这样在游戏环境中创作的艺术家合作时——例如，他们最近受曼彻斯特国际艺术节（Manchester International Festival）委托，在Fortnite Creative（《堡垒之夜》创意模式）中创作了一件名为《你的进度将被保存》（Your Progress Will be Saved）的装置——观众是游戏玩家，艺术界可能永远无法拥有数百万观众。我对另类观众着迷，尤其是技术的代际应用。在洛杉矶，TRANSFER发现了艺术家亨特列兹·雅诺斯（Huntrezz Janos），她在疫情期间创作了一系列增强现实面部滤镜。我们一起将这个系列扩展到了Instagram之外并为白立方做了准备。当然，孩子喜欢玩这件作品，但是它能引起几代人的共鸣。2023年，亨特列兹的面部滤镜装置在沃

3 奥利亚·利亚利娜，《尽力而为网络》展览。装置现场：arebyte画廊，伦敦，2020年

斯堡现代艺术博物馆（Modern Art Museum of Fort Worth）的展览"我将是你的镜子：艺术与数字屏幕"（I'll Be Your Mirror: Art and the Digital Screen）中展出——这是她首次参加博物馆展览。亨特列兹向我们展示了技术可以如此简单和直观，任何人都可以接近并与作品交互——不会感到害怕。

TRANSFER的线上全球观众是五十多年来充满活力的非主流艺术亚文化的一部分，这种非主流艺术亚文化可以追溯至20世纪70年代的艺术与技术实验（E.A.T.）并植根于学术界、艺术家运营的空间、像电子艺术节这样的国际艺术节以及像Rhizome和Eyebeam（眼光）这样的21世纪00年代的美国组织。我们的主要观众一直是围绕实验媒体艺术的社区。随着"数字艺术"走向主流，这些观念现在正在抵达更多的观众，所以我们已经开始制作一部关于TRANSFER过去十年的生成纪录片《近乎实时》（Almost in Real Time）。因为无论你的机构有多大，或者你的展览有多精彩，一个展览永远不会像一部电影、一款游戏或其他更流行的文化传播形式那样抵达那么多人。

尼：科琳娜，你的问题让我想起了我第一次意识到互联网存在的时候。这让我对网络的早期充满了怀旧之情，当时的通信令人兴奋——"哇，我正在和美国的某个人说话，太不可思议了！"或者"我正在从德国或者哪里的一台服务器下载《猴岛小英雄1》（Monkey Island 1）"。起初，它是一个非常核心的电脑迷群体，但是现在它正在转变。这很棒，因为年轻观众本能地会理解它。在我们的一个项目中，我们正在与来自ELAM（东伦敦艺术与音乐，East London Arts and Music）学院的十六至十九岁的当地学生合作，共同设计一款游戏。他们立刻就明白了这个项目的主旨。他们在我们的一个展览期间参观了画廊，那个展览是丹妮尔·布拉思韦特-雪莉的《她让我该死地活下去》

4 亨特列兹·雅诺斯,《金属丝聚碳酸酯》(*Tinsel Polycarbonate*),2019年,增强现实面部滤镜装置

（2022），这是一款第一人称射击游戏，要求观众保护黑人跨性别者的生命。从他们走进画廊的那个时刻起，他们就明白了这款游戏的主旨。当其他年纪稍大的人走进来时，这更像是一种探索。你需要解释这件作品的关键面向，而且从艺术专业人员的角度来看，这种解释也是重要且有趣的，因为它也让我明白了为什么自己如此喜欢该作品，以及为什么自己认为它如此重要。这促使我重新考虑——发现那些不认为我们的作品是"艺术"的新观众，让他们接受新的思想和观念，这是一件非常令人耳目一新的事。

立：我想回到遗产这个问题上来。我对这些去中心化的空间感兴趣，但是也对这些数字艺术实践发生环境的变化本性感兴趣。你谈到博物馆落后了二十年，但这种机构模式也是该领域寻求、渴望的吗？

尼：在我们来看，为保存想出并制定一个策略是很难的。我们是一个资源有限的小团队，我们的工作节奏很快，那么我们应该如何计划？我们如何才能面向未来？这是我们现在必须做的事情，但我们没有资源。这就是与V&A和泰特美术馆等机构对话非常重要的原因，这些机构有资源和知识来开始思考这个问题。对我们来说，一切都是线上存储的，但是当拥有服务器的公司突然改变其条款和条件，我们不再拥有访问权限时，会发生什么呢？那么，谁才是那些知识、数据和艺术作品的看门人呢？

凯：TRANSFER正在一个实验保存空间中运行；我们正在为一种新型文化基础设施的愿景设计原型。我做的一系列实验可以追溯至2017年，这些实验提出了一个问题："如果艺术家可以控制自己的工作室将会怎样？"所以，如果不是让画廊主清点库存、持有库存并给他们一份合同，而是情况相反将会怎样？如果艺术家被赋权持有自己的作品、控制访问权限并根据自己在实践中实际得到支持的情况来决定如何分享利润将会怎样？

这些实验已经演化成了一个名为TRANSFER数据信托（TRANSFER Data Trust）的提案，这是一种思考艺术家主权和权利以及源自工作室的价值——文化价值——的新方式。我们已经看到了投机时期数字艺术作品的定价激增，但文化价值是如何创造的？它经过长时间的演化，相关的金融价值也倾向于在长时间内积累。从艺术史中我们知道，这对活着的艺术家没有什么帮助。TRANSFER数据信托是一个针对数据的合作"家族办公室"（借用金融界术语）。其观念是，我们可以以信托的方式持有数据，我们可以一起照顾它，来帮助确保其价值提升，因为我们正在汇集它背后的资源和劳动。我们还可以利用其价值并以非金融的方式进行交易：知识、劳动、价值、历史和语境的交换。这是一个真正去中心化的愿景，每位艺术家的工作室都有一个档案存储设备节点；他们持有自己所有作品的库存——以及价值，并安全地为彼此的作品添加冗余副本。

在技术史上，实验媒体艺术家目前处于一个独特的地位。当代艺术领域是少数几个行业之一，这些行业拥有经过充分测试的模型来评估根本上是数据的资产。艺术作品的评估需要状况评估，这需要保护专家。作为独立艺术家，很难为自己的作品维持这种水平的照顾。数据信托的假设是，我们可以通过共同努力来提升效率，而且可以汇集资源来创造价值。这是一个我们刚刚与十位TRANSFER艺术家开始的推测性设计实验——对他们的库存进行存档、评估和评价，来以信托持有它。如果这种模式被证明是可行的，艺术家将以一种不同的方式思考其作品的价值。

尼：在arebyte，我们一直在思考类似的事情。艺术作品的分布模式是什么，谁处于控制之中？我们对权力的流动有着非常类似的问题，但是目前我们的大部分努力都聚焦在实体店面上。我们正在扩建一个比目前空间大十五倍的建筑，那里将是大型画廊空间、小企业工作空间、初创企业和自由职业者的家，他们在创意×技术、教育和制造生产设施的交汇处工作。通过这种方式，我们希望超越目前画廊、策展实践和在线平台的局限，为从业者和观众提供对英国和世界各地数字艺术景观的深入了解。我们的目标是建立一个支持数字艺术社区的生态系统。

莉：与任何健康的生态系统一样，我认为需要有许多不同类型的空间和模式。对许多艺术家来说，有画廊就提供了一个支撑结构，帮助他们处理的不只是存储。这意味着他们无须事事都亲力亲为。画廊可以帮助协商费用，处理委托和展览合同，提供行政支持，与媒体对接，以及最终决定作品卖给谁——他们可以审查藏家。如果你有一件限量版作品，你是想把它卖给任何人，还是想确保购买它的个人或机构会妥善保管它，使其流通并确保它比艺术家的生命更长久？这可能非常有价值。在电影和录像领域，艺术家经常合并分布渠道。他们通过开源软件库或录像数据库（Video Data Bank）和电子艺术混合体（Electronic Arts Intermix）这样的分布和保存组织进行分布并通过画廊进行销售。这意味着作品能够抵达不同观众。我认为启用这些多种途径很重要。

立：虽然机构在专业知识或价值定义上没有垄断，但是收藏行为仍然强大。你们对传统意义上的收藏和你提到的新框架有何看法？

凯：TRANSFER自2015年起一直在建立收藏。我们收购的第一件作品是洛娜·米尔斯（Lorna Mills）的《梦幻贻贝》（Dream Mussell, 2015）。我每做一个展览，都会试图收购一件作品，哪怕是一件较小的作品，哪怕是展览中的一幅草图，以便将其纳入TRANSFER收藏。当NFT兴起时，许多TRANSFER的艺术家选择加入Tezos生态系统，因为我们相信要跟随他们的脚步，所以我们开始进行收藏。画廊总监韦德·沃勒斯坦（Wade Wallerstein）为TRANSFER策划了一个包含数百个NFT的广泛收藏，捕捉到了艺术实验在Web 3.0中蓬勃发展的时刻。数据信托也将持有各种各样的收藏。我们的远大抱负——除继续扩大收藏并永久保存这些艺术作品之外——也是以信托方式持有其他类型的资产，比如房地产。艺术家有自己的画廊意味着什么？这是一种收藏和建立文化遗产的替代模式，回归到更像艺术协会的权力动态，社区中的每个人都在帮助维护一个聚集在一起谈论艺术和观念的空间。

尼：DAO（去中心化自组织）的观念和区块链技术的可能性已经存在很多年了，这让我想到了收藏的观念，谁拥有收藏，或者收藏的首要原因——特别是与NFT的出现及其繁荣的原因有关。对我来说，这似乎更像是传统艺术行业中存在的机制——这是我们需要摆脱的。区块链允许这些不同的思维方式，但是NFT市场实施区块链的方式与旧的思维方式如出一辙。2022年，我们还与LaTurbo Avedon合作了一个名为《零号俱乐部》（Club Zero）的项目，该项目伴随着三个作为非同质化人（non-fungible people, NFPs）的新化身的出现进行。该作品扩展了NFT和区块链系统在艺术中的作用以及未来可能寻找此类技术的方式——参与性、协作性和深思熟虑。

那么，我们如何创造一些共同拥有的资产呢？我们如何建立一个开源、不断发展并将继续通过作品展示为从事数字工作的艺术家提供稳定收入的收藏呢？我认为这就是凯拉尼所从事的相关技术的优势——正是通过对媒介本身非常挑剔，才能让你始终考虑到这一点并理解它没有真正发挥作用的原因。这当

5（第162—163页）洛娜·米尔斯，《梦幻贻贝》，2015年，动画GIF和1080p视频

6（本页和对页）LaTurbo Avedon，《零号俱乐部》，2022年，来自交互视频的截屏。arebyte画廊委托创作，伦敦

然会给V&A等组织带来问题,因为机构很难变得灵活,它们的时间框架太长了。所以,可能性在于我们,在于我们的组织规模。

莉: 我觉得我们正在将艺术市场和整个艺术生产混为一谈。许多组织和空间在市场之外运作,而且是非营利的。它们依靠公共资助和会员,至少在欧洲是这样的。如果能够找到一种模式,让艺术家可以仅靠展览费生存,那就太棒了,但是这意味着他们的作品要定期展出,这种情况并不常见,或者他们要获得更高的艺术家费,这可是许多较小空间负担不起的。再一次,这让我回到了增加各种分布渠道的观念上来。

至于收藏基于时间的艺术和数字艺术,我非常支持接受藏家和收藏系列的主观性和偏向性。藏家个人有自己的兴趣和情感;机构有铭刻在其DNA中的议程。我喜欢将事物与劳动的人联系在一起。只有当主观性和偏向性被称为是普遍的或中立的,甚至是自然的时,这才成为一个问题,这就是过去二百五十年里欧洲发生的事情。

其次,收藏电影、录像和数字艺术在某种程度上是乌托邦的。杰马诺·切兰(Germano Celant)称艺术家电影为"小乌托邦",因为传播模式植根于艺术物品的可再现性。如你所说,尼姆罗德,NFT只是延续了艺术市场最糟糕的部分,因为人们疯狂地投机。从根本上说,基于时间的艺术和媒体与我们的市场体系相互矛盾,因为这些艺术品是可复制的。没有原作,这意味着它们永远无法传统地积累货币价值,因为第一,它们不是独一无二的,第二,它们无法购买实体保险(我想NFT正在努力解决这个问题)。我喜欢这个。我们在这里有一些在我们遵循的系统中不起作用的东西,即使它已经适应了这个体系。

我们只能拭目以待,看看从长远上说机构会产生多大的影响。如果我们摆脱它们的民族血统,将它们视为一个充满创造力、人与观念迁徙的世界宝库,那么是的,我希望它们永远存在并确保文化人工制品在当前的全球危机中幸存下来。

Timeline
时间线

　　这一时间线呈现了从20世纪50年代计算机最早的创造性尝试到21世纪数字世界的一系列事件、创新、展览和出版物。通过跨时间和地理建立联系，它旨在将计算机和数字艺术实践的网络本性情境化并加以展示。

时间线

1948

美国数学家诺伯特·维纳出版了《控制论：或关于在动物和机器中控制和通信的科学》，建立了控制论的多学科领域。

1952

美国数学家兼艺术家本·拉波斯基制作了他"示波图"系列中的第一件作品。

1954

约翰·巴科斯（John Backus）及其团队在IBM开发了计算机编程语言FORTRAN。三年后，它推出并使用了穿孔卡片，使程序员能够向大型主机计算机发送命令。

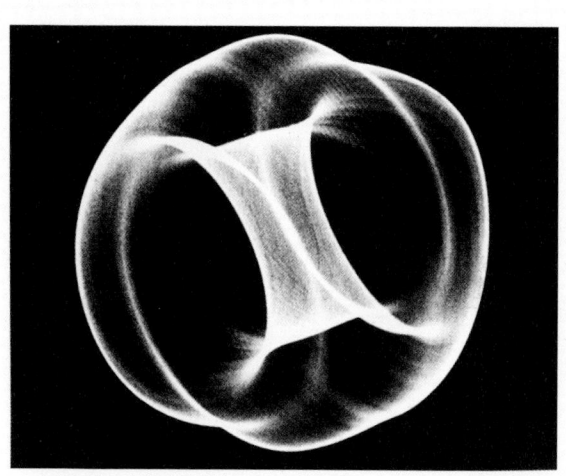

本·拉波斯基，《示波图40》（Oscillon 40），1952年，C-type影印，20.3厘米×25.1厘米（8英寸×10英寸）。V&A: E.958-2008

1960

美国平面设计师威廉·费特的领导凡尔纳·L. 哈德逊（Verne L. Hudson）首次使用了术语"计算机图形学"。费特在波音公司担任艺术总监期间，制作了一些最早的矢量人像绘画。

1961

英国艺术家戴斯蒙德·保罗·亨利是曼彻斯特大学艾伦·图灵的同事，他创建了自己的第一台绘图机，使用的是一台模拟轰炸瞄准计算机。

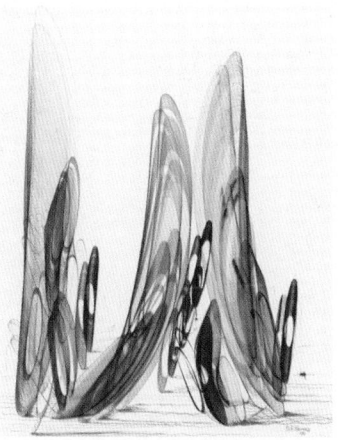

戴斯蒙德·保罗·亨利，《在海滩上》（On the Beach），1961年，钢笔和墨水机械绘画，32.1厘米×27.3厘米（12¾英寸×10¾英寸）。V&A: E.376-2009

1963

爱德华·扎亚茨（Edward Zajac）在新泽西州的贝尔实验室创建了已知第一部卫星围绕球体轨道运行的计算机动画。扎亚茨是许多有创造性思维者中的一位，他们对开发早期计算机程序发挥了重要作用，这些人包括肯尼斯·诺尔顿、A.迈克尔·诺尔和利昂·D.哈蒙（Leon D. Harmon）。

1963年1月
《计算机与自动化》杂志举办了计算机艺术大赛，这是最早认可计算机艺术为一种媒介的奖项。

1965

1965年2月4日至19日
马克斯·本斯在斯图加特大学哲学研究所举办了展览"乔治·尼斯：计算机图形"，这是首批算法生成艺术的展览之一。

1965年4月8日至24日
纽约的霍华德·怀斯画廊举办了展览"计算机生成图画"。展览展出了A.迈克尔·诺尔和贝拉·朱尔兹的作品，这是美国首个商用计算机艺术展。

1965年11月
乔治·尼斯和弗里德·纳克在斯图加特的温德林·尼德利奇画廊展出了计算机生成绘图仪绘画。新闻报道虽然有限，但是包括了德国国家电视台和新闻杂志《明镜周刊》（Der Spiegel）的报道。

1966

1966年10月

艺术家罗伯特·劳森伯格和贝尔实验室电气工程师比利·克鲁弗创立了艺术与技术实验（E.A.T.），旨在促进艺术家与科学家之间的合作。首次活动"9夜：剧场与工程"将艺术家和工程师聚集在一起，创作了一个舞蹈、戏剧和新技术的混合体。

1966年12月

计算机技术小组（CTG）是一个由日本艺术和工程专业学生组成的团体，由幸村真佐男和槌屋治纪创立。他们部分由东京的IBM科学数据中心资助，作为设计办公室和智库运营，也销售艺术作品。

罗伯特·劳森伯格，《9夜：剧场与工程》，1966年，附有圆珠笔和毡头笔的胶版平版印刷，92.5厘米×61.2厘米（36½英寸×24⅛英寸）。纽约现代艺术博物馆，印刷品与插图书基金委员会（Committee on Prints and Illustrated Books Fund），101.2011

1967

1967年10月

贝尔实验室同事肯尼斯·诺尔顿和利昂·哈蒙通过拍摄和扫描舞蹈家和编舞家黛博拉·海的照片，然后将其灰度值转换为符号，创作了《知觉研究 I（计算机裸体画）》。

计算机技术小组，《回归方形》（Return to Square），1967年（1968年印刷），50.5厘米×50.5厘米（20英寸×20英寸）。V&A：E.2705-2016。由计算机艺术学会捐赠，系统仿真有限公司资助，伦敦

1969

1968年10月

洛杉矶郡立艺术博物馆（Los Angeles County Museum of Art, LACMA）启动了其艺术与技术项目（Art and Technology Program, A&T）。它将艺术家与工业联系起来，促成了1971年的同名展览。随附图录《洛杉矶郡立艺术博物馆艺术与技术项目报告1967—1971》（A Report on the Art and Technology Program of the Los Angeles County Museum of Art 1967–1971）坦率地详述了协作创造力面临的挑战。

1968年10月

计算机艺术学会（CAS）由作曲家艾伦·萨克利夫、控制论专家乔治·马伦和建筑师约翰·兰斯当在伦敦建立。为了促进计算机的创造性使用，CAS定期举办会议，开设代码编写和计算机艺术编程课程。

1968年11月27日至1969年2月9日

纽约现代艺术博物馆举办了展览"机械时代末期的机器"。该展览由蓬杜·于尔丹（Pontus Hultén）组织，主要展出了汽车和照相机以及计算机艺术的例子。

布宜诺斯艾利斯艺术与控制论小组（Grupo de Arte y Cibernética Buenos Aires）在接触到日本计算机技术小组（CTG）的作品后创立。艺术家艾德瓦尔多·麦·安泰尔是这个新的阿根廷小组的创始成员。

ACM SIGGRAPH是国际计算机协会的计算机图形学与交互技术特别兴趣小组，由安德里斯·范达姆（Andy Van Dam）创立。

美国国防部信息处理技术办公室（Information Processing Techniques Office）推出了阿帕网（ARPANET），这是一个在地理上分散的计算机之间共享数字信息的开创性网络。这一军事举措成了互联网的前身。

1969年3月29日至30日

计算机艺术学会举办的首个展览"事件一"在伦敦皇家艺术学院举办。

1969年8月至9月

布宜诺斯艾利斯的艺术与传播中心（CAyC）举办了首个国际展览"艺术与控制论"。总监和策展人豪尔赫·格鲁斯伯格（Jorge Glusberg）指出，该展览主要展示了"一种活生生的艺术，由我们这个时代无数的先驱创造，他们使用观念、合成形状或数学方程而非绘画；灯和电机以及信息而非画笔"。

"事件一"邀请函，皇家艺术学院，伦敦，1969年

1968

在新墨西哥大学工作的理查德·威廉姆斯开发了ART1。它作为首批为艺术家设计的计算机程序之一，简化了用计算机创作艺术作品的过程，并促成了ART2和DART1的开发。

1968年5月
《比特国际》是一份与新趋势运动有关的期刊，由萨格勒布市美术馆（Galleries of the City of Zagreb）出版。"趋势4"展览和研讨会探索了计算机作为一种艺术表达媒介的主题。

1968年6月
5月，巴黎爆发了学生抗议活动，很快蔓延到世界各地。包括许多艺术家在内的年轻人参加了反战游行，呼吁公民权利，要求结束种族歧视和政府不公正。

1968年9月
罗伯特·马拉里开发了TRAN2，这是一个早期的计算机辅助雕塑设计程序。马拉里在1969年5月发表于《艺术论坛》的一篇文章《计算机雕塑》（Computer Sculpture）中定义了控制论雕塑的"六个层次"。

1968年8月2日至10月20日
展览"控制论奇缘"在伦敦当代艺术中心开幕。该展览由贾希雅·莱切哈特策划，是迄今为止最大的探索计算机艺术的展览。该展览汇集了艺术家、数学家和科学家等，并随附一张十首曲目的专辑，其中主要收录了伊阿尼斯·泽纳基斯和约翰·凯奇（John Cage）的作品。

1968年9月1日
《全球概览》第一期出版。这本反文化杂志和产品图录由斯图尔特·布兰德（Stuart Brand）主编，通常被认为是Google的前身，一直出版到1972年。

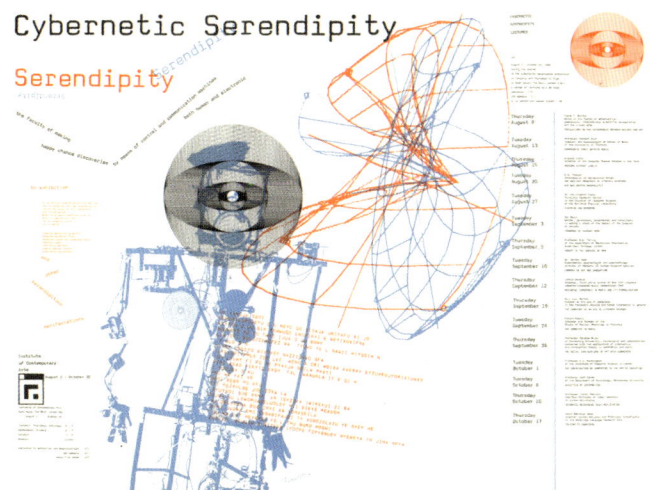

"控制论奇缘"海报，ICA，伦敦，1968年。贾希雅·莱切哈特档案（Jasia Reichardt Archive）

1969年10月
新艺术实验室，也被称为艺术与技术研究所（Institute for Research in Art and Technology），在伦敦卡姆登的罗伯特街开放。该实验室作为排演和画廊空间运营，举办录像、金属和塑料工作坊，并为艺术家提供了一个可访问的计算机工作坊。

新艺术实验室，罗伯特街，卡姆登镇，伦敦，1969年

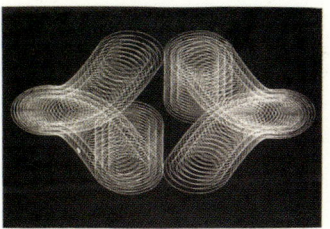

艾德瓦尔多·麦·安泰尔，《无题》，1969年，丝网印刷，31.8厘米×45.9厘米（12⅝英寸×18⅛英寸）。V&A：E.170-2008。由计算机艺术学会捐赠，系统仿真有限公司资助，伦敦

1971

封面,《计算机图形学,计算机艺术》,赫伯特·W. 弗兰克,1971年

艺术家赫伯特·W. 弗兰克出版了《计算机图形学,计算机艺术》(Computergrafik, Computerkunst)。该书同年被翻译成英文,是首部计算机艺术史。

查尔斯·苏黎创立了计算机图形学研究小组(CGRG)。后来,他建立了俄亥俄超级计算机图形学项目(Ohio Super Computer Graphics Project)和艺术与设计高级计算中心(Advanced Computing Center for Art and Design),致力于数字艺术和计算机动画的发展。

第一封电子邮件由计算机程序员雷·汤姆林森(Ray Tomlinson)通过阿帕网发送。汤姆林森使用@符号发送了一条测试消息给自己。

1971年3月
艺术家瓦尔德玛·科尔德罗在圣保罗的阿曼多·阿尔瓦雷斯·彭特阿多基金会(Fundação Armando Alvares Penteado)组织了国际群展"电子艺术"(Arteônica)。

1971年5月11日至6月6日
展览"曼弗雷德·莫尔:计算机图形学,一种编程美学"在巴黎现代艺术博物馆举办。展览展出了一台磁带机和一台计算机绘图机,它们能够实时执行算法确定的绘画。

1972

川野洋,《无题》(Untitled),来自作品集《机械艺术》(Art Ex Machina),1972年,来自计算机生成图像的丝网印刷,28厘米×21.8厘米(11$\frac{1}{8}$英寸×8$\frac{5}{8}$英寸)。V&A:E.236:14-2008

1972年11月29日
雅达利发布了街机游戏《乓》。不久之后,家用主机版本问世,《乓》是电子游戏未来成功的关键。

1976

1976年6月
露丝·莱维特主编的《艺术家与计算机》出版,内容来自使用计算机进行创作的艺术家,包括川野洋、亚伦·马库斯(Aaron Marcus)和爱德华·扎杰茨。

1976年9月9日
VHS由日本胜利公司(Victor Company of Japan Ltd.)发明。这种格式的易用性、非正式性、便携性和即时播放意味着它很快就会受到制作循环和混合作品的艺术家的欢迎。

1976年11月
仙童F波(Fairchild Channel F)发布。在杰里·劳森的带领下,它成了第一台有可互换游戏卡带的机器,因此单个游戏不再需要成为计算机硬件的一部分。

1977

1977年4月
史蒂夫·沃兹尼亚克、杰里·马诺克(Jerry Manock)和史蒂夫·乔布斯设计并推出了 Apple II 计算机。它作为一款可在办公室和家庭中使用的独立设备,是首款取得重大商业成功的个人计算机。

1977年至1984年
大卫·埃姆和吉姆·布林在NASA的喷气推进实验室共同创建了首批可导航虚拟环境。

1979

SPA 12机器人在首届电子艺术节上致开幕辞,1979年

1979年1月
《视觉艺术,数学与计算机:莱昂纳多杂志精选》由弗兰克·J. 马利纳(Frank J. Malina)主编,汇集了1968年至1979年间首次发表在《莱昂纳多》上的五十四篇文章。

1979年9月
汉内斯·利奥波德塞德(Hannes Leopoldseder)、休伯特·博格纳迈尔(Hubert Bognermayr)、赫伯特·W. 弗兰克和乌尔里希·吕策尔(Ulrich Rützel)在奥地利林茨创办了电子艺术节。该艺术节聚焦技术、艺术和社会的未来,后来成了数字艺术的重要艺术节。

1973

高桥士郎（Shiro Takahashi），《气动机器人》（Pneumatic Robots）在东京索尼大厦的首届国际计算机艺术展上，1973

马尔科姆·休斯在伦敦斯莱德艺术学院建立了实验系。包括多米尼克·博勒姆、克里斯·布里斯科（Chris Briscoe）、保罗·布朗、斯蒂芬·斯克里夫纳和达雷尔·维纳在内的艺术家在这里学习并开始使用计算机进行艺术创作。

生于英国的艺术家哈罗德·科恩在加州斯坦福大学人工智能实验室工作期间，开始开发一款计算机程序AARON。

1973年10月6日至21日
首届年度国际计算机艺术展（International Computer Art Exhibition）"控制论艺术之旅"（Cybernetic ARTRIP）在东京索尼大厦举办。

1974

在《后工业社会的媒体规划》（Media Planning for the Postindustrial Society）一文中，白南准预言了一个通过"电子高速公路"连接的社会，这类似后来的互联网。

《创意计算》杂志于11月出版，该杂志刊登了关于编程和把玩微型计算机的文章。

1974年12月
传输控制协议（TCP）和互联网协议（IP）的引入通过指定和标准化数据交换的方式，实现了计算机网络之间的通信。

1975

马丁·纽厄尔对其茶壶进行的最初渲染测试，在犹他大学制作，1975年

马丁·纽厄尔（Martin Newell）在犹他大学学习计算机科学时开发了犹他茶壶（Utah Teapot）。对简单的多面3D多边形进行渲染和着色是新颖的，后来这只茶壶成了计算机图形学中无处不在的校准标准。

1975年3月
加州门洛帕克（Menlo Park）的一群电子爱好者和有技术头脑的业余爱好者聚集在一起，成立了家酿计算机俱乐部（Homebrew Computer Club）。成员包括史蒂夫·乔布斯（Steve Jobs）、史蒂夫·沃兹尼亚克（Steve Wozniak）、杰里·劳森（Jerry Lawson）和丽莎·鲁普（Liza Loop），他们交换零件、电路和如何制造个人计算机的信息。

1981

Quantel公司与艺术家马丁·霍尔布鲁克（Martin Holbrook）共同开发的Quantel 绘画盒（Quantel Paintbox）发布。这款计算机图形工作站为艺术家提供了界面。

1981年9月12日
混沌计算机俱乐部（Chaos Computer Club）是在开源和自由信息伦理下形成的一个黑客小组，成立于西柏林。

艺术家夏洛特·约翰内松（Charlotte Johannesson）和斯图雷·约翰内松（Sture Johannesson）在瑞典马尔默建立了数字剧场（Digital Theatre），这是斯堪的纳维亚首个数字艺术与计算机图形学实验室。它建立了一个由九台计算机组成的网络，一直活跃到1985年。

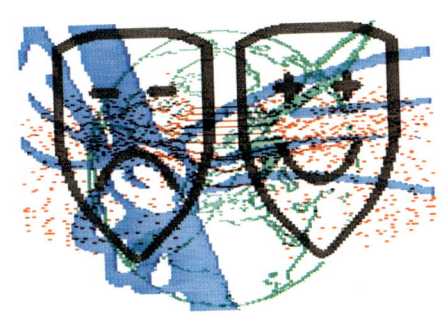

夏洛特·约翰内松，《数字人》（Digital Human），1981年—1986年，纸面绘制的计算机图形

1982

法国电信（France Telecom）推出了Minitel 1，这是一种通过双向视频文本系统服务连接用户的终端。通过电话线和调制解调器访问该服务，用户可以设计并管理自己的聊天室、社群、特殊兴趣网站和艺术作品。

艺术家苏珊·凯尔（Susan Kare）受邀为即将推出的Macintosh（麦金塔）个人计算机设计图标和字体。1983年1月，她被Apple任命为平面设计师。

1982年7月
推想文学作家威廉·吉布森（William Gibson）在其短篇小说《燃烧的铬》（Burning Chrome）中使用了"赛博空间"一词来指代广泛、互联的数字技术。经过对这个想法更充分的研究，两年后，吉布森出版了他的首部小说《神经漫游者》（Neuromancer），该词进入了流行话语。

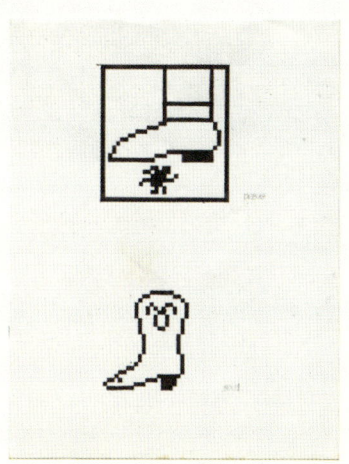

苏珊·凯尔，《图形图标草图》（Graphic icon sketch），1982年—1983年，网格纸上的铅笔和墨水，27.9厘米×21.6厘米（11英寸×8⅝英寸）。设计师赠，由纽约现代艺术博物馆和旧金山现代艺术博物馆共同拥有，113. 2015. 3

1983—1984

1982年12月
《时代》（*Time*）杂志打破了确定"年度人物"的传统，将计算机确定为"年度机器"。这一殊荣标志着个人计算机使用的迅速普及。

1983年7月
SIGGRAPH设立了巡回艺术展（Traveling Art Show）。该展览在乔安妮·卡尔弗（Joanne Culver）的指导下，访问了美洲和欧洲的三十三个场馆，甚至抵达了亚洲的观众。

1983年11月5日—1984年1月25日
弗吉尼亚州塞勒姆的罗阿诺克学院美术馆（Roanoke College Art Gallery）举办了展览"女性与计算机图形学——面向未来的艺术"（*Women and Computer Graphics - An Art for the Future*），主要展出了二十多位从事技术工作的女性艺术家的作品。

莉莉安·施瓦茨创作了计算机生成的拼贴画《大MOMA》（*Big MOMA*）。该作品结合了现代艺术博物馆收藏中的一些例子，采用了加斯顿·拉雪兹（Gaston Lachaise）1932年的青铜雕塑《站立的女人（英雄女人）》[*Standing Woman (Heroic Woman)*]。施瓦茨的委托任务是创作一件作品来宣传纽约现代艺术博物馆新画廊空间的开放，她拍的宣传片成为首部获得艾美奖（Emmy）的计算机生成电影。

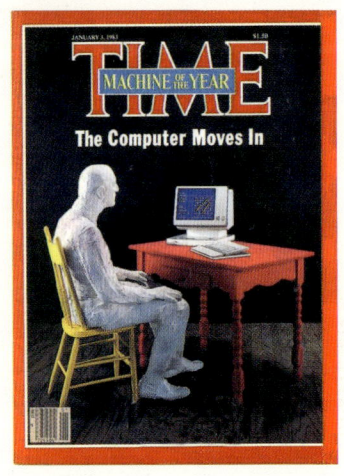

《时代》封面，1983年1月，"计算机入驻"（The Computer Moves In）

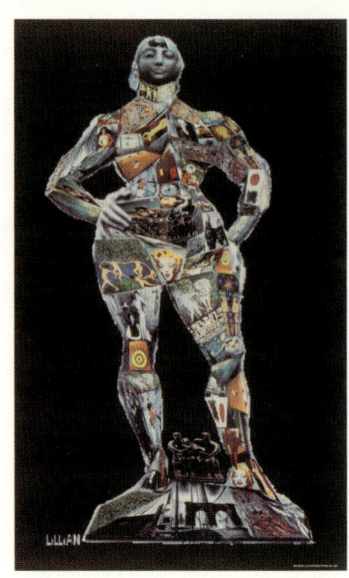

莉莉安·施瓦茨，《大MOMA》，1984年，印刷。
V&A：AAD/2009/19/25/1

1986—1987

策展人卡尔·洛夫勒（Carl Loeffler）和弗雷德·特拉克（Fred Truck）推出了Art Com电子网络（Art Com Electronic Network, ACEN），这是一个聚焦当代艺术的平台，其中包括数字纸《Art Con》，这是一个公告板和虚拟展览空间。

1986年8月18日至22日
艺术史学家兼收藏家帕特里克·D. 普林斯举办了"SIGGRAPH 1986：回顾展"，她在该展览中，明确了艺术家与计算机接触的三种主要方式：作为工具、媒介和灵感来源。

美国计算机科学家杰伦·拉尼尔为其公司VPL研究开发了包括护目镜和手套在内的产品来仿真现实。为了推广这项新技术，他创造了"虚拟现实"（Virtual Reality）一词。

托马斯·诺尔（Thomas Knoll）在密歇根大学攻读博士学位时开始开发他称之为Display（显示）的图像处理软件。他和他兄弟约翰·诺尔（John Knoll）一起改进了该程序，短暂地将其更名为ImagePro。这引起了Adobe艺术总监拉塞尔·布朗（Russell Brown）的注意。经过进一步增强，它在1990年作为Photoshop 1.0在Macintosh发布。

总部位于荷兰的V2_组织（V2_Organization）发表了一份《多变媒体宣言》（*Manifesto for the Unstable Media*），其中倡导需要接触新的电子技术，接受其固有的不稳定性、事故和混乱，并将其用于美学和政治目的。

1987年6月
GIF格式由CompuServe（计算机服务）的斯蒂芬·威尔海特（Stephen Wilhite）和同事开发，作为一种彩色分布"高品质、高分辨率图形"的方式。

1987年9月17日至11月8日
辛西娅·古德曼策划了展览"计算机与艺术"，这是首个聚焦数字艺术的大型博物馆展览。随附目录《数字视野：计算机与艺术》聚焦包括乔治·尼斯、丽贝卡·艾伦（Rebecca Allen）和查尔斯·苏黎在内的艺术家的作品。

1985

艺术家达西·格尔巴格（Darcy Gerbarg）使用实体建模软件 SynthaVision，一种 3D 渲染和动画技术，在新加坡的莱佛士城新建筑群的室内空间展示了她的作品。

1984 年 6 月
因制造 CalComp 绘图仪而闻名的 CalComp 技术（CalComp Technology）举办了一场计算机艺术竞赛来纪念公司成立二十五周年。获奖作品作为名为"电子画笔"（The Electronic Paintbrush）巡回展的一部分展出。

艺术家爱德华多·卡茨利用 Minitel 早期的控制论网络创作了电子诗歌《重新阿布拉卡达布拉》（Reabracadabra）。该作品在里约热内卢的展览"巴西高科技"（Brazilian High-Tech）中展出，卡茨帮助召集了这个展览。

1985 年 3 月
唐娜·哈拉维（Donna Haraway）在《社会主义评论》（Socialist Review）上发表了《赛博格宣言》（A Cyborg Manifesto）。她倡导"赛博格的重塑"，呼吁女性主义者在解放和社会进步事业中利用技术。

1985 年 6 月 28 日
英国乐队"恐怖海峡"（Dire Straits）发布了首部完全 CGI 的音乐录像《不劳而获》（Money for Nothing）。该动画使用博世 FGS4000 绘画盒（Bosch FGS4000 Paintbox），花了三个半星期的时间夜以继日地制作。

1985 年 7 月 23 日
康懋达（Commodore）发布了首款配备定制硬件来加速图形和声音的 Amiga 个人计算机。Amiga1000 具有四声道立体声、基于鼠标的图形用户界面和种类繁多的软件，很快成为流行的创意工具。

1985 年 10 月
MIT 媒体实验室（MIT Media Lab）的成立具有面向未来的使命，即推动当代形式的多媒体和计算技术。

达西·格尔巴格，《莱佛士城》（Raffles City），1984 年，纸上计算机生成彩色喷墨印刷，20.3 厘米 × 63.2 厘米（8 英寸 × 25 英寸）。V&A：E.1035-2008。经帕特里克·D. 普林斯，由 V&A 美国之友慷慨捐赠

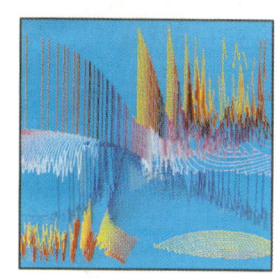

海报，"计算机科学艺术"，计算机图形展览，这是一个有赫伯特·W. 弗兰克和霍斯特·赫尔比格参与的计算机图形学展览（1985 年 6 月 14 日至 21 日）。V&A：AAD/2009/19/25/1

1988

艺术家琼·特鲁肯布罗德出版了教材《创意计算机成像》，倡导计算机图形系统的创造可能性。除关于如何使用输入和输出设备以及图像处理技术的说明之外，该教材还考虑了将计算机融入艺术中的当前和未来影响。

1988 年 2 月
录像电影节（VideoFilmFest）在柏林举办。它后来成为跨媒体艺术节（Transmediale festival），是作为柏林电影节新电影国际论坛（International Forum for New Cinema）中的一个录像和媒体艺术展被确立的。

1988 年 9 月
首届国际电子艺术研讨会（International Symposium on Electronic Arts, FISEA）在荷兰乌得勒支举办，旨在建立一个对艺术与科学之间的相互联系感兴趣的组织网络。涵盖主题包括计算机图形动画和图像处理、电子音乐、录像艺术、计算机诗歌以及人工智能在艺术中的应用。

1989

ZKM 艺术与媒体中心在德国卡尔斯鲁厄成立。它的创始使命是将艺术带入数字时代，艺术家和作家于尔根·克劳斯（Jürgen Claus）将这个新的公共机构视为一个"电子包豪斯"，就像那个 20 世纪初有影响力的学校一样。

艺术家玛戈特·洛夫乔伊在其《后现代潮流：电子媒体时代的艺术与艺术家》一书中探索了录像和计算机技术以及过去二十五年里互联网对艺术的影响。

威尔·赖特（Will Wright）创作的城市建造电子游戏《模拟城市》（SimCity），由 Maxis 软件（Maxis Software）发行。

帕特里克·D. 普林斯开始主持 SIGGRAPH 的巡回艺术展的组织工作。该展览一直持续到 1996 年，由不断变化的创新数字艺术实践组成，在欧洲、亚洲、澳大利亚和苏联的场馆巡展。

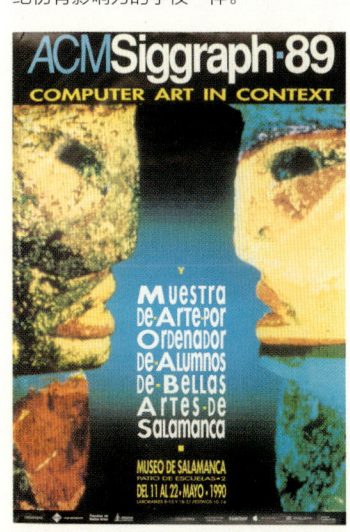

海报，"SIGGRAPH 1989 巡回艺术展"，萨拉曼卡博物馆（Museo de Salamanca），西班牙（1990 年 5 月 11 日至 22 日）。V&A：AAD/2009/19/25/1

1990

电子艺术跨学会（Inter-Society for the Electronic Arts, ISEA）作为一个会员制组织成立。该组织举办年度研讨会，汇集对艺术、科学和技术感兴趣的个人和组织，并定期产生学术成果。

1990 年 9 月 6 日至 10 月 30 日
"信息艺术：微芯片图解"（Information Art: Diagramming Microchips）在纽约现代艺术博物馆开幕。该展览由 Intel（英特尔）支持，颂扬"计算机芯片是我们技术文明的象征"。

1991

VNS矩阵发布了《21世纪赛博女性主义宣言》。艺术家弗吉尼亚·巴拉特、朱丽安妮·皮尔斯、弗朗切斯卡·达里米尼和约瑟芬·斯塔尔斯通过传真、邮寄、传单、大型流动广告牌和在线发帖等方式分布该宣言，呼吁女性挑战男性主导的技术和赛博空间文化。

1990年9月6日至9日，赛博艺术国际（CyberArts International）在南加州举办了一系列会议中的第二场，旨在提供"一个技术在艺术中应用的工作论坛"。由《键盘》（Keyboard）杂志和米勒·弗里曼展览（Miller Freeman Expositions）召集，1991年版本的重点是电子音乐和新兴技术的使用。

1991年8月23日
蒂姆·伯纳斯-李开发的万维网通过互联网上线。

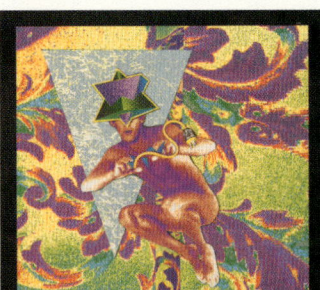

海报，"赛博艺术国际"展览与会议，加州帕萨迪纳（1991年11月14日至17日）。V&A: AAD/2009/19/25/1

1992

帕特里克·D.普林斯和录像艺术小组、剧场空间EZTV成员迈克尔·J.马苏奇在洛杉矶创立了赛博空间画廊，这是首批致力于数字艺术和新媒体的画廊之一。

1992年7月
《进化艺术与计算机》（Evolutionary Art and Computers）出版，详细介绍了艺术家威廉·莱瑟姆如何使用计算机创建由自然过程启发的算法生成的三维形式。当时，莱瑟姆是IBM英国研究实验室（UK Research Labs）的研究员。

1992年9月
路易斯·劳森伯格（Louis Rosenberg）为美国空军开发了首个真正的沉浸AR系统虚拟夹具（Virtual Fixtures）。

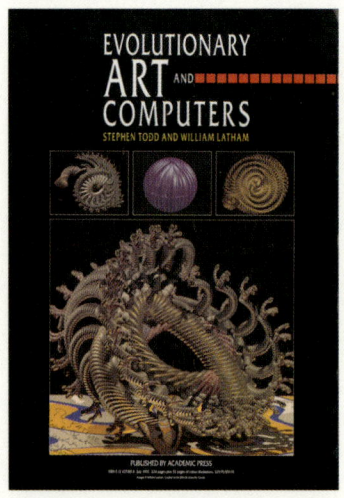

《进化艺术与计算机》宣传海报，斯蒂芬·托德和威廉·莱瑟姆，1992年。V&A: AAD/2009/19/25/1

1996

美国艺术家兼策展人马克·特赖布（Mark Tribe）在柏林生活期间创建了Rhizome，它是一个电子邮件列表。该组织支持那些批判性参与技术的新兴艺术实践的创作、展示和保存工作。

英国艺术家露丝·卡特洛和马克·加勒特推出了Furtherfield，它是一个由社区艺术、海盗电台、行动主义和街头艺术提供信息的合作与实验的在线平台。

詹姆斯·史蒂文森（James Stevenson）在伦敦开设了退格键，它是一家创意网吧。它使用由商业邻居付费的永久性、高带宽连接，作为"一个用WWW做激动人心的事情的公共实验室"运营。

文物保护专家皮普·劳伦森（Pip Laurenson）在伦敦泰特美术馆建立了一个基于时间的媒体保护部门。

LIMA在荷兰阿姆斯特丹成立，它是一个致力于可持续访问媒体艺术的组织。

海伦·瑟林顿（Helen Thorington）建立了Turbulence.org，它是一个委托和展示网络艺术的非营利组织。该组织由她与乔-安妮·格林（Jo-Anne Greene）共同指导，一直运营到2016年。

1996年4月
技术爱好者迪内希·阿加瓦尔（Dinesh Agarwal）推出了一个网站目录IndiaMART（印度市场）；它很快成为印度首个在线市场。

1996年4月14日
美国学生詹妮弗·凯·林格利（Jennifer Kaye Ringley）打开了詹妮摄像头（JenniCam），开始将自己的照片上传到网络。作为首批网络摄像头之一，它每三分钟刷新一次，播放林格利日常活动的黑白图像。

"凯莉的家犬页面"（Kylie's Home-Dog Page）截屏，2002年首次发布，存档于德拉甘·埃斯彭席德（Dragan Espenschied）和奥利亚·利亚利娜的Geocities研究博客千字节时代的太字节，2010年一正在进行

时间线

1993

纽约数字沙龙（New York Digital Salon）的推出旨在为数字艺术获得更多的国家和国际关注。首个展览在纽约艺术总监俱乐部（Art Directors Club of New York）举办，使用Autodesk 3D Studio中创建的该场地3D模型进行策划，并在这个虚拟环境中决定将选定的作品放在哪里。

1994

墨西哥萨帕塔民族解放军（Zapatista Army of National Liberation）使用互联网作为一种战术抗议工具。他们使用电子邮件列表、Usenet群组、列表服务和网站来分布自己的消息，避开了既定的媒体渠道，为他们的事业获得了国家和国际的支持。

金有燕（Yu Yeon Kim）和斯蒂芬·普西（Stephen Pusey）建立了网络艺术项目及在线讨论中心Plexus（丛）。它一直持续到1998年。

1994年1月2日
艺术总监和自学成才的软件开发者彤·罗森达尔（Ton Roosendaal）为后来的Blender编写了首批源文件，Blender是一款被艺术家广泛使用的开源3D图形软件。

1994年10月
Netscape Navigator（网景导航者）发布并迅速成为人们最常用的web浏览器。

1995

艺术家让-皮埃尔·赫伯特和罗曼·维罗斯科采用了术语"算法艺术家"并组成了一个同名小组。

1995年1月
Geocities（地理城市）作为一种网络托管服务推出，它让用户能够创建主页和个人网站。

1995年3月
软件工程师克雷格·纽马克（Craig Newmark）在旧金山推出了电子邮件服务craigslist（克雷格列表）。

1995年5月
Netscape Communications（网景通信）的员工布兰登·艾克（Brendan Eich）在十天内开发了JavaScript。该编程语言最初是作为一种视觉工具来提升网站的外观和功能的。

1995年6月
电子邮件讨论列表Nettime由海尔特·洛文克（Geert Lovink）和皮特·舒尔茨（Pit Schultz）发起。它为批判性参与的艺术家和好奇者提供了一个探索万维网可能性的启动台。

1995年7月16日
杰夫·贝索斯（Jeff Bezos）推出了Amazon，它是一个在线图书市场。

1996年5月10日
布鲁斯特·卡利（Brewster Kahle）推出了互联网档案馆（Internet Archive）；同年10月，它开始努力存档和保存web。

1996年10月6日
阿列克谢·舒尔金、武克·科西奇和安德烈亚斯·布罗克曼（Andreas Broeckmann）通过Nettime推出了Refresh（刷新），它被描述为"一个为数量不详的玩家提供的多节点网络冲浪创建会话"。

1996年11月16日至1997年2月9日
由学者兼组织者贝丽尔·格雷厄姆（Beryl Graham）策划的展览"严肃游戏：艺术，交互，技术"（Serious Games: Art, Interaction, Technology）在英国泰恩河畔纽卡斯尔的莱恩美术馆（Laing Art Gallery）开幕。该展览聚焦交互体验，汇聚了来自日本、北美和英国的艺术家的作品，并于次年前往伦敦巴比肯中心巡展。

退格键媒体实验室（Backspace Media Lab）和河畔休息室（Riverside Lounge），克林克街，伦敦

1997

Irational.org由艺术家希斯·邦廷和雷切尔·贝克创立，每月举办一次"以E反对"系列讲座。在英国艺术委员会的资助下，这些非正式聚会吸引了大量国际贡献者并帮助建立了网络艺术实践的框架。

电子干扰剧场由里卡多·多明戈斯（Ricardo Dominguez）建立，是一个由赛博行动主义者、批判理论家和艺术家组成的集体，他们在数字和非数字空间中从事非暴力的公民不服从行动。他们最初的努力旨在支持墨西哥的萨帕塔民族解放军。

1997年6月21日至9月28日
第十届文献展由凯瑟琳·戴维（Catherine David）策划，主要展出了希斯·邦廷和JODI等网络艺术家的作品，并利用互联网作为展览和推广的地方。

混合工作空间（Hybrid WorkSpace）与首届柏林当代艺术双年展合作开发并在卡塞尔橘园举办，旨在建立第十届文献展与Nettime社群联盟之间的联系。

1998

纽约切尔西的非营利组织Eyebeam成立，它是一个为艺术家提供批判性参与技术与社会的空间。除艺术家驻留之外，它还举办数字日营（Digital Day Camp），这是一个让小学生了解新媒体和网络的项目。

1998年4月22至25日
明尼阿波利斯沃克艺术中心（Walker Art Center）的史蒂夫·迪茨（Steve Dietz）在博物馆与网络会议（Museum and the Web Conference）期间策划了最早的在线展览之一，"超越界面：网络艺术与网络上的艺术"（Beyond Interface: Net Art and Art on the Net）。以许多为网络创作的作品为特色，迪茨着手"开启一个对网络实践的批判性参与，而非仅仅编制一个热门链接列表"。

1998年6月
Photoshop的开源替代产品GIMP v1.0发布。

1998年9月4日
搜索引擎Google由斯坦福大学学生拉里·佩奇（Larry Page）和谢尔盖·布林（Sergey Brin）在收到他们的第一张10万美元支票后正式推出。

1998年10月
佐治亚理工学院（Georgia Institute of Technology）的学者杰伊·戴维·博尔特（Jay David Bolter）和理查德·格鲁辛（Richard Grusin）出版了《再中介化：理解新媒体》（Remediation: Understanding New Media），他们在书中认为，数字媒体无须全新，其意义通过参考绘画、摄影、电影等早期艺术实践并与之竞争来获得。

1999

PayPal（贝宝）推出，它允许用户以美元通过电子邮件付款。PayPal迅速成为在线买家和卖家的首选支付平台。

纽约古根海姆博物馆建立了可变媒体倡议（Variable Media Initiative），旨在更好地照护其基于媒体和表演的收藏。可变媒体网络（Variable Media Network）从这个项目中发展而来，汇集了从业者、保护人员和机构来应对保存的挑战。

艺术史学家奥利弗·格劳（Oliver Grau）建立了虚拟艺术数据库（Database of Virtual Art），现在是数字艺术档案馆（Archive of Digital Art，ADA），目的是记录数字艺术的美学特征、主题以及用于创作这些作品的技术。

1999年6月
肖恩·范宁（Shawn Fanning）和肖恩·帕克（Sean Parker）推出了Napster（纳普斯特），这是一个对等音乐共享平台。

1999年9月23日
在彼得·魏贝尔（Peter Weibel）的领导下，ZKM的展览"网络状况"（net_condition）开幕，这是首个关于网络艺术的大型综览。展览主要展出了一系列装置，中心有一组计算机，就像网吧一样，参观者可以在那里与六十多位艺术家的作品交互。

封面，《网络状况：艺术与全球媒体》（Net_Condition: Art and Global Media），蒂莫西·德鲁克雷（Timothy Druckrey）、彼得·魏贝尔（编），2000年

2002-2003

2001年3月3日至7月8日
展览"010101：技术时代的艺术"（010101: Art in Technological Times）在旧金山现代艺术博物馆（SFMOMA）开幕。该展览在现场和线上呈现，跨越艺术、建筑和设计来考察它们在日益数字化的世界中的发展。

2001年3月22日至6月10日
纽约惠特尼博物馆举办了展览"比特流"（BitStreams），该展览探索了数字技术对摄影、绘画和雕塑的影响。所有展出作品都以某种方式经历了数字过程或转变。

澳大利亚运动影像中心（Australian Centre for the Moving Image，ACMI）在墨尔本开放，其最初的使命是委托、支持、展出和收藏电影。这一范围迅速扩展到包括数字影像。

2002年9月
Onion（洋葱）Tor浏览器推出，它为个人提供了一种保护其位置和浏览习惯隐私的方式。Tor是美国海军开发的一个项目成果，由美国国务院、国防部和包括电子前沿基金会（Electronic Frontier Foundation）在内的其他机构资助。

Anonymous（匿名）最初是在4chan（四叶）网站上的一个非正式黑客集体。被称为"匿名者"的成员在公开露面时会佩戴盖伊·福克斯（Guy Fawkes）面具。

2003年1月
艾米·亚历山大（Amy Alexander）、奥尔加·戈里乌诺娃（Olga Goriunova）、亚历克斯·麦克林（Alex McLean）和阿列克谢·舒尔金建立了在线软件艺术库runme.org，这是一个进行开放和批判性交流的地方。

2003年8月
Skype是一款支持通过互联网进行语音通话的软件应用程序，由尼克拉斯·曾斯特罗姆（Niklas Zennström）和杰纳斯·弗里斯（Janus Friis）推出。

2003年8月
汤姆·安德森（Tom Anderson）和克里斯·德沃尔夫（Chris DeWolfe）创建了社交网络MySpace（我的空间）。半年内，它有了超过一百万用户。

2003年10月
朱迪·马洛伊（Judy Malloy）主编了《女性，艺术与技术》（Women, Art, and Technology）一书，记录了女性在数字创意领域的作用。该出版物主要记录了作曲家，从事计算机图形、录像和虚拟现实、交互和网络艺术的艺术家，编舞者和评论家的作品，既是历史，也是行动号召。

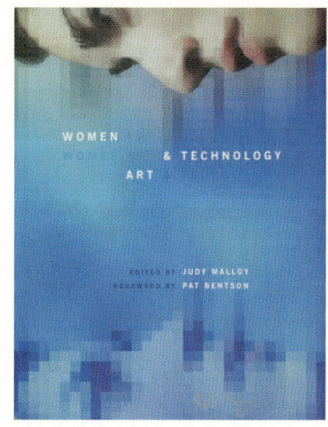

封面，《女性，艺术与技术》，朱迪·马洛伊（编），2003年

2000

千年虫或Y2K漏洞在岁末之际引起了人们的焦虑。早期计算机程序是使用年份的两位数编写的，许多人认为"00"将无法被正确读取，这将导致重要数字基础设施的潜在崩溃。

阿拉米达艺术实验室（Laboratorio Arte Alameda）在墨西哥城成立。其项目探索了艺术、科学与技术之间的创造性交互作用。

2000年3月
随着互联网泡沫破裂，全球金融市场暴跌。

2000年3月23日至6月4日
惠特尼双年展（Whitney Biennial）首次将电影、录像和网络艺术纳入展览主体。

2000年6月
泰特美术馆委托了其首件网络艺术作品。格雷厄姆·哈伍德的《不舒服的接近》以一个反映泰特美术馆自己网站的形式呈现，但是它没有提供一个机构的视角，而是提供了对收藏的替代解读，突出了种族、阶级和歧视的不为人知且存在问题的故事。

2000年6月7日至11日
MUTEK是一个总部位于蒙特利尔的艺术节，致力于推广电子音乐和数字艺术，这是其首次举办。

2001

邱志杰与杭州中国美术学院的其他教员和学生共同工作，举办了中国最早的数字艺术展览之一，"附体：影像艺术展"（Mantic Ecstasy: Digital Image and Video Art）。

艺术家卡西·瑞斯（Casey Reas）和设计师本·弗莱（Ben Fry）推出了Processing，这是一种免费开源的视觉艺术编码语言（参见第180页卡西·瑞斯使用Processing创作的艺术作品）。

2001年1月15日
维基百科（Wikipedia）推出，它是由吉米·威尔士（Jimmy Wales）和拉里·桑格（Larry Sanger）推出的一个英文在线百科全书。

2001年3月1日
克里斯蒂安妮·保罗创建并策划了惠特尼艺术港（artport），它是一个关于惠特尼美国艺术博物馆（Whitney Museum of American Art）数字艺术藏品的在线委托和信息空间。

2004

2004年2月4日
Facebook由心理学学生马克·扎克伯格（Mark Zuckerberg）和其他哈佛大学本科生共同开发并以thefacebook.com推出。

2004年2月10日
斯图尔特·巴特菲尔德（Stewart Butterfield）和卡特琳娜·费克（Caterina Fake）推出了照片共享社群网站Flickr（福利客）。

2004年3月18日至5月16日
展览"双重视角：理论与实践中的仿真"（Seeing Double: Emulation in Theory and Practice）在纽约古根海姆博物馆开幕。该展览为参观者提供了将原作与经过实验性照护实践的版本进行比较的机会。

2005

Adobe收购了Macromedia，新命名的Adobe Flash Player迅速成为支持网络多媒体的首选工具。

玛丽娜·格日尼奇（Marina Gržinić）策划了展览"网络艺术的赛博格（女性主义）者，朋克与宣言"（Net Art's Cyborg[feminist]s, Punks and Manifestos）。该展览由Rhizome举办，考察了互联网出现的政治。

2005年2月14日
PayPal前员工查德·赫利（Chad Hurley）、陈士骏（Steve Chen）和贾德·卡林姆（Jawed Karim）推出了YouTube，这是一个分享视频的网站。

2005年3月
Rhizome推出了其第三个展览"失落艺术基地的突袭者"（Raiders of the Lost ArtBase），由迈克尔·康纳（Michael Connor）策划。

2006

艺术家兼策展人玛丽莎·奥尔森引入了"后互联网"一词来指代互联网被广泛使用后创作的作品。

灰色地带画廊（Gray Area Gallery）由乔塞特·梅尔乔（Josette Melchor）在旧金山创立。这家非营利机构即将成为灰色地带艺术基金会（Gray Area Foundation for the Arts），与艺术家和当地社区合作，探索技术与社会公益之间的交互作用。

2006年3月
NODE（伦敦网络开放分布活动，Networked Open Distributed Events London）媒体艺术节在伦敦开幕。

2006年3月21日
联合创始人杰克·多尔西（Jack Dorsey）在微博平台Twttr上发送了第一条公开推文。该平台由杰克·多尔西与诺阿·格拉斯（Noah Glass）、比兹·通（Biz Stone）和埃文·威廉姆斯（Evan Williams）一起正式推出，该公司迅速更名为Twitter。

2006年8月
网络冲浪俱乐部Nasty Nets（讨厌的网）由约翰·迈克尔·博林（John Michael Boling）、乔尔·霍姆伯格（Joel Holmberg）、格思里·洛纳根（Guthrie Lonergan）和玛丽莎·奥尔森创立。这是最早详细介绍和分享在互联网上发现的奇怪事物的博客之一。

2007

乔恩·拉夫曼，《Google街景九眼》，2008年-正在进行。左：日本爱知县名古屋市门前町通。右：挪威Rv888公路

自由艺术与技术实验室（Free Art and Technology Lab, F.A.T. Lab）由埃文·罗斯（Evan Roth）和詹姆斯·波德利（James Powderly）创立，旨在支持开源软件。

2007年1月9日
Apple创始人史蒂夫·乔布斯宣布推出iPhone，他表示"每隔一段时间就会出现一款改变一切的产品"。

2007年2月
大卫·卡普（David Karp）在纽约推出了Tumblr。这个社交博客平台让用户可以设计自己的主页，发布文本、GIF和视频，并关注其他做同样事情的用户。

2007年8月23日
克里斯·梅西纳（Chris Messina）建议使用标签（hashtags）在Twitter上创建群组，使该社交媒体平台更易于导航和使用。

2008

乔恩·拉夫曼（Jon Rafman）发起了《Google街景九眼》（Nine Eyes of Google Street View）项目。它既是对新近推出的Google街景图像的一次收集，也是一位艺术家在自动图像制作时代对摄影的探索。

V&A收购了计算机艺术学会和帕特里克·D.普林斯的收藏和档案。

2008年5月
艺术家哈姆·范登佩尔组织了一系列由一群策展人召集的在线展览。"俱乐部互联网"（Club Internet）展览由单个浏览器页面组成，展出一个月后将被重置一次并持续到2009年11月。

2008年10月31日
一份宣布加密货币比特币的白皮书以化名中本聪（Satoshi Nakamoto）发布。第一枚比特币于2009年1月3日被开采出来。

2010

安妮特·德克尔（Annet Dekker）为SKOR（艺术与公共领域基金会，Foundation for Art and Public Domain）策划了展览"网络艺术作品"（NetArtWorks）。该展览主要展出了一些涉及在线空间和网络及其公共性的作品。

2010年2月
达格·基特劳斯（Dag Kittlaus）和一群挪威联合创造者推出了语音激活助手Siri，它是一款独立的iPhone应用程序。Apple很快收购了这家有24名员工的初创公司。

2010年3月
由劳伦·博伊尔（Lauren Boyle）、所罗门·蔡斯（Solomon Chase）、马科·罗索（Marco Roso）和大卫·托罗（David Toro）组成的纽约艺术家集体推出了后互联网生活方式杂志《DIS》。

2010年10月6日
Instagram作为一款iOS应用程序推出。创始人凯文·斯特罗姆（Kevin Systrom）与迈克·克里格（Mike Krieger）之间分享的第一幅测试图像是墨西哥一只流浪狗坐在一个塔可摊旁。

卡西·瑞斯，《过程18（软件3）》[Process 18 (Software 3)]，2010年，生成软件。V&A: E.297:1-2011

2011

2011年1月1日
电子艺术之家（House of Electronic Arts, HEK）在瑞士巴塞尔开放。这家新机构致力于数字文化的创造性和批判性探索。

2011年2月
ANI GIF作为一个使用GIF的艺术家的在线画廊推出。凯拉·奥森（Kyra Ocean）和莎拉·卡卢阿格（Sarah Caluag）邀请艺术家以他们选择的任何方式挖掘这种格式的潜力。

2011年6月6日
Twitch作为一项实时视频流服务推出。它很快成为电子游戏玩家的首选流媒体服务。

2011年7月
Snapchat（色拉布）由埃文·斯皮格尔（Evan Spiegel）、鲍比·墨菲（Bobby Murphy）和雷吉·布朗（Reggie Brown）创建，作为一款发送阅后即焚照片的应用程序发布。使用有趣滤镜的能力增加了它的流行程度。

2012

字节空间（Espacio Byte）由恩里克·萨尔莫伊拉吉（Enrique Salmoiraghi）创建，这是一家致力于展示、研究和保存数字艺术的在线博物馆。

2012年3月16日至9月30日
展览"电子游戏艺术"（The Art of Video Games）在华盛顿特区的史密森尼美国艺术博物馆（Smithsonian American Art Museum）举办。该展览探索了电子游戏的四十年历史。

2012年4月24日
Google推出了Google云端硬盘（Google Drive），让用户可以在云端组织和存储文件。

2012年5月
伦敦摄影师画廊（Photographers' Gallery）推出了媒体墙（Media Wall），这是一个解决摄影和网络图像中数字转变的专用平台。最后一个项目在2022年展出。

2012年8月14日
在线出版平台Medium（媒介）由埃文·威廉姆斯推出。

时间线

2009

2009年4月28日
Kickstarter是作为众筹平台被建立的，它使个人和团体能够独立地大规模资助项目。

2009年9月23日至29日
放弃正常设备（Abandon Normal Devices）由利物浦的FACT、曼彻斯特的角屋画廊（Cornerhouse Galley）和兰开斯特的folly（愚蠢想法）推出，它是一个新电影、艺术和数字文化的艺术节。这个为期七天的项目以艺术家卡若琳·史尼曼（Carolee Schneemann）一场新的讲座表演拉开帷幕。

2009年11月
艺术家黑特·史德耶尔（Hito Steyerl）发表了《为弱影像辩护》（In Defence of the Poor Image）一文。史德耶尔在这篇文章中认为，强调图像质量会导致许多创造力被排除在外，这与网络和数字交流的现实背道而驰。

2009年12月8日至2010年4月11日
V&A的展览"解码：数字设计感知"（Decode: Digital Design Sensations）开幕。该展览分为三个部分——代码、交互和网络。这是该博物馆举办的首个聚焦数字艺术与设计的大型展览。该展览与"数字先驱"同时举办，"数字先驱"展示了V&A收藏的早期计算机艺术作品。

装置现场："解码：数字设计感知"，V&A，伦敦，2009年

2013

2013年6月6日
CIA前承包商爱德华·斯诺登泄露了美国国家安全局的文件，这些文件详细披露了国际政府通过电话网络和互联网服务进行的重大监控。

2013年8月
张庆红、李振华和胡介鸣在上海开放了新时线媒体艺术中心（Chronus Art Center）。它是中国第一家致力于数字艺术研究、创作和展示的非营利艺术机构。

2013年8月14日
尼古拉·杜罗夫（Nikolai Durov）和帕维尔·杜罗夫（Pavel Durov）兄弟推出了基于云端的即时通信应用程序Telegram。

2013年11月1日至2014年1月31日
错误双年展（The Wrong Biennale）首次举办，呈现了一系列国际线上和线下活动。它由大卫·奎尔斯·吉洛（David Quiles Guilló）创立，聚焦新兴和代表性不足的艺术家。

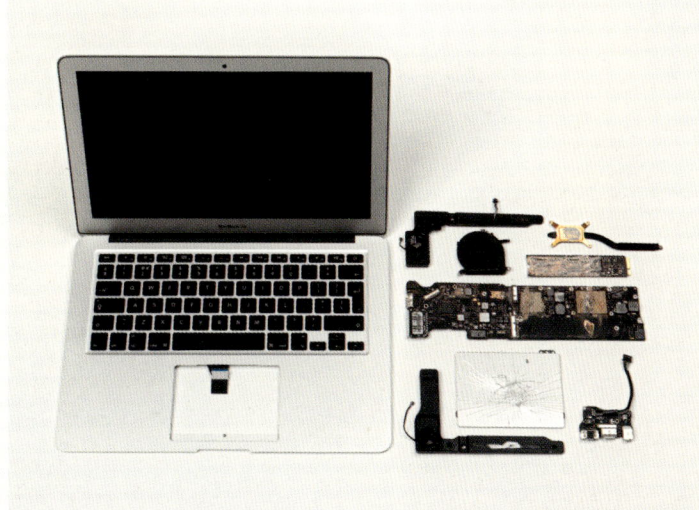

《卫报》（Guardian）保管爱德华·斯诺登泄露文件的MacBook Air，2012年制造；于2013年拆除。V&A：LOAN: DAD.2-2021。由卫报基金会出借

2014

艺术家斯蒂芬妮·丁金斯（Stephanie Dinkins）开始记录与社交机器人Bina48（通过神经架构实现的突破性智能，每秒执行48百亿亿次浮点运算）的对话。这个正在进行的项目探索了人机关系的本性以及技术的偏见和局限。

2014年9月15日
学者肖莎娜·祖博夫在她为《法兰克福汇报》（Frankfurter Allgemeine）撰写的专栏文章《数字宣言：大数据作为监控资本主义》（A Digital Declaration: Big Data as Surveillance Capitalism）中讨论了术语"监控资本主义"。

2014年10月11日至11月1日
克里斯托·南（Krystal South）使用Kickstarter举办了一个展览来销售在线创作的限量版艺术作品。"展览Kickstarter"（Exhibition Kickstarter）主要展示了十一位艺术家的作品并对该平台的功能进行了调整，将劳动、艺术和金钱等问题推向了前台。

2015 — 2016

2014年11月6日
Amazon推出了Amazon Echo（亚马逊回声），这是一款带有语音助手Alexa的智能扬声器。

2014年12月
艾迪·瓦根克内希特（Addie Wagenknecht）在宾夕法尼亚州匹兹堡卡内基梅隆大学弗兰克-拉奇耶创意探究工作室（Frank-Ratchye STUDIO for Creative Inquiry）的一次聚会后创立了赛博女性主义集体深度实验室（Deep Lab）。其目的是研究与艺术和社会相关的隐私、安全、监控、匿名和大数据问题。

凯尔·麦克唐纳（Kyle McDonald）的《耗尽人群》（Exhausting a Crowd）是一个对皮卡迪利广场12小时的众包描述，该作品由V&A委托，为展览"这一切属于你"（All of This Belongs to You, 2015）创作（参见第184—185页）。

2015年1月
微软全息（Microsoft Holographic）和HoloLens作为一种增强和混合现实体验推出。

2015年5月13日
Discord作为一个在线聊天平台推出并迅速成为一个流行的社交空间，在公共和仅限邀请的服务器上托管对话。

2015年7月30日
以太坊作为一个去中心化区块链平台发布。以太币（Ether）是其原生加密货币，它还支持智能合约。

2015年9月4日至6日
伦敦萨默塞特宫（Somerset House）举办了首届实验游戏节"此刻畅玩"（Now Play This），该游戏节由霍莉·格拉马齐奥（Holly Gramazio）和V.巴肯汉姆（V. Buckenham）共同创立。

2016年1月29日至5月15日
由奥马尔·科莱夫（Omar Kholeif）策划的展览"电子高速公路，（2016—1966）"[Electronic Superhighway, (2016–1966)]在伦敦白教堂画廊（Whitechapel Gallery）开幕。该展览展出了一百多件作品，探索了计算机和互联网对艺术实践的影响。

2016年3月
马里兰大学的科学家首次创造了一台能够运行量子算法的小型可编程量子计算机。

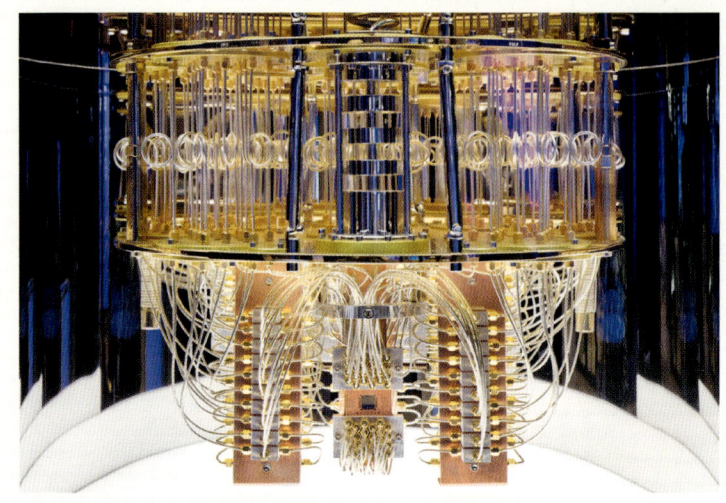

IBM的量子计算机内部，2020年

2019 — 2020 ——— 2021

2019年11月
由艺术家组合UBERMORGEN、学者莱昂纳多·英佩特（Leonardo Impett）以及策展人乔西亚·克莱萨（Joasia Krysa）和克里斯蒂安妮·保罗合作开发的展览"下一届双年展应由机器策划"（The Next Biennial Should Be Curated by a Machine）宣布启动。该展览由惠特尼博物馆和利物浦双年展（Liverpool Biennial）委托，于2020年举办，探索了如果由人工智能进行策展，会发生什么。

2020年5月
艺术家彼得·吴+（Peter Wu+）建立了纪元画廊（EPOCH Gallery），它是一个聚焦包容性和社区的虚拟展览空间。

2020年7月1日
曼彻斯特国际艺术节举办了展览"虚拟工厂"，邀请LaTurbo Avedon创作了一系列在线委托作品中的第一件，该委托要求艺术家想象工厂国际（Factory International）新家的可能性。太任·沙尼（Tai Shani）、杨若波（Robert Yang）和詹·恩基鲁（Jenn Nkiru）完成了这个将持续到2023年的项目。

2020年7月23日至9月30日
arebyte举办了展览"实时限制"（Real-Time Constraints），探索了影响日常生活的无形数字基础设施。

2020年9月
莱格西·罗素出版了《故障女性主义：一份宣言》，呼吁网民重新考虑并打破技术中的自我和身份观念。

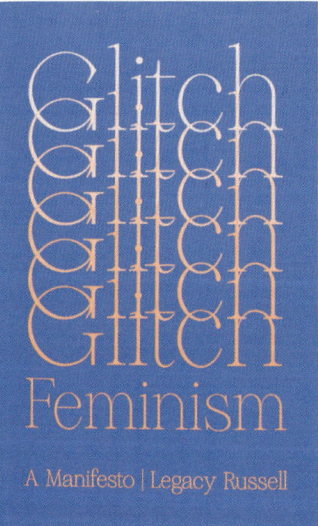

封面，《故障女性主义：一份宣言》，莱格西·罗素，2020年

2021年1月5日
OpenAI发布了DALL·E，这是一种使用机器学习生成数字图像的文生图AI模型。

2021年4月1日
TRANSFER画廊的展览"我的碎片"（Pieces of Me）开幕，邀请艺术家批判性地探索NFT和艺术市场。

2021年冬至2022年春
《Spike》杂志第70期"Web3"聚焦数字艺术。

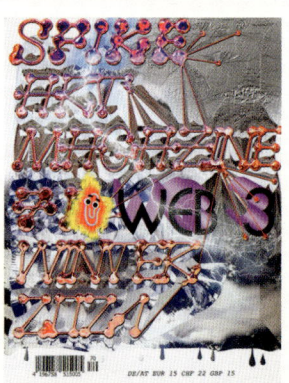

封面，《Spike》杂志，"Web3"，2021年冬—2022年春

2017—2018—

2016年4月27日
欧盟引入了通用数据保护条例（General Data Protection Regulation, GDPR）法规，为管理个人数字数据创建了一个法律框架。

2016年8月9日
Rhizome推出了网页记录器（Webrecorder）的首个公开版本。这个基于浏览器的工具最初是为捕获和管理网络艺术以便按照博物馆标准保存而开发的，它能够对动态网络内容进行存档。

2016年10月27日
"网络艺术选集"作为一个在线展览推出，通过两年内的100件作品绘制了网络艺术史的地图。它由Rhizome创建，着眼于鲜为人知的历史以及保存互联网上创作的作品面临的挑战。

场外项目（Off Site Project）由安碧雅和埃利奥特·伯恩斯（Elliott Burns）创建，是一个呈现后屏幕艺术的在线策展平台。

2017年9月
由露丝·卡特洛、马克·加勒特、内森·琼斯（Nathan Jones）和萨姆·斯金纳（Sam Skinner）编辑的《艺术家再：思考区块链》（Artists Re:Thinking the Blockchain）出版。该书汇集了艺术家和思想家来解决关于区块链技术及其影响的问题。

2017年9月
字节跳动发布了短视频分享平台抖音。其快速学习算法与音乐的使用结合确保了该应用程序立即流行起来。

2018年1月
以太坊区块链上提出的ERC-721标准是一套创建独特代币的指导方针。它们是非同质化的，能够创建用于游戏、艺术创作等的NFT。

2018年9月8日至2019年2月24日
展览"电子游戏：设计，游戏，颠覆"（Videogames: Design, Play, Disrupt）在V&A开幕。该展览主要展出了21世纪00年代中期以来的游戏，探索了从独立创作者到AAA工作室的游戏设计。

"电子游戏：设计，游戏，颠覆"展览广告，V&A，伦敦（2018年—2019年）

2022—2023—2024—

2022年9月10日至2023年7月16日
展览"永不孤单：电子游戏和其他交互设计"（Never Alone: Video Games and Other Interactive Design）在纽约MoMA开幕，标志着该博物馆迄今为止与电子游戏最重要的合作。目前，其永久收藏中已有超过三十五款电子游戏。

2022年11月30日
OpenAI推出了ChatGPT，这是一款免费使用的文本生成AI，能够根据简短的提示生成可理解的文本。

2023年2月12日至7月2日
洛杉矶郡立艺术博物馆（LACMA）举办了展览"编码：艺术进入计算机时代，1952—1982"，探索了计算机的兴起如何影响了艺术。

2024年2月
Apple Vision Pro推出，这是一款混合现实头戴设备，也是该公司自2015年起的首款新设备。如果需要，该产品能够跟踪一只优势眼，运行visionOS，被宣传为空间计算应用程序的首创产品。

Apple Vision Pro头戴设备

2024年2月
展览"哈罗德·科恩：AARON"（Harold Cohen: AARON）在惠特尼博物馆开幕。该展览追溯了科恩对人工智能程序AARON的开发以及由此产生的共享创意实践，并主要展示了该软件的运行。

2024年2月
"寻找维拉·莫尔纳"（À la recherche de Vera Molnar）是一个颂扬维拉·莫尔纳作品的国际巡回展，在她的家乡布达佩斯开幕。这是她2023年12月去世以来的首个展览。

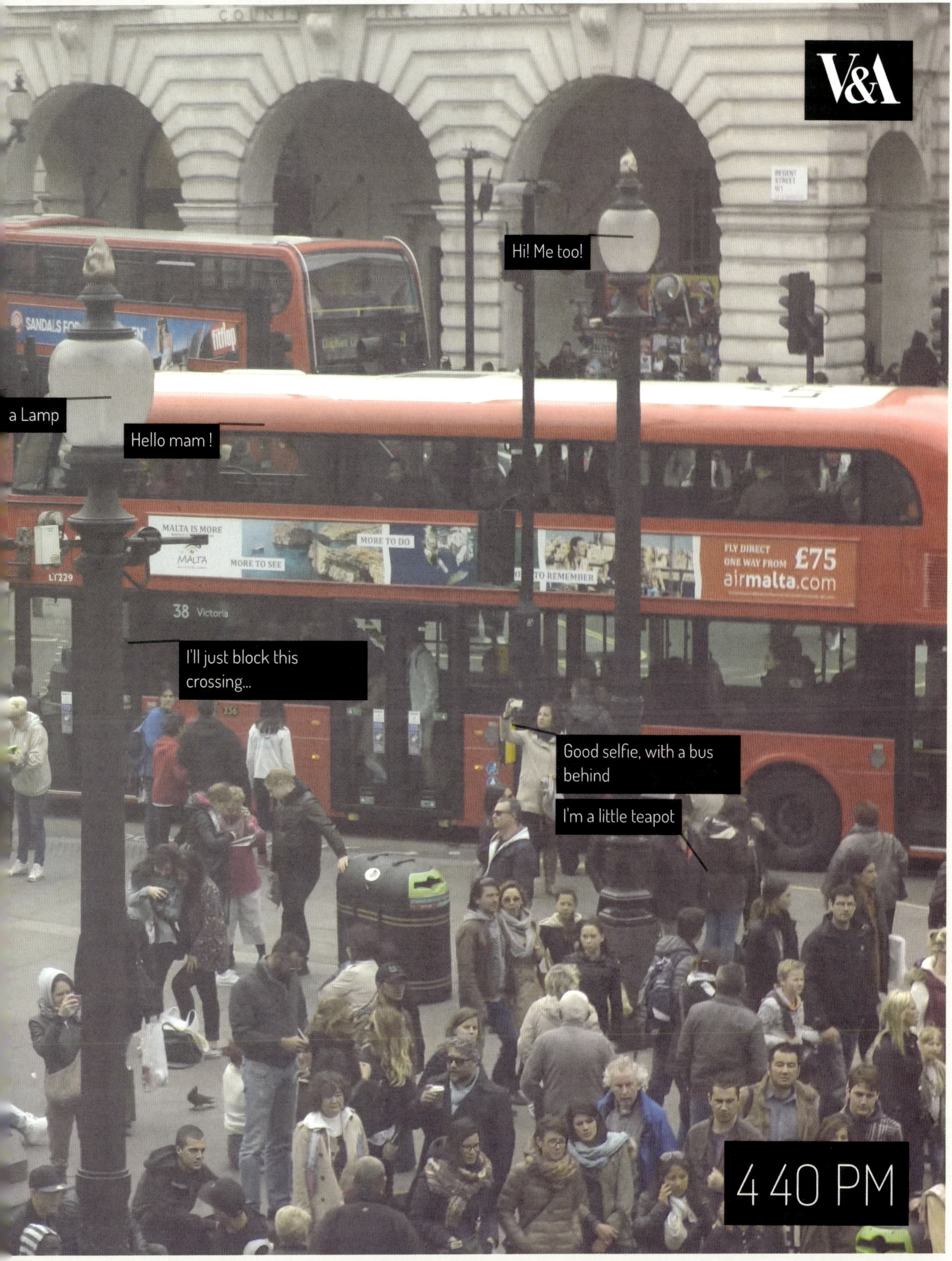

V&A
Hi! Me too!
a Lamp
Hello mam !
MALTA IS MORE
MORE TO DO
MORE TO SEE
FLY DIRECT
ONE WAY FROM £75
airmalta.com
38 Victoria
I'll just block this crossing...
Good selfie, with a bus behind
I'm a little teapot
4 40 PM

Glossary
术语表

3D 打印

    3D 打印是一种从 3D 数字模型建构实体对象的技术。在打印过程中，热塑性长丝、金属和陶瓷等材料由打印头逐层沉积。

人工智能（AI）模型

    人工智能模型是一种使用数据集进行训练的程序，可以在没有人为介入的情况下识别模式、做出预测或做出决策。DALL·E 是一种生成式 AI 模型的例子，被设计用于根据文本描述提示创建图像。

算法

    算法是完成任务的一组指令；它可以像烹饪食谱一样简单，也可以像创作数字艺术作品的过程一样复杂。在计算中，可以使用算法来解决问题、执行计算、处理数据和进行自动推理。

    算法模仿逻辑推导，使其成为人工智能中许多应用的自动数据处理的重要工具，在人工智能领域有诸多应用。日常使用包括网络搜索、流媒体平台、在线约会和语音助手等。

人工智能（AI）

    人工智能可以实现计算机的自动化思维过程和决策。数据被用于教机器如何学习、解决问题和阅读信息。AI 与一些有争议的问题密切相关，包括算法偏见、数据隐私和劳动自动化。

增强现实（AR）

    增强现实是一种通过在视觉上将计算机生成意象和数字内容叠加在实体空间中来增强物理世界的技术，通常通过一个屏幕界面来实现，比如头戴显示设备（HMD）和智能手机。

比特币序列

    比特币序列是一种直接在比特币区块链上铸造的非同质化代币（NFT）。序列协议是一种允许将数字资产铭刻在比特币货币最小货币单位聪（Satoshi）上的系统。

区块链

    区块链是一种在不可改变、分布和去中心化的数字账本上存储数字交易或数据的结构。区块链由被称为区块的数据包组成，这些区块使用加密签名相互链接。区块链技术使加密货币成为安全的交易记录，这意味着无须中心化的监管机构。

    使用区块链的艺术实验，以及评论区块链的链下艺术作品，早于 2018 年 NFT 的发明。

阴极射线管（CRT）

    阴极射线管是一种包含电子枪的器件，电子枪是一种发射电子束的电气元件，受控电子束会激发荧光屏显像。在平板显示器普及之前，阴极射线管被用于电视机、计算机显示器和示波器。

云计算

    云计算是通过互联网对计算服务资源使用的技术，比如数据存储、服务器、数据库、网络、分析和软件。它使组织能够快速且通常经济高效地开发和扩展其能力。安全性和行星影响是重要的联合考量因素。

计算机生成意象（CGI）

    计算机生成意象是用计算机软件创建的特殊视觉效果。CGI 被用于为许多目的和行业制作静止或动画的视觉内容，包括电影、电视和电子游戏。

计算机编程

    计算机编程是为计算机系统或应用程序编写指令的过程。这些指令通常被称为代码，是用编程语言编写的。

    自 19 世纪 00 年代起，程序就被用于指导机器的行动，最初是使用穿孔卡片来控制音乐盒和提花织机。1843 年，埃达·洛夫莱斯（Ada Lovelace）为查尔斯·巴贝奇（Charles Babbage）未实现的计算机器分析机（Analytical Engine）公布了一系列步骤，这使她成为历史上第一位计算机程序员。

加密货币

    加密货币是一种用作替代支付方式的数字货币。交易由使用密码学的去中心化系统而非中心化金融机构进行验证和记录维护。比特币和以太坊是加密货币的两个例子。

控制论

控制论是一个跨学科的研究领域，涉及对生物、机械和电子系统中的控制、通信和规则的理解。它基于反馈的观念，即使用系统的输出来修改输入以控制系统行为的过程。

赛博空间

赛博空间是20世纪80年代和90年代常用的一个术语，被用于描述广泛的、相互关联的数字技术，人类在那里通过电子邮件、游戏或仿真在计算机网络上进行交互。

数据库

数据库是结构化信息的组织化收集。数据库通常以电子方式被存储在计算机系统中。

数据中心

数据中心是一组联网的计算机系统、应用程序和服务器。中心的范围可以从建筑物内特定的物理位置到可远程容纳一家或多家公司计算机基础设施的大型综合体。

数据可视化

数据可视化是指以图表、表格、信息图、实时动画和其他图形方法再现信息和复杂数据集。虽然它植根于统计学，但是在21世纪，它已成为分析大量信息的重要工具。作为一种实践，它越来越被理解为一种设计和讲故事的模式，其用途超越了数据驱动的决策。

去中心化应用（dApp）

去中心化应用指的是存在并运行于区块链或对等网络（P2P）而非一台计算机上的数字应用程序。它们通常基于一种去中心化的区块链软件平台以太坊开发，可以用于各种目的，包括金融、游戏和社交媒体。

去中心化自治组织（DAO）

去中心化自治组织是一个没有中央领导或监督的实体。它们是会员共有的社区，集体做出决策，这一决策由区块链技术支持的一套特定规则管辖。

深度学习（DL）

深度学习是机器学习和人工智能的一个子集。它涉及可以学习识别数据中的模式并提升其识别能力的算法和神经网络。

文件传输协议（FTP）

文件传输协议是一种共享文件的方法，允许通过互联网以及在计算机系统之间从一个位置下载、上传和传输文件到另一个位置。

游戏引擎

游戏引擎是为电子游戏开发而设计的软件框架，如Unity、Unreal和Twine。

生成对抗网络（GAN）

GAN是一种机器学习模型，其中两个神经网络（一个生成器和一个鉴别器）使用深度学习方法进行竞争，以训练自己生成更准确的数据预测。这两个神经网络使用一个数据集进行编程，生成器使用该数据生成新的人工数据，而鉴别器则使用相同的数据从原始输入中识别人工数据。随着时间的推移，由GAN创建的新数据与初始数据集几乎难以区分。

图形交换格式（GIF）

图形交换格式或GIF是一种无声的短循环动画。20世纪90年代，它是网站上使用的一种流行动画格式，也是唯一的彩色格式。到21世纪00年代初，GIF在个人网络平台上得到了广泛应用，随着社交媒体的兴起，它们在线上交流中个人表达的用途进一步增加。GIF通常包含来自流行文化的可识别图像，而且有时配有简短的文本，现在被公认为一种传达幽默、讽刺和焦虑的通用语言。

硬件

硬件是计算机系统的物理组件。硬件通常与软件结合，以形成一个可用的交互式计算系统。虽然计算硬件对软件程序的运行而言至关重要，但是也有纯硬件计算系统。对个人计算机而言，硬件可以包括台式机、显示器和键盘，以及电路板和图形卡等内部组件。

头戴显示器（HMD）

头戴显示器是指佩戴在头上的便携式屏幕设备，比如头戴设备、头盔或眼镜，这些设备让用户可以进入一种虚拟或增强现实的体验。

超链接（Hyperlink）

超链接是一种对数据的数字引用，用户可以通过单击或点击图标、图形或文本来跟随或被引导至相关内容。它将不同位置的文档和文件连接在一起。

超文本标记语言（HTML）

超文本标记语言是一种基于文本的方法，用于描述和定义网页的结构。这种标记语言告诉网络浏览器如何在网页上显示文本、图像及其他形式的多媒体。

信息美学

信息美学于20世纪50年代在德国由哲学家马克斯·本斯发展起来。他将物品视为符号，以客观而非主观的方式考察它们在信息系统中的关系。与此同时，在法国，信息科学家亚伯拉罕·摩尔也在研究一种数学和理性的艺术方法。作为一种美学理论，信息美学于20世纪60年代在艺术家、设计师、作家和音乐家中流行起来。

界面

人通过界面与计算机交流，通常通过硬件。例如，对台式计算机而言，屏幕、键盘和鼠标使用户能够通过用户界面将信息输入计算机。用户界面的观念在20世纪60年代发展起来，20世纪70年代推出了第一台基于界面的计算机。

大语言模型（LLM）

大语言模型可以执行各种自然语言处理（NLP）任务，比如生成和分类文本，以及将文本从一种语言翻译成另一种语言。大语言模型使用深度学习算法，通过超大规模数据集来识别、总结、翻译、预测和生成内容。

机器学习（ML）

在机器学习中，训练数据被输入到算法中，算法又根据接收到的信息进行更改和调整。算法接收到的数据越多，它就可以变得越"智能"。机器学习是更广泛的人工智能概念的一部分。

模因

模因是一种通常与视觉内容相关的传播方式，主要通过幽默来传达文化、社会或政治表达。模因可以被社交媒体和互联网用户分享、复制和迅速传播。"模因"一词最早由英国进化生物学家理查德·道金斯在其1976年《自私的基因》(The Selfish Gene)一书中提出。尽管在文化中观念、行为或风格在人与人之间传播的概念早于道金斯的出版，但是他将该术语定义为文化传播的单位，或模仿的单位。

挖矿

挖矿是指在区块链上生成新货币即加密货币并验证交易的过程。交易的发生需要求解复杂的数学方程。第一台解出这些方程的计算机能够向区块链添加一个区块，获得一枚新币或区块奖励。挖矿需要专门的、功能强大的计算机才能成功，而且耗能极高。

网络艺术

网络艺术兴起于20世纪90年代，描述了在线创作通过互联网分发原生数字艺术作品的过程。

神经网络

神经网络是与机器学习和AI方法相关的学习算法。它们试图识别数据集中的关系，使用一种以人脑工作方式为模型和结构的过程来识别模式。

非同质化代币（NFT）

代币通常与数字资产相关，包括数字艺术作品、模因和文本。NFT是可托管在以太坊或Tezos等某些区块链上的独特数据片段，可以充当数字账本和所有权记录。NFT不是资产本身，而是一种所有权合同，记录包括销售和交易信息在内的数据。顾名思义，非同质化代币是非同质化的，或者换句话说，是独特且不可互换的。

在21世纪20年代初，人们对NFT颠覆和开放艺术市场的潜力以及作为提高艺术家报酬的手段感到相当兴奋。与此同时，NFT因其铸造过程中产生的巨大碳足迹而受到批评。此外，人们对开源NFT的安全性和合法性提出了质疑。

开源

开源资源是指供公众使用、学习、编辑和迭代的计算机硬件和软件。有时，创作者会持有版权并根据开源许可证发布，该许可证规定了使用条件，比如任何衍生作品也必须保持开源。在其他时候，开源项目是从一开始就协同创建的。

开源软件在20世纪50年代和60年代很常见，当时它被称为"免费软件"。大学和学者通过提供源代码来引领和分享软件的开发。然而，随着20世纪60年代商业化的不断发展，获得使用软件的机会变得越来越受限。20世纪80年代和90年代，人们对免费软件的兴趣大增，尤其是随着互联网访问的增加和在线社群的增长。此时，重点从"免费"转向"开源"作为一种开发方法，强调社群生产、同行评审和共同监管。

对等网络（P2P）

对等网络是一种去中心化的网络模式，在参与者或对等者之间共享任务和工作负载。计算机通常被用于分布媒体文件，充当服务器和客户端，功能强大。

编程语言

编程语言是用于编写计算机程序的系统。有成千上万种编程语言，各有不同的预期用途。流行的通用编程语言包括C++、JavaScript和Python。随着编程语言的不断发展，FORTRAN、BASIC和ALGOL等较旧的语言现在很少被使用。20世纪60年代艺术家设计的程序，比如罗伯特·马拉里为创作雕塑开发的TRAN2，以及肯尼斯·诺尔顿为计算机动画设计的BELIX（贝尔闪烁，Bell Flicks），都已经过时了。

权益证明（PoS）

权益证明是一种用于在区块链中处理交易和创建新区块的加密货币共识机制。PoS是一种验证加密货币交易的方式，其能耗低于PoW。

工作量证明（PoW）

工作量证明使用一种竞争性验证方法来确认交易并向区块链添加新区块。该过程需要相当大的计算能力，而且能耗很高。

穿孔卡片

穿孔卡片或打孔卡片是一种早期的存储媒介，由薄纸板制成，以按照数值组织的穿孔形式保存数据。它们可被计算机或机器读取并作为一种指令形式。

递归神经网络（RNN）

递归神经网络是一种机器学习模型，它使用反馈回路根据先前的输入生成一系列输出。

搜索引擎（Search engine）

搜索引擎是一种通过在互联网上抓取关键词、短语或主题来在线查找信息的程序。搜索结果被编入索引，然后根据与搜索的相关性进行排序。搜索引擎通常被编程为使用神经网络来识别模式。

智能合约

智能合约是存储在区块链上的计算机程序或交易协议，在满足预定条件时运行。它们旨在根据协议条款自动执行、控制或记录事件和行动。

软件

软件是一组用于在包括个人计算机、平板电脑、智能手机和智能设备在内的计算设备上执行特定任务的指令、数据和程序。所有软件都需要硬件设备才能运行，而且没有软件，大多数计算硬件将无法运行。

软件分为两类：应用软件和系统软件。应用软件（比如文字处理软件包和网络浏览器）是用于完成特定任务的离散软件包。相比之下，系统软件（像macOS、Windows或Android等操作系统）充当应用程序与计算硬件之间的接口。系统软件对应用软件的运行而言至关重要。

源代码

源代码是计算机程序的人类可读版本，因为它最初是用编程语言编写的，然后被翻译成机器可读的目标代码。源代码由人类用字母数字字符（纯文本）编写和读取。为了被计算机读取和执行，必须使用一种被称为编译器的特定程序将源代码转换为目标代码。目标代码（机器代码或机器语言）是二进制的，仅由1和0组成。

使用编程创作艺术作品的艺术家会使用一种编程语言来编写源代码。源代码也是所有计算机驱动对象的一部分。

统一资源定位符（URL）

统一资源定位符用于在计算机网络上定位文档或网站等资源的引用。它通常被认为是用于在互联网上定位一个页面的地址。

虚拟现实（VR）

虚拟现实是一种使用计算机图形或360度视频建构的沉浸3D视觉环境。该环境通常通过头戴显示设备访问，其中投影的图像会填满一个实体房间的墙壁。

虚拟现实通常是交互的，用户可以使用控制器或手势在虚拟环境中四处移动。相比之下，360度视频使用固定视角，所以更类似电影的沉浸版本。在这两种VR模式下，用户的身体朝向和视线方向都会被追踪，而且图像会作为回应被实时建构。

Web 2.0

自21世纪00年代初起，进入了互联网发展的第二阶段，在这个阶段，公司和个人能够管理由用户生成内容填充的网站。存储、处理、分析和销售个人数据以及追踪行为的能力使Google、Facebook和Amazon等公司得以迅速发展。

Web 3.0

Web 3.0是一种赋予去中心化和区块链技术权力的网络版本。对支持者来说，Web 3.0在21世纪20年代初作为一个术语流行起来，它包括一个新的元宇宙或虚拟现实空间的观念，在这个空间里，多个用户可以交互并参与自我调节的数字经济。

网络浏览器

网络浏览器是一种允许用户定位、访问和显示网络文档的软件程序。浏览器扩展是用于定制网络浏览器的软件应用程序。

世界构建

世界构建是创造想象世界的行为。艺术家已经并将继续使用新的和新兴的技术来创造替代愿景，通常是未来的愿景，或者想象有待探索的环境。

Further Reading
延伸阅读

Aesthetics of Interaction in Digital Art
Katja Kwastek. Cambridge, Mass.: MIT Press, 2013

AI Art: Machine Visions and Warped Dreams
Joanna Zylinska. London: Open Humanities Press, 2020

AI: Its Nature and Future
Margaret A. Boden. Oxford: Oxford University Press, 2016

The Algorithmic Dimension: Five Artists in Conversation
Francesca Franco. Cham, Switzerland: Springer, 2022

Ars Electronica: Facing the Future, a Survey of Two Decades
Ed. Timothy Druckrey. Cambridge, Mass.: MIT Press, 1999

Art and the Internet
Ed. Phoebe Adler et al. London: Black Dog Publishing, 2013

Art and Videogames: Neoludica: 2011–1966
Debora Ferrari et al. First edition. Exhibition catalogue. Milan: Skira, 2011

The Art Happens Here: Net Art Anthology
Ed. Michael J. Connor, Aria Dean and Dragan Espenschied. New York: Rhizome, 2019

Art in the Age of Machine Learning
Sofian Audry. Cambridge, Mass.: MIT Press, 2021

Art of the Digital Age
Bruce Wands. New York: Thames & Hudson, 2006

Chromatic Algorithms: Synthetic Color, Computer Art, and Aesthetics after Code
Carolyn L. Kane. Chicago: University of Chicago Press, 2014

Coded: Art Enters the Computer Age, 1952–1982
Ed. Leslie Jones. Los Angeles: Delonico Books and Los Angeles County Museum of Art, 2023

Collecting and Conserving Net Art: Moving Beyond Conventional Methods
Annet Dekker. New York: Routledge, 2018

Computer Graphics, Computer Art
Herbert W. Franke. London: Phaidon, 1971

The Computer in Art
Jasia Reichardt. First edition. London: Studio Vista/Van Nostrand Reinhold, 1971

A Computer in the Art Room: The Origins of British Computer Arts 1950–80
Catherine Mason. Hindringham, Norfolk: JJG, 2008

Curating Digital Art: From Presenting and Collecting Digital Art to Networked Co-curation
Ed. Annet Dekker. Amsterdam: Valiz, 2021

Cyberfeminism Index
Ed. Mindy Seu. Los Angeles: Inventory Press, 2022

Cybernetic Serendipity: The Computer and the Arts
Studio International special issue, ed. Jasia Reichardt. New York and London, 1968

Cybernetics: or Control and Communication in the Animal and the Machine
Norbert Wiener. Cambridge, Mass.: MIT Press, 1948

Digital Art
Christiane Paul. London: Thames & Hudson, 2003

Form+Code in Design, Art, and Architecture
Casey Reas, Chandler McWilliams et al. New York: Princeton Architectural Press, 2010

From Counterculture to Cyberculture: Stewart Brand, the Whole Earth Network, and the Rise of Digital Utopianism
Fred Turner. Chicago: University of Chicago Press, 2006

From Fingers to Digits. An Artificial Aesthetic
Margaret A. Boden and Ernest Edmonds. Cambridge, Mass: MIT Press, 2019

Glitch Feminism: A Manifesto
Legacy Russell. London and New York: Verso, 2020

How We Became Posthuman: Virtual Bodies in Cybernetics, Literature, and Informatics
N. Katherine Hayles. Chicago: University of Chicago Press, 1999

Internet Art
Rachel Greene. London: Thames & Hudson, 2004

Internet Art: The Online Clash of Culture and Commerce
Julian Stallabrass. London: Tate Publishing, 2003

The Internet Does Not Exist
Ed. Julieta Aranda, Brian Kuan Wood and Anton Vidokle. Berlin: Sternberg Press, 2015

A Little-Known Story about a Movement, a Magazine and the Computer's Arrival in Art: New Tendencies and Bit International, 1961–1973
Margit Rosen et al. Karlsruhe:

ZKM/Center for Art and Media; Cambridge, Mass.: MIT Press, 2011

Mainframe Experimentalism: Early Computing and the Foundations of the Digital Arts
Ed. Douglas Kahn and Hannah Higgins. Berkeley: University of California Press, 2012

Making Art Work: How Cold War Engineers and Artists Forged a New Creative Culture
W. Patrick McCray. Cambridge, Mass.: MIT Press, 2020

Manifestly Haraway
Donna J. Haraway. Minneapolis: University of Minnesota Press, 2016

Metacreation: Art and Artificial Life
Mitchell Whitelaw. Cambridge, Mass.: MIT Press, 2004

More than Real: Art in the Digital Age: 2018 Verbier Art Summit
Ed. Daniel Birnbaum and Michelle Y. Kuo. London: Koenig Books, 2018

Net Condition: Art and Global Media
Ed. Timothy Druckrey and Peter Weibel. Graz: Steirischer Herbst; Karlsruhe: ZKM/Center for Art and Media; Cambridge, Mass.: MIT Press, 2001

Net Pioneers 1.0: Contextualizing Early Net-based Art
Ed. Dieter Daniels and Gunther Reisinger. London: Sternberg Press, 2009

New Dark Age: Technology and the End of the Future
James Bridle. London and New York: Verso, 2018

New Media in the White Cube and Beyond: Curatorial Models for Digital Art
Ed. Christiane Paul. Berkeley: University of California Press, 2009

Peripheral Vision: Bell Labs, the S-C 4020, and the Origins of Computer Art
Zabet Patterson. Cambridge, Mass.: MIT Press, 2015

A Philosophy of Computer Art
Dominic Lopes. London and New York: Routledge, 2010

Radical Friends: Decentralise Autonomous Organisations and the Arts
Ruth Catlow and Penny Rafferty. London: Torque Editions, 2022

Robots: Fact, Fiction and Prediction
Jasia Reichardt. London: Thames & Hudson, 1978

Software Takes Command
Lev Manovich. New York: Bloomsbury Academic, 2013

You Are Here: Art After the Internet
Ed. Omar Kholeif. Second edition. Manchester and London: Cornerhouse & SPACE, 2015

When the Machine Made Art: The Troubled History of Computer Art
Grant D. Taylor. London: Bloomsbury, 2014

White Heat Cold Logic: British Computer Art 1960–1980
Paul Brown. Cambridge, Mass.: MIT Press, 2008

Acknowledgments
致　谢

编者想要感谢所有为本书的研究、撰写和制作做出贡献的人。我们非常感谢那些分享了自己的知识与实践，丰富了关于数字艺术历史与未来故事的作者、艺术家和策展人。特别感谢道格拉斯·多兹，他一直支持V&A的计算机和数字艺术收藏，这些收藏是本出版物的基础。除撰写首篇文章之外，道格拉斯在本书成形时还充当了批判性读者。V&A出版部门的汉娜·纽厄尔（Hannah Newell）和丽贝卡·福蒂（Rebecca Fortey）出色地整合了构成本出版物的许多观念、声音和抱负，我们也感谢arebyte画廊的丽贝卡·爱德华兹（Rebecca Edwards）对相关文本提出的独到见解和进行的仔细思考。

《数字艺术：20世纪60年代至今》是一本真正的合作之书。在V&A，我们感谢同事科拉莉·赫本（Coralie Hepburn）、索珊娜·艾萨克森（Shoshanna Isaacson）、甘纳怡、彼得·凯莱赫（Peter Kelleher）、亚历克西娅·柯克（Alexia Kirk）、艾米·刘易斯（Amy Lewis）、迈克尔·林宁顿（Michael Linnington）、苗丹娜（Donata Miller）、乔安娜·诺曼（Joanna Norman）、商玮霖（William Seung）、蔡凯羚、安德鲁·图利斯（Andrew Tullis）、克里斯托弗·特纳（Christopher Turner）和汤姆·温德罗斯（Tom Windross），以及摄影工作室（Photography Studio）成员提供的支持。此外，我们还要感谢闵恺俐（Katherine Mitchell）、马安娜（Anna Mladentseva）和安娜·塔利（Anna Talley），她们在为艺术、建筑、设计与数字部门的工作贡献力量的同时，与我们分享了她们的专业知识。我们的前同事利维亚·特恩布尔（Livia Turnbull）在项目开始时也发挥了重要作用，我们感谢她为这个项目注入的动力。

我们还要感谢以下个人和组织对本出版物和V&A数字艺术收藏的更广泛支持：埃利奥特·伯恩斯、罗伯特·德夫西奇（Robert Devčić）、斯蒂芬妮·丁金斯、沃尔夫·利瑟（Wolf Lieser）、菲利克斯·米特尔伯格（Felix Mittelberger）、贾希雅·莱切哈特、凯瑟琳娜·埃莉奥诺拉·桑塔西利亚（Catharina Eleonora Santasilia）、佐菲·瓦利-纳吉（Zsofi Valyi-Nagy）、计算机艺术学会和保罗·梅隆英国艺术研究中心（Paul Mellon Centre for Studies in British Art）。我们还要感谢文森特·巴比巧妙地促成了对维拉·莫尔纳的采访，后者于2023年12月去世，享年九十九岁。

在泰晤士与哈德逊出版社，我们非常感谢朱利安·霍纳（Julian Honer）和朱莉·赫里斯切娃（Julie Hrischeva），感谢希拉里·哈蒙德（Hilary Hammond）细致且富有见解的编辑工作，感谢库默与赫尔曼（Kummer & Herrman）为本书设计带来的创意活力，感谢制作统筹罗伯特·希思（Robert Heath），以及感谢阿克塞尔·鲁索-希思（Axelle Russo-Heath）孜孜不倦的图片研究工作。

* 最后需要特别说明的是，V&A官方为几位作者及工作人员取了中文名，感谢V&A对本书中文版的支持。

Contributor Biographies
作者简介

安碧雅（Pita Arreola）

她是V&A艺术、建筑、摄影及设计部门的数字艺术策展人。

丹妮尔·布拉思韦特-雪莉（Danielle Brathwaite-Shirley）

她是一位动画师兼艺术家，她试图通过装置艺术、表演、游戏世界和运动影像来使黑人跨性别经历档案化和中心化。

保罗·布朗（Paul Brown）

他是一位艺术家和写作者，他的实践涉及艺术、技术与科学之间的关系。自20世纪70年代起，他的实时生成作品聚焦使用细胞自动机的计算模型开发人工生命系统。

伊比耶·坎普（Ibiye Camp）

她是一位多学科艺术家，在非洲侨民中参与技术、贸易和材料的工作。她通过分析扫描软件，包括分辨率的重要性和空间中扫描的不完整性，来反思技术如何在环境中表现自己。

露丝·卡特洛（Ruth Catlow）和马克·加勒特（Marc Garrett）

他们是Furtherfield的联合创始人，该组织自1996年成立起，一直致力于为集体行动开放那些往往具有排他性的艺术与技术领域。

道格拉斯·多兹（Douglas Dodds）

他是一位独立策展人兼研究者。他之前是V&A的高级策展人，他在那里建立了该博物馆具有国际意义的数字艺术收藏。他曾担任V&A展览"机遇与控制：计算机时代的艺术"（*Chance and Control: Art in the Age of Computers*, 2018–2020）、"芭芭拉·内斯：艺术人生"（*Barbara Nessim: An Artful Life*, 2013–2014）和"数字先驱"（*Digital Pioneers*, 2009–2010）的主策展人。

大卫·埃姆（David Em）

他是一位艺术家，其数字图像创作早于个人计算机创作。他的作品包括仿真环境和虚拟世界。他于1975年创作了自己的第一批数字图像，后来于1977年加入了NASA的喷气推进实验室，成为该实验室第一位驻留艺术家。

莎拉·福莱（Sarah Friend）

她是一位艺术家、技术专家和软件开发者，在艺术、金融和技术的交叉边缘工作。她的艺术运用俏皮和幽默，探索了隐私与透明度、中心化与去中心化以及环境与技术之间的张力。

葛立桦（Corinna Gardner）

她是V&A艺术、建筑、摄影及设计部门的设计与数字艺术高级策展人。

甘纳怡（Natalie Kane）

她是V&A艺术、建筑、摄影及设计部门的数字设计策展人。

威廉·莱瑟姆（William Latham）

他是一位视觉艺术家、计算机科学家和计算机游戏设计师。自20世纪80年代末起，他创建了融合有机形式和技术形式的进化算法。

陆明龙（Lawrence Lek）

他是一位艺术家、电影制作人和音乐家，从事虚拟现实和仿真领域的工作。他将构建世界作为一种多维拼贴的形式进行探索，并发展了反映替代历史和推测未来的叙事。

蓝美泠（Melanie Lenz）

她是V&A艺术、建筑、摄影及设计部门的数字艺术策展人。

奥利亚·利亚利娜（Olia Lialina）

她是一位网络艺术家和新媒体理论家，千字节时代的太字节（One Terabyte of Kilobyte Age）档案的联合创始人和保管人，也是斯图加特梅尔兹学院（Merz Akademie）教授。她被公认为网络艺术界的关键人物，其作品对将互联网建立为一种艺术媒介产生了重大影响。她的实践是对互联网结构和用户与在线空间交互的探究。利亚利娜长期以来的研究兴趣是数字民俗和白话网络。

莉萨·朗（Lisa Long）

她是柏林尤莉娅·斯托舍克基金会的艺术总监，该基金会是一个非营利艺术和文化组织，致力于基于时间的艺术的公开展示、推广、保护和学术研究。

曼弗雷德·莫尔（Manfred Mohr）

他是数字生成艺术的先驱，探索了算法的创造可能性。20世纪60年代，他的艺术从抽象表现主义转变为计算机生成的算法几何。

作者简介

维拉·莫尔纳（Vera Molnar）

她是一位生成艺术家，她使用基于系统的方法进行创作早于使用计算机进行创作。她是最早使用计算机算法创作艺术作品的美术家之一。

弗里德·纳克（Frieder Nake）

他是一位数学家、计算机科学家和计算机艺术领域的创新者。他是最早在数字艺术创作中使用算法的人之一。他最早的作品创作于1963年，使用了他自己开发的软件。他将斯图加特技术大学的SEL-ER65计算机与Graphomat绘图机结合起来使用。纳克因在他的算法中引入随机变量并让计算机自己做出某些选择而闻名。

凯拉尼·尼科尔（Kelani Nichole）

他是TRANSFER的创始人和总监，TRANSFER是一个聚焦纽约、洛杉矶和迈阿密当代艺术中仿真和去中心化世界的空间。

特雷弗·帕格伦（Trevor Paglen）

他是一位艺术家和地理学家，使用一种从图像创作和雕塑到调查性新闻、工程和计算机科学的多学科方法。他以持续关注监控、数据和国家军国主义，以及以部署技术来弥合可见与不可见之间的鸿沟而闻名。他接受过摄影师训练，并持续将摄影作为其技术复杂实践的核心部分。

多琳·里奥斯（Doreen Ríos）

她是一位独立策展人和研究者。她是[ANTI]MATERIA[（反）物质]的创始人，[ANTI]MATERIA是一个致力于研究和展示使用数字媒体进行艺术创作的在线平台。2019年至2021年，她是墨西哥城数字文化中心（Centro de Cultura Digital）首席策展人。

蒂娜·里弗斯·瑞恩（Tina Rivers Ryan）

她是一位策展人、艺术史学家和评论家，专门研究20世纪60年代以来的艺术。她尤其擅长的领域是媒体艺术，包括录像、数字艺术和互联网艺术。

明迪·苏（Mindy Seu）

她是一位纽约设计师和技术专家。她正在进行的《赛博女性主义索引》项目汇集了三十年的在线行动主义和网络艺术，该项目由Rhizome委托，获格雷厄姆基金会资助（Graham Foundation Grant）。

蔡凯羚（Catherine Troiano）

她是V&A艺术、建筑、摄影及设计部门的摄影策展人。

哈姆·范登多佩尔（Harm van den Dorpel）

他是一位艺术家，其广泛的创造性实践包括软件、雕塑集合和拼贴。他的作品调查了新兴美学，借鉴了遗传学和区块链等不同领域的知识。

尼姆罗德·瓦迪（Nimrod Vardi）

他是arebyte的创始人和创意总监，arebyte是一家总部位于东伦敦，从事数字艺术领域工作的非营利艺术慈善机构。

译者简介

译者及丛书召集人简介

李镇，在北京生活，任职于中国艺术研究院，研究领域包括媒体艺术和数字艺术。

其他译者简介

王悦，中国艺术研究院数字媒体艺术专业硕士研究生。

Picture Credits
图片版权

除下文另有说明外，所有艺术作品/物品的照片均由V&A摄影工作室拍摄。新增照片由基伦·博伊尔（Kieron Boyle）、莎拉·邓肯（Sarah Duncan）和克莱尔·约翰逊（Clare Johnson）拍摄。

版权署名以页码与图片编号依次排列。

时间线部分的版权标注方式为在页码后加注方位，即l（左）、r（右）、t（上）、b（下）。

2 © Frieder Nake
6.1 © Ernest Edmonds
8.4 Courtesy Jasia Reichardt
9.6 © Estate of Gordon Pask
10.7 Image © Center for Visual Music, Los Angeles
11.8 Photo: Ted Nemeth. Courtesy of the Center for Visual Music, Los Angeles
12–13.9 © Nye Thompson
17.1 © Estate of Desmond Paul Henry
18.2 © Estate of Ben Laposky
20.3 © A. Michael Noll
20.4 © Estate of Georg Nees
22–23.5 © Kenneth Knowlton and Leon Harmon
25.6 Courtesy Computer Technique Group
26–27.7 © The Charles Csuri Estate
28.8 © Manfred Mohr
28.9 © Estate of Vera Molnar
29.10 © Harold Cohen Trust
30.11 © Analia Mac Entyre
30.12 © Eames Office, LLC. See RF 2016/1047
31.13 © Analívia Cordeiro
32.14 © Estate of Katherine Nash
33.15 © Roman Verostko
33.16 © Jean-Pierre Hébert
35.17, 35.20, 38.24, 38.25 © Frieder Nake
35.18, 35.19 © Frieder Nake. Personal Collection of Frieder Nake, 1966
36.21, 37.22 © Estate of Georg Nees
37.23 © Frieder Nake. Given by the American Friends of the V&A through the generosity of Patric D. Prince
39.27, 40.28, 41.30, 42.31, 44.33, 45.34, 45.35 © Estate of Vera Molnar
43.32 © Estate of Vera Molnar. Photo: DAM GALLERY Berlin
49.1 Courtesy ACM SIGGRAPH
50.2 © The Andy Warhol Foundation for the Visual Arts, Inc. / Licensed by DACS/ Artimage, London 2024
52.3 © Mark Wilson
52.4 © Harold Cohen Trust
53.5 © Estate of Waldemar Cordeiro
54–55.6 © Nancy Burson
57.7 © Gretchen Bender Estate, courtesy of Sprüth Magers. Digital image © 2023 Department of Imaging and Visual Resources, The Museum of Modern Art, New York. Photo: John Wronn
57.8 © Lynn Hershman Leeson; Photo © ZKM | Center for Art and Media Karlsruhe, Photo: Lynn Hershman Leeson
58.9 Courtesy Simutrek
59.10 © David Em
60.11 © Kit Galloway and Sherrie Rabinowitz
61.12 © Eduardo Kac
63.13 Photo: James Seligman
64.15, 66.18, 66.19, 67.20 © David Em
64.16 Courtesy Lillian Schwartz/ International Animation Film Festival. Photo: David diFrancesco
63.14, 68.20, 69.22 © Lawrence Lek. Courtesy of the Artist and Sadie Coles HQ
65.17 © Lawrence Lek. Courtesy of the Artist and Sadie Coles HQ. Photo: Damian Griffiths
73.1 © VNX Matrix. Image: Courtesy of the Artists
76.2 © Shu Lea Cheang. Screenshot: Jonathan Farbowitz © Solomon R. Guggenheim Museum. Commissioned by the Solomon R. Guggenheim Museum, and produced in association with the Waag Society for Old and New Media, The Institute on the Arts and Civic Dialogue at Harvard University, and The Banff Centre, with additional funding from The Bohen Foundation, The Rockefeller Foundation, the New York Foundation for the Arts, and the Mondriaan Foundation, 1998–99
77.3 © Auriea Harvey and Michael Samyn. Photo: Courtesy of the Artists
78.4 © Annie Abrahams
79.5 © Graham Harwood (yoha.co.uk)
80.6 Courtesy Andy Deck
81.7 © Thomson & Craighead
83.8 © Olia Lialina. Photo: Franz Wamhof
83.9 © Olia Lialina. Courtesy of the Artist and Rhizome
84.10 Courtesy Olia Lialina. Photo: Vadim Epstein
84.11 © paraSITE | R96 Festivals Rotterdam | Architect ONL, Osterhuis Lenard 1996
85.12 © Olia Lialina. Photo: Sabine Starmayr
86.14, 87.15 © Olia Lialina
87.16 © Olia Lialina / arebyte Gallery
91.1 © Petra Cortright. Courtesy of the Artist
92.2 © Erica Scourti
94.3 © Molly Soda
95.4 © Constant Dullaart. Courtesy of the Artist
96.5 © Maya Man. Courtesy of the Artist
97.6, 97.7 © Jason Isolini. Courtesy of Jason Isolini and Microscope Gallery, New York
98–99.8 © Anna Ridler. Photo: Emily Grundon, 2018
100.9 © Morehshin Allahayari. Courtesy of the Artist
101.10 © Julieta Gil. Courtesy of the Artist
102–104.11 © Keiken
105.12 © Tabita Rezaire. Courtesy of the Artist and Goodman Gallery
106–107.13, 108.14 © Stephanie Comilang and Simon Speiser
108.15 © Libby Heaney. Courtesy of the Artist
110.16 © Trevor Paglen. Photo: Tim P. Whitby/ Getty Images
111.17, 111.18 © Trevor Paglen

图片版权

112.19 © Trevor Paglen
112.20 © Trevor Paglen. Courtesy of PACE Gallery
113–114.21 © Danielle Brathwaite-Shirley. Courtesy of the Artist. Photo: Dan Weill Photography
115.22, 116.23, 117.24 © Danielle Brathwaite-Shirley. Courtesy of the Artist
118.25 © Harm van den Dorpel. Courtesy of Upstream Gallery Amsterdam
119.26, 119.27 © Harm van den Dorpel
120.28, 121.29, 121.30, 124.34, 125.35 © Sarah Friend
122.32 © Sarah Friend. Photo: Simon Vogel
122.31 © Harm van den Dorpel. Courtesy of Upstream Gallery Amsterdam
123.33 © Harm van den Dorpel. Photo: Gert Jan van Rooij, Courtesy of Upstream Gallery Amsterdam
129.1 © Manfred Mohr
129.2 © Manfred Mohr. Photo: ZKM | Center for Art and Media Karlsruhe
130.3, 136.8, 136.9, 137.10 © William Latham
131.5, 135.7, 138.11, 139.12 © Ibiye Camp
132–133.6 © Manfred Mohr. Photo: ZKM | Center for Art and Media Karlsruhe
141.13 © Manfred Mohr. Courtesy of the Artist and bitforms gallery. Photo: Emile Askey
143.1, 143.2 Courtesy of the Computer Arts Society
144.3 © Estate of Gustav Metzger. Photo: Hulton Archive/ Keystone/ Getty Images
145.4, 145.5 © Paul Brown
146.6 Courtesy Susan Rennie and Kirsten Grimstad
146.7 Courtesy Stewart Brand
147.8 Courtesy of the Artist © Inventory Press
147.9 With permission of Mindy Seu
148.10 Courtesy New Museum/ Mindy Seu. Photo: Shina Peng
150–151.11 © Carmin Kasaric for ECD. Courtesy of Carmin Karasic
152.12, 153.13 © Doreen Rios
155.1 © LaTurbo Avedon. Courtesy of the Artist
156.2 © Mika Rottenberg, courtesy Julia Stoschek Foundation
159.3 © Olia Lialina. Photo: Max Colson
160.4 © Huntrezz Janos
162–163.5 © Lorna Mills. Courtesy of the Artist and TRANSFER
164–165.6 © LaTurbo Avedon

时间线版权

169t © Estate of Ben Laposky
169b © Estate of Desmond Paul Henry
170tl © Robert Rauschenberg Foundation RRF Registration# 66.E005
170tr Courtesy Computer Technique Group
171t © Cybernetic Serendipity 1968
171bl Photo: Pamela Zoline
171br © Estate of Eduardo Mac Entyre. Given by the Computer Arts Society, supported by System Simulation Ltd, London
172tl © Estate of Herbert W. Franke
172tr © Hiroshi Kawano Archives, ZKM | Center for Art and Media Karlsruhe
172b © Eröffnung der Ars Electronica 1979. Photo: Kurt Prokosch
173tl © Estate of Shiro Takahashi
173tr © Martin Newell
173bl © Charlotte Johannesson. Courtesy of the Artist and Hollybush Gardens, London. Photo: Helene Toresdotter
173br © Susan Kare. Digital image, The Museum of Modern Art, New York/Scala, Florence
174tl Courtesy Time USA, LLC
174tr © Lillian Schwartz. Image from the Collections of The Henry Ford
174b Courtesy Computer Arts Society
175t © Darcy Gerbarg
175b Courtesy ACM SIGGRAPH
176b Photo: Courtesy Kyliedog.com
177 © Jon R. Luini / Chime
178t Courtesy MIT Press
178b Courtesy MIT Press
180t © Jon Rafman. Courtesy of the Artist and Sprüth Magers
180b © Casey Reas
182t Photo: IBM Research
182bl Courtesy Verso Books
182br Courtesy Spike Art Magazine
183b Photo: SOPA Images Limited / Alamy Stock Photo

图片来源

166–7 Libby Heaney, *Wild Data* (detail), 2023, still from single-screen playable experience with stereo sound via Unity app, 30 min. Commissioned by Mozilla Foundation. © Libby Heaney. Courtesy of the Artist

184–5 Kyle McDonald, *Exhausting a Crowd*, 2015, single-channel video. V&A: E.1050-2019. © Kyle McDonald

186 Georg Nees, *Untitled*, published by Werkstatt Edition Kroll (Germany), 1970, screenprint from a computer-generated drawing, 69.9 × 49.8 cm (27⅝ × 19⅝ in.). V&A: E.2777-2016. © Estate of Georg Nees

192 Georg Nees, *Untitled*, published by Werkstatt Edition Kroll (Germany), 1970, screenprint from a computer-generated drawing, 28 × 21.8 cm (11⅛ × 8⅝ in.). V&A: E.2776-2016. © Estate of Georg Nees

Published by arrangement with Thames & Hudson Ltd, London
Digital Art: 1960s – Now © 2024 Victoria and Albert Museum, London/Thames & Hudson Ltd, London
Text and V&A Photographs © 2024 Victoria and Albert Museum, London
Design © 2024 Thames & Hudson Ltd, London
Cover and interior designed by Kummer & Herrman
This edition first published in China in 2025 by China Machine Press, Beijing
Simplified Chinese edition © 2025 China Machine Press

此版本仅限在中国大陆地区（不包括香港、澳门特别行政区及台湾地区）销售。未经出版者书面许可，不得以任何方式抄袭、复制或节录本书中的任何部分。

北京市版权局著作权合同登记　图字：01-2024-5789号。

图书在版编目（CIP）数据

数字艺术：20世纪60年代至今 /（墨西哥）安碧雅，（英）葛立桦，（英）蓝美泠编著；李镇，王悦译.
北京：机械工业出版社，2025.7. --（艺术与科技实验室译丛）.
ISBN 978-7-111-78564-4

Ⅰ.J06-39
中国国家版本馆CIP数据核字第2025TF0903号

机械工业出版社（北京市百万庄大街22号　邮政编码100037）
策划编辑：马　晋　　　　责任编辑：马　晋
责任校对：张爱妮　陈　越　　封面设计：张　静
责任印制：李　昂
北京利丰雅高长城印刷有限公司印刷
2025年8月第1版第1次印刷
230mm×280mm・16.667印张・2插页・456千字
标准书号：ISBN 978-7-111-78564-4
定价：228.00元

电话服务　　　　　　　网络服务
客服电话：010-88361066　机　工　官　网：www.cmpbook.com
　　　　　010-88379833　机　工　官　博：weibo.com/cmp1952
　　　　　010-68326294　金　书　网：www.golden-book.com
封底无防伪标均为盗版　机工教育服务网：www.cmpedu.com